FRANK WILDE

GEISTESBLITZ

Copyright © 2016
SANTOS Verlag
Ludwigsgraben 15
D-86650 Wemding
Tel. +49 (0) 9092 / 9 657 855
info@santosverlag.de
www.santosverlag.de

Textredaktion: Dr. Ulrike Brandt-Schwarze, Bonn

Umschlaggestaltung und Satz:
typomedia, Oberammergau
Druck: Druckhaus Frank, Wemding

Printed in Germany
ISBN 978-3-944086-03-3

Heute, hier und jetzt

Ein Buch ist immer auch eine Momentaufnahme. Zu jeder Zeit wurden Bücher geschrieben, die in ihr Umfeld passten. Das ist auch heute noch so. Alles hat seine Zeit.

Jahre später braucht es dann wieder neue Autoren mit neuen Büchern. Deren Inhalt unterscheidet sich je nach Thema vom Wissen her vielleicht nicht groß von den Vorgängern, aber die neue Wortwahl, die neue Art, sich verbal auszudrücken, lassen die Gesellschaft aufhorchen – das Wissen erscheint in modernem Outfit. Ist das alles nur alter Wein in neuen Schläuchen?

Nein, beileibe nicht denn der Mensch wählt Bücher wie Lebensabschnittsbegleiter aus – er sucht sich das heraus, was ihn in seiner aktuellen Situation betrifft. Wir kennen das von früher, als Kind im Sandkasten, im Kindergarten oder später in der Schule: Immer begleitete uns ein bester Freund oder eine beste Freundin, mit denen wir ganz »dicke« und unzertrennlich waren. Nach einiger Zeit oder in einer neuen Umgebung änderte sich das schlagartig – plötzlich erschien jemand Neues auf der Bildfläche. Immer war jemand an unserer Seite, den man sachlich Bezugsperson nannte.

Mit der Musik ist es ähnlich. Je nach Gemütszustand und Gefühl hören wir melancholische oder fröhliche Musik. Ein Song (»Atemlos« …) wird unterschiedlich empfunden, je nachdem, in welcher Phase man sich gerade befindet. Verliebt oder frisch getrennt? Belogen, betrogen – oder voller Lebensfreude?

Die Gefühle kommen und gehen. Nichts ist von Dauer, nichts ist für die Ewigkeit. Sollten wir nicht auch das Leben in diesem Sinne nehmen und akzeptieren?

Um ihr Leben zu meistern, suchen sich immer mehr Menschen Hilfe und Unterstützung. Und hier ist es das Gleiche wie bei der Musik: Wir nutzen fremdes Wissen für uns, wenn es in unsere momentane Situation passt. Wir lehnen es ab, wenn es uns nicht betrifft. Wir ziehen es förmlich an und saugen alles scheinbar rein zufällig auf, oder stoßen es ab wie ein Magnet an der falschen Seite.

Mentales Erfolgstraining ist unverzichtbar für alle, die mehr aus sich machen möchten, ganz gleich in welchen Bereichen. Doch dazu braucht es ein Bewusstsein für die Möglichkeiten, und die Zeit muss gekommen sein, diese Möglichkeiten auch anzunehmen. Wenn ich dies als Normalität für mich gewinnbringend einsetze und nutze, kommt es zu einer Bewusstseinsänderung, zu meinem »Geistesblitz«. Wenn der Schüler bereit ist, kommt der Lehrer, und nicht umgekehrt.

Und genau davon handelt dieses Buch. Es ist geschrieben von einem Mann, aus der Sicht eines Mannes.

Warum schreibt ein Mann über diese Themen ? Wäre das nicht eher Frauensache?

Ich frage mich: Können wir das andere Geschlecht wirklich verstehen und uns einfühlen? Ist das tatsächlich möglich? Muss ich als Mann schwul sein, um Frauen zu verstehen? Muss ich als Frau lesbische Neigungen haben, um Männer zu begreifen?

Hat das etwas mit feminin oder maskulin zu tun? Sind es die Gene und Chromosomen, die in uns schlummern? Was hat jeder bei seiner Geburt oder vorgeburtlich bereits mitbekommen?

Unsere Anlagen stecken in uns, und wir müssen wissen, was wir wissen, um es in uns zu spüren. Was geschieht mit mir, und zu welchem Zeitpunkt im Leben ereilt mich was? Ab wann lasse ich mir helfen, und wann lasse ich neues Wissen in mich hinein?

Frauen sind hier tatsächlich offener und gelehriger. Sie interessieren sich mehr für solche noch allzu oft und gern verlachten Themen. Sie sind es auch, die ihre Männer in diese Richtung öffnen und zu Veränderungen bewegen. Nur, reicht das? Sollte nicht endlich auch ein Mann das alles wieder verstehen? Genau das beherrschen wir Kerle viel zu wenig.

Dieses Buch soll auch dich, den Mann, weiterbringen und dir helfen, eine neue Erfahrung zu machen. Ich möchte dich einladen und ermutigen, über dich selbst nachzudenken. Frage dich:

- *Will ich mein Leben genauso weiterführen, wie es jetzt ist?*
- *Bin ich Zahlemann und Söhne? Bin ich der Scheinwerfer, der nur noch Geldscheine wirft, um dann doch nicht zu bekommen, was ich als Mann so dringend benötige?*
- *Wann spritzt mir mein Gehirn endlich wieder genug Dopamin in meine Neuronen, damit ich stumm bin vor Glück?*
- *Wann war ich zum letzten Mal glücklich, einfach nur glücklich und zufrieden mit der ganzen Welt?*

Diesen Zustand kann jeder herbeiführen – jeder! –, und unser Gehirn hilft uns dabei zu jeder Zeit. Unsere etwa 1400 Gramm quarkige Gehirnmasse, diese mehrlagige

Zwiebel im Kopf, will für uns da sein, für uns arbeiten und uns alles besorgen, was wir brauchen, stets und ständig.

Meine Botschaft lässt sich kurz und knapp zusammenfassen:

> Denke ab heute nur an das, was du willst, und nicht mehr an das, was du nicht willst.

Überwinde deine Hemmungen und Ängste, um selbstbewusst durchs Leben zu gehen und das zu erreichen, was du dir vorgenommen hast! Leicht gesagt, schwer getan. Als Coach habe ich mehr als 25 Jahre Erfahrung mit diesem Graben, der sich zwischen Worten und Taten auftut. Genau davon handelt dieses Buch »Geistesblitz«.

»Sag mal Frank, wie machst *du* das denn?«, fragen mich die Leute immer wieder.

»Na ja«, antworte ich meist, »ich bewege meinen Arsch genau in die Richtung, wo ich hinwill.«

Woher ich weiß, was ich will oder wohin ich will? Ich weiß es, weil mir meine innere Stimme immer ins Ohr flüstert, was mir fehlt. Das kann Liebe sein, Sex, Unterhaltung, Wissen, Kommunikation, Mobilität, Ruhe, Zufriedenheit, Gesundheit, Bewegung, Geld, Sonne, Begeisterung. Eine ellenlange Liste, die sich beliebig fortführen lässt.

Ich weiß es fast immer, weil ich ein bisschen mehr Übung darin habe, mir genau diese Fragen zu stellen. Ein Tennistrainer, der jeden Tag auf dem Platz steht, beherrscht seinen Aufschlag vom Allerfeinsten. Bei mir ist es in meinem Bereich ähnlich: Ich beschäftige mich seit über 30 Jahren mit diesem Wissen. Und die Antworten kommen immer, darauf kann ich mich verlassen. Ich setze sie dann mit allen Kräften um, die nur ich mobilisieren kann.

In diesem Buch erzähle ich vieles aus meinen Leben. Und mit jetzt 54 Jahren habe ich eine Menge erlebt. Meine Oma pflegte zu sagen: »Wo du hinwillst, Junge, da hab ich bereits hingeschissen.« Damals habe ich ihre Worte nicht verstanden. Bei uns in der Familie wurde ganz gern ordinär gesprochen. Meine Mutter zischte dann immer dazwischen: »Lasst doch diese Ausdrücke im Haus!«

Heute weiß ich, dass junge Hasen viel von den alten Hasen lernen können. Junge Hasen sind zwar schnell, aber die alten Hasen kennen die Abkürzung. Die Jungen müssen sich das Wissen von den Alten abschauen und es dann in die neue Zeit transportieren. Das wäre klug. Besserwisserei kostet viel Energie, und das Rad neu erfinden muss niemand mehr. Aber einen lieb gemeinten Rat vergisst keiner.

Das ist wie mit Geruchserinnerungen. Sie können 40 Jahre her sein, aber wenn du diesen bestimmten Geruch in der Nase hast, kommt alles wieder hoch – Therapie hin oder her. Das ist manchmal gut (Wick VapoRub – Geborgenheit) und manchmal schlecht (Desinfektions- und Reinigungsmittel auf Krankenhausfluren – Angst vor Krankheit und Tod). Das gehört nun mal dazu.

»Weißt du auf jeden Fall schon mal, was du nicht oder nicht mehr willst?«, frage ich dann zurück.

»Ja, Frank, das kann ich dir ganz genau erklären.«

Das will ich aber gar nicht wissen. *Du* musst es

wissen. *Du* musst es ableiten von dem, was dich nervt. Frage dich:

- *Wo habe ich Defizite?*
- *Wo herrscht ein Mangel?*
- *Was kann ich ganz toll?*
  Worin bin ich richtig gut?
- *Und vor allem: Was geht mir auf die Nerven?*

Während und nach der Lektüre dieses Buches solltest du immer wieder auf diese Fragen zurückkommen. Dann habe ich mein Ziel erreicht, dir einen Mehrwert zu liefern.

Ich mache nur meinen Job. Wenn du nicht umsetzt, was ich dir erzähle, kann ich es auch nicht ändern. Du musst die Dinge schon selbst angehen, es liegt an dir, ob sich etwas verändert.

Vielleicht verprelle ich meinen Partner, vielleicht verprelle ich meine Familie, aber ich komme an dieser Stelle nicht weiter, wenn ich nichts verändere.

Diese Befürchtungen machen Angst, und tatsächlich können Veränderungen auch mit Tränen und Schmerz verbunden sein. Es ist sogar möglich, dass du dem einen oder der anderen wehtun musst, damit du in deinem Leben weiterkommst. Andere Menschen haben andere Erwartungshaltungen als man selbst, und man kann sie oftmals nicht erfüllen.

Ohne meine langjährigen Erfahrungen als Trainer hätte ich dieses Buch nie schreiben können. Im Lauf der Zeit habe ich gelernt, was ich gut kann, aber auch, wofür ich nicht zuständig bin. Nicht wenige Menschen erwarten von Erfolgstrainern Lösungen für ihre Probleme. Aber wie könnte ich als Mentaltrainer für jemand anderen seine Probleme lösen? Das geht einfach nicht.

Ich aber kann jedem ein Werkzeug an die Hand geben, um sich selbst zu helfen, und ich kann ein Vorbild sein, so gut ich es eben zu sein vermag.

Viele Seminarteilnehmer gehen nach Hause und denken: »Ist ja toll, der Trainer hat das und das gesagt ... und jetzt geht alles wie von allein.« Nein! Das ist nicht richtig. Du musst deinen Arsch schon selbst bewegen!

Was möchte ich mit diesem Buch erreichen? Ich will, dass du gewinnst! Ein Coach hat nur ein Ziel: Die Mannschaft muss gewinnen. Ich will, dass du in deinem Bereich die Goldmedaille holst. Vielleicht schreibst du mir irgendwann: »Frank, ich habe genau getan, was du gesagt hast, und dadurch viele meiner Ziele erreicht.« – Dann haben wir beide einen wunderbaren Job gemacht!

Die Chance in der Krise packen

Was habe ich mich damals mit meinem ehemaligen Schweizer Verleger über den Preis meines Hörbuches *Beweg deinen Arsch!* herumgestritten! 49,90 Euro für ein Hörbuch sind einfach zu viel!

»Was soll das?«, habe ich ihn gefragt. »Ich möchte ein breites Publikum erreichen, und es kann halt nicht jeder so viel Geld dafür bezahlen, auch wenn er es vielleicht gern möchte. Ein Buch darf maximal 9,80 Euro kosten. Ein Hörbuch nicht mehr als 24,80 Euro.«

Was musste ich mir in seinem Büro anhören? »Nein, Wilde, wir machen das hier anders. Wir sind Premium. Unsere Kunden zahlen das ohne Probleme.«

So ein Blödsinn, dachte ich. Das entsprach und entspricht ganz und gar nicht meinen Interessen. Jeder freut sich doch, wenn er ein gutes Produkt für wenig Kohle schnappen kann, oder? Leider entwickelte sich diese Geschäftsbeziehung für mich immer weiter in die falsche Richtung. Die Trennung wurde unausweichlich.

Natürlich ist die Produktion eines Printbuches oder Hörbuches teuer. Dann muss es eben so gut sein, dass viele es kaufen.

»Ja, aber, Wilde, die Leute saugen sich doch dann ihre Hörbücher kostenlos aus dem Internet!«, wurde mir entgegengehalten.

Na und? Haben wir als Kinder in Hamburg damals nicht auch samstags vor dem Kassettenrekorder gehockt, auf NDR2 die Internationale Hitparade mit Wolf-Dieter Stubel aufgenommen und gehofft, dass der Moderator so wenig wie möglich mit seiner wahnsinnig sinnlichen

Stimme in den Song hineinredete? Wir hatten leider zu wenig Taschengeld, um uns Schallplatten zu kaufen. Ob ABBA oder die Bay City Rollers das gemerkt haben? Meine Erfahrung ist die: Wenn die Leistung stimmt, muss es nicht teuer sein. Und wenn es teuer ist, stimmt oft die Leistung nicht.

Leben und leben lassen, das habe ich in Südostasien kennen und lieben gelernt. Kleine Garküchen, Obststände und Saftwagen an der Straße, oft sogar vor einem Restaurant, werden von allen stillschweigend akzeptiert. Niemand verbietet einem anderen, sich auf seine Art und Weise sein Geld zu verdienen. Kein Streit, kein böses Wort, alles existiert friedlich nebeneinander. Wieso ist das in diesen Ländern möglich? In Deutschland wäre Ähnliches undenkbar. Das Gewerbeaufsichtsamt und Ordnungsamt wären umgehend zur Stelle, um alles zu reglementieren. Lasst den anderen leben, mischt euch nicht immer ein – das könnte die Lösung für viele Probleme sein.

Was ich sonst noch tue, um meine Ziele zu erreichen? Ich nutze, wo immer ich kann, Niederlagen und Rückschläge, um weiterzukommen.

Zwei geschäftliche Entscheidungen in meinem Leben haben mich viel Geld gekostet. Mein Bruder und mein Anwalt hatten mich vorgewarnt. Als ich meinen Namen unter den Vertrag des Schweizer Verlages setzte, klingelten in mir sämtliche Alarmglocken. *Du weißt, du baust gerade richtig Scheiß,* dachte ich, *und trotzdem unterschreibst du!*

Ich konnte später den eventuellen Verlust mehr als ausgleichen, aber anderen gelingt das vielleicht nicht.

Weil sie sich beim Hausbau verkalkuliert oder keinen Ehevertrag abgeschlossen haben. Eine Insolvenz ist schnell gemacht.

Paare sollten heutzutage immer einen Ehevertrag abschließen, schon, um beide Seiten zu schützen. Ein Ehevertrag, eine Patientenverfügung und ein Testament sind die Grundlage, bevor geheiratet wird. Viele junge Leute, die schwer verliebt sind, beachten diese Ratschläge oft nicht, weil sie triebgesteuert und blind in eine Ehe hineinschlittern. Die größte Verliebtheit – und wenn der Partner noch so perfekt erscheint –, las ich neulich im *P.M.-Magazin*, hält maximal 36 Monate an. Danach beruhigen sich die Hormone. Der anfangs so aufregende Sex wird immer mehr zur Gewohnheit, und der Alltag erwischt jede und jeden. Deshalb muss es vor jeder Hochzeit einen Pflichttermin beim Notar geben, wo diese sachlichen Dinge komplett geregelt werden.

Es gibt eben Situationen im Leben, die – bei aller Weitsicht und Klugheit – nicht vorhersehbar sind. Hinterher ist man immer schlauer, sagt der Volksmund, aber leider meist auch finanziell ärmer. Wir verschließen im Vorfeld die Augen vor möglichen negativen Entwicklungen, weil wir sie nicht sehen, hören und wahrhaben wollen. Durch die rosarote Brille betrachtet ist alles toll. Klar, am Anfang ist immer alles schön.

Aber Schicksalsschläge können jeden treffen. Wenn man gut vorbereitet ist und für den unerwünschten Ernstfall alles geregelt hat, hat man es als der oder die Zurückgelassene jedoch viel einfacher. In Zusammenhang mit dem Nahtoderlebnis meines Bruders werde ich diese Dinge noch einmal ausführlich erläutern. Überhaupt werden Sie, liebe Leser, immer wieder fühlen und am Ende des Buches besser verstehen, warum ich auf manche Punkte unweigerlich zurückkomme.

Wenn man gut vorbereitet ist, hat man es wirklich einfacher. Denn, und das ist der viel wichtigere Punkt, man hängt mit drin, wenn die andere Seite Mist baut. Mist passiert schon mal, so ist das Leben.

Ich habe also damals geschaut, wo sich bei der Trennung von meinem Verleger eine Chance für mich auftat. Die Chinesen haben das gleiche Schriftzeichen für Krise und Chance – in der Krise ist die Lösung enthalten. Das Geld, das ich damals verbraten hatte, konnte ich inzwischen, wie gesagt, um ein Vielfaches anderswo wieder reinholen. Das ist wie beim Skat, man zahlt immer Lehrgeld. Nur hatte ich das damals natürlich nicht gewusst, als ich den Vertrag unterschrieb. Die Krise brachte uns jedenfalls dazu, einen eigenen Verlag zu gründen. Ich muss nun niemanden mehr fragen, weil ich alles mit meinem Bruder Mario entscheide.

- *Versuche, in deinem Leben immer unabhängiger zu werden! Wenn du etwas versaust, dann hast du es allein versaut, aber wenn der Erfolg kommt, hast du es ebenfalls ganz allein geschafft!*
- *Entdecke die Chance in der Katastrophe! Der Gedanke »jetzt kommt dafür etwas ganz anderes Schönes« ist magisch. Mit dieser Erwartungshaltung ziehst du das Gedachte nach dem Gesetz des Sogs unausweichlich an. Das ist das Gute daran.*

Trainer sind auch nur Menschen, allerdings haben wir einen großen Vorteil: Wir wissen, wie man mit Krisen besser klarkommt, und dadurch kommen wir aus der Tiefe oftmals schneller heraus. Glaubst du, nur weil ich Mentaltrainer bin, läuft bei mir immer alles glatt?

Im Gegensatz zu einigen Menschen, denen ich begegne, arbeite ich jedoch stets daran, dass es besser läuft, und zwar in jedem Moment. Aber auch ich kann nicht immer alle Rückschläge verhindern.

Alle, die man im Fernsehen sieht, und von denen meint, die wären ganz toll, sind Schwachmaten wie du und ich. Oma ulkte immer: »Guck mal, Frank, der sitzt genauso gebückt auf dem Klo wie wir.« Sie hatte recht: Auf der Toilette und im Stau sind wir alle gleich. Stell dir dein Gegenüber einmal nackt vor, und schon ist die ganze Ehrfurcht dahin!

Du findest in diesem Buch viele Anekdoten und Geschichten – von Teilnehmern gehörte und selbst erlebte. Anschaulich erzählte Geschichten können wir uns einfach besser merken als bloße Sätze. Sie docken direkt an das Unbewusste an. Und dein Unbewusstes soll ja Kraftfutter bekommen, damit es mit der Programmierung deiner Ziele auch klappt!

Falls du dich als einer der Protagonisten meiner Erzählungen wiedererkennst, trag es mit Humor – dein Gegenüber musste es auch!

Und vergiss nicht: Von Herzen zu lachen ist ein magischer Moment. Mehr als bei dir die Schlagzahl zu erhöhen, kann ich auch nicht. Aber daran arbeite ich mit gleichbleibender Heftigkeit.

Catch your dream!

Kennen wir alle nicht den Punkt im Leben, wo man in sich hineinhört und sich fragt: Warum habe ich das damals nicht gleich gemacht? Warum habe ich auf andere gehört? Ich hätte dieses oder jenes damals so gern ausprobiert, und nun ist es vielleicht nicht mehr möglich oder unmöglich?

Ideen für dieses Buch hatte ich immer, aber nie die völlige Ruhe, mich allein hinzusetzen und meine Gedanken niederzuschreiben. Doch dann traf ich eine Entscheidung, die meine Beziehung zu meiner Beziehung gefährdete und die, ehrlich gesagt, nicht ganz so einfach war. Dieses Risiko musste ich jedoch eingehen. Sonst kommt in einem immer wieder die Frage hoch: *Warum hab ich nicht ...? Ich hätte doch so gerne ... Müsste man mal machen.*

Wörter wie *hätte, müsste, könnte* und *sollte,* streiche bitte sofort aus deinem Wortschatz.

»Eigentlich« gehört in dieselbe Mottenkiste, es ist ein »Weichmacher«. Sag heute Abend mal zu deiner nackten Frau im Bett: »Eigentlich hab ich dich lieb.« Da weht anschließend ein eiskalter Wind durch euer Schlafzimmer.

Durch meine Auslandseinsätze im Tourismus, für TUI, MS EUROPA, ROBINSON und AIDA, landete ich vor einigen Jahren in Thailand. Dieses Land hat mich von Anfang an fasziniert. Das Essen, das Wetter, die Menschen, der friedliche Buddhismus, all das gefiel mir irgendwie auf Anhieb. Waren es die Gegensätze in diesem

Land, ich weiß es nicht genau, es sprach mich einfach an. Hier konnte ich mir einen längeren Aufenthalt im Winter durchaus vorstellen. Nicht für immer, aber dem kalten deutschen Winter zu entfliehen, würde mir schon zusagen.

Schon oft hatte ich überlegt, wo ich – bei meinen ca. 200 Übernachtungen im Jahr in fremden Hotelbetten – wohl irgendwann auch leben könnte.

Thailand erschien mir sofort als wunderbare Möglichkeit dafür. Als ich mit meiner Freundin wieder einmal die AIDA in Laem Chabang bestieg, kamen mir diese Gedanken erneut in den Sinn.

»Schatz«, sagte ich, »wollen wir hier nicht mal überwintern? Das wäre genau mein Ding.«

»Wie kommst du denn darauf?«, fragte sie mich ziemlich verblüfft.

»Bei uns ist es immer so kalt, und ich steh nicht auf Kälte. Ich brauch es warm. Ich will auch nicht in den Skiurlaub, das ganz Angeplünne mit den Winterklamotten nervt mich. Ich finde es geil hier. Genau mein Ding. Kokosnusssuppe, tolles Wetter, Sonne und ein Singha Bier, das reicht einem Mann.«

Bemerkenswerterweise schrieb mir zeitgleich mein geschätzter Trainerkollege Martin Betschart, der sich ebenfalls in Thailand aufhielt, eine Nachricht über Facebook. Ich schrieb zurück, ich sei im Moment in Thailand und hätte einen Einsatz auf der AIDA.

»Steffi«, sagte ich zu meiner Freundin, »wollen wir uns mittags mit Martin und seiner Frau Jeanette zum Essen treffen?«

»Geh du mal«, sagte sie, »ich würde derweil gern in diese neue Mall zum Shoppen gehen.«

So verabredete ich mich mit Martin zum Essen, und wir Kollegen fingen an, über unsere Jobs zu fachsimpeln.

»Jeanette und ich überwintern schon jahrelang in Thailand«, sagte Martin irgendwann.

Von da an kreisten meine Gedanken unablässig um diese Vorstellung, und ich fragte ihn nur so aus. Nach diesem Treffen war ich mehr als angestochen.

»Du, der schreibt seine Bücher auch hier«, erzählte ich Steffi später in unserer Kabine auf dem Schiff. »Das wäre doch was für uns! Du sitzt auf der Terrasse in der Sonne, während ich meine Bücher schreibe. Hörbücher habe ich schon genug, aber ich brauche noch ein paar neue Bücher für meine Leser. Zu Hause komme ich einfach nicht dazu. Da habe ich nicht die Ruhe, die man als Autor so dringend benötigt.«

Dieser Wunsch ließ mich einfach nicht mehr los.

Als ich 2013 wieder für AIDA meine Vorträge an Bord hielt, lernte ich Andi und seine Freundin kennen, die ebenfalls im Winter in Thailand lebten. *Wieder so eine Fügung, das gibt's doch gar nicht*, dachte ich. *Zweieinhalbtausend Gäste an Bord – und der richtige Mann läuft mir direkt in die Arme.* Nun hatte ich für diese Reise den besten Gesprächspartner, den ich mir nur wünschen konnte. Ich war Feuer und Flamme. Kennst du das, wenn etwas in dir hochkriecht und du es nicht mehr aus dem Kopf bekommst? Ich fragte ihn über alles aus. Und Andi beantwortete alles allzu geduldig.

Im Dezember 2014 – ich hatte nach der New-York-Reise im Herbst ein Meeting bei AIDA in Hamburg – fragte mich Miryam beiläufig: »Kannst du die Südostasienreise im Winter auch zweimal fahren, Frank? Wir bräuchten dich bitte vier Wochen an Bord. Du passt mit deinem Programm zum Jahreswechsel, mit guten Neujahrsansätzen so wunderbar auf diese Themen-Reise.«

Spontan sagte ich zu, ohne zu wissen, ob ich es terminlich überhaupt einhalten konnte.

»Das bieg ich zeitlich schon hin«, erklärte ich meiner Freundin, die ernst zu gucken begann.

»Aber du hast doch für Januar 2015 sehr viele Firmenanfragen für deine Vorträge, das weißt du, Frank?«, wandte sie ein.

»Wir werden sehen«, entgegnete ich.

Und so geschah es, dass ich das erste Mal ohne diese wunderbare Frau die AIDAsol bestieg. – Ich ahnte damals nicht, dass Steffis Mama ihre Geburtstagsreise zu ihrem Sechzigsten im Dezember 2014 mit der Familie auf Phuket verbringen würde. Wir waren zur gleichen Zeit in der gleichen Region, nur nicht am selben Ort. Fügungen über Fügungen. Die Crew an Bord unterstützte mich, wo sie nur konnte, und nahm Steffis Platz im administrativen Bereich hervorragend ein, während ich meine Vorträge im Theatrium hielt.

Eine Reise später – Steffi war nach vierzehn Tagen inzwischen Gott sei Dank an Bord eingetroffen –, ereignete sich die nächste Fügung. An Bord erschienen zwei Freunde und bestellten mir die besten Grüße von einem gewissen Herrn Martin Betschart.

»Bitte? Woher kennt ihr den denn?«, fragte ich total verblüfft.

»Wir laufen uns gelegentlich über den Weg«, schmunzelten beide und schauten ziemlich geheimnisvoll. Dann klärten sie die Situation auf: »Wir leben im Winter auch in Thailand und sollen dich schön grüßen.«

Das war zu viel. Ich zog auf einmal nur noch dieses Thema in mein Leben.

»Steffi, ich muss dir schon wieder was erzählen.« Sie hat damals ganz schön was mit mir mitgemacht. »Da sind zwei Gäste an Bord, die uns Grüße von Martin bestellt haben.«

Steffi sah mich mit rollenden Augen an. Ein Blick, den wohl alle Männer kennen, wenn unsere Frauen uns kritisch beäugen. *Was hat er nun schon wieder vor?*

Und dann saß ich mit ihrem Segen kaum vier Wochen später allein im Flieger nach Bangkok, um in nur neun Tagen an diesem Buch weiterzuschreiben.

Entscheidungen zu treffen ist schwer. Sie in die Tat umzusetzen noch schwerer. Seine glückliche Beziehung zu gefährden, bescheuert. Und trotzdem nagt es in einem, weil man etwas so gern machen möchte. Wann hattest du dieses Gefühl zuletzt?

Das Musical von Udo Jürgens, »Ich war noch niemals in New York«, bringt es für auf den Punkt. Mein Bruder Mario sagt in solchen Situationen immer: »Die Zeit ist einfach zu kurz, es nicht zu tun.«

Vielleicht war es egoistisch von mir, allein nach Thailand zu fliegen. Vielleicht habe ich nur daran gedacht, mich zu verwirklichen, mag sein. Dennoch:

Triff eine Entscheidung, wenn nötig, gegen alle Widerstände, aber triff sie!

Eine Entscheidung kann sich im Nachhinein als richtig oder falsch erweisen. Aber nie etwas zu wagen oder auszuprobieren, ist einfach nur langweilig! Wie viele Menschen ärgern sich darüber, was sie alles getan haben. Ärgert euch lieber über die Dinge, die ihr nicht getan habt Leute! Zitat: »Allen Menschen recht getan, ist eine Kunst die keiner kann«.

Frank und frei

In den letzten 25 Jahren habe ich in meinen Seminaren Tausende von Menschen trainiert: Erwachsene in Führungspositionen, Männer, Frauen, Selbstständige, Angestellte sowie Jugendliche, die als schwer erziehbar galten und Aufmerksamkeitsdefizite hatten. Ehrenamtlich habe ich Vorträge vor über 30 000 Schülern, vor allem an Hauptschulen, gehalten.

Meinst du, wenn da 500 Jugendliche in der Aula saßen, dass die einen Piep von sich gaben vor lauter Spannung? Gerade junge Menschen, äußerte sich einmal das 2015 verstorbene Weltgewissen, Altbundeskanzler Helmut Schmidt, dürsteten nach Autoritäten, die ihnen sagen, wo es langgeht, und die bekommen sie von mir. Schüler müssen wissen, warum sie etwas tun sollen. Einfach nur Auswendiglernen ist ineffektiv. Ich erzähle ihnen aus meinem Leben, und von einem Trainer nehmen sie es mehr an.

Das Einzige, was meine Arbeit an Schulen manchmal behindert, ist die voreingenommene Haltung von Lehrern. Nicht die Schulleiter, auch nicht die Eltern und schon gar nicht die Schüler sind das eigentliche Problem – oftmals sind es leider die alles andere als souveränen Lehrer. Dabei arbeite ich ihnen stets zu und stärke in meinen Vorträgen sogar ihre Position.

»Dein Lehrer ist nicht dein Feind«, lautet eine meiner Grundaussagen den Schülern gegenüber. »Er will dich fördern und fordern.«

Leider empfinden Lehrer das nicht als hilfreich, und das behindert manches persönliche Weiterkommen. *Warum sind meine Schüler bei Frank leise und bei mir im Unterricht nicht?* Diese Frage lese ich aus ihrer Körpersprache und in ihren Augen. *Ich gebe mir so viel Mühe, und es bringt nichts. Aber an seinen Lippen kleben sie und setzen sogar um, was er sagt.*

Warum ist das so? Weil ich die Sprache der Schüler spreche. Eine simple Grundregel gelungener Kommunikation lautet: Sobald du die Sprache deines Gegenübers sprichst, bekommt das Gesagte Bedeutung, geht in den Kopf hinein, bleibt haften und wird später irgendwann umgesetzt.

Nur was Bedeutung hat, speichert unser Gehirn ab. Unbedeutendes wird verdrängt.

Der Trainerberuf ist eine vielseitige Tätigkeit: Auf der Bühne bin ich Entertainer, hinter der Bühne ein Coach. Wenn ich vor den Leuten referiere, stehe ich für sie auf einer Bühne. Wenn ich mit den Leuten im Einzelgespräch bin, ist das die Arbeit hinter der Bühne. Ich haue dabei Sätze heraus, von denen sich manche berührt fühlen: *Was der Coach da gerade gesagt hat, das stellt ja mein ganzes Leben infrage!*, denken sie. Einige kommen danach ins Handeln, andere nicht. Wenn ich nur ein Drittel der Zuhörer erreiche, war ich gut.

Ich bin mehr ein Typ für große Gruppen. Wenn alle bei meinem Vortrag zu lachen anfangen, ist das, als wenn man mir eine Rakete in den Hintern steckt. Dann laufe ich zu Höchstform auf. Tatsächlich gibt es Gruppen, die dir Energie geben, und solche, die Energie von dir absaugen.

Wenn du selbst da auf die Bühne willst, musst du genau wissen, dass du das zu 100 Prozent willst! Du zahlst nämlich als Prominenter einen sehr hohen Preis. Du musst bereit sein, alles andere zu opfern und zurückzustellen. Deine Beziehung, deine Familie und deine Freunde werden darunter leiden. Im Rampenlicht zu stehen, bedeutet, dass du authentisch sein musst. Wer zwei, drei Stunden oder auch tageweise mit Menschen arbeitet, kann sich nicht die ganze Zeit verstellen. Irgendwann äußerst du etwas Persönliches, und die Leute merken sofort, ob du das, was du sagst, auch lebst, oder ob du ihnen nur etwas vorspielst. *Der spielt doch eine Rolle*, denken sie, *das hat er sich doch ausgedacht oder angelesen.* Oder aber sie spüren: *Das hat der Typ echt erlebt, er erzählt praktisch von eigenen Erfahrungen.* Je älter du wirst, desto besser wirst du in diesem Job, eben weil du diese Erfahrungen gemacht hast und weitergibst.

Der verstorbene Schauspieler Günter Pfitzmann sagte einmal zu mir: »Entweder das Publikum liebt dich, oder es zerreißt dich – dazwischen gibt es nichts. Da sitzen 200 Leute und warten darauf, dass der da vorne einen Fehler macht. Und wenn er einen Fehler macht, oder etwas nicht weiß, spüren die Menschen sofort die Schwäche, schließen sich zusammen und machen dich platt. So was darf dir nach Möglichkeit nicht geschehen,

Frank«, meinte »Pfitze« an seinem Geburtstag auf Sylt zu mir. »Du hörst immer die lauter, die nicht klatschen, als die, die klatschen.«

Man sieht 90 Prozent von mir auf der Bühne. Ich verstelle mich nicht. Das wäre mir auch zu blöd. Entweder, die Leute mögen mich oder sie denken: *Was für ein Arschloch!* Das ist mir wurscht. Nur mit dieser Einstellung kann ich auf der Bühne stehen. Je mehr Rücksicht ich auf die Ängste der Leute nehme, desto schlechter performe ich.

Ich mache inzwischen auf den Brettern, die die Welt bedeuten, was ich will. Manchmal ärgern sich die Menschen, allerdings nicht über mich. Eigentlich ärgern sie sich über sich selbst. Eine meist unbewusste Reaktion kommt in Gang: *Spiegelt der Frank etwas wider, was ich an mir nicht mag? Zeigt er etwas auf, was mir an mir nicht gefällt?*

Wenn die Leute dagegen finden, ich sei ein geiler Typ, dann spiegelt auch das nur wider, was sie an sich mögen und in sich stärken wollen:

Hey, ich hab's mir ja schon gedacht, aber der Wilde bestätigt mir das noch mal. Siehst du, ich darf doch eine echte Rolex tragen, ohne mich permanent dafür zu entschuldigen oder dafür schämen zu müssen, nur weil ich 7 000 Euro für eine Uhr ausgegeben habe.

So bestärke ich den Zuhörer oder Leser, der sowieso schon in der richtigen Spur läuft, und packe bei ihm noch einen obendrauf.

Gauchaise-Reaktion nennt das die Soziologie. Den *Anderen* zu spiegeln, mache ich mit Vorliebe. Das kann manchmal für die *Gespiegelten* unangenehm sein, ist aber höchst wirkungsvoll. Lerninstitute und Trainer bedienen sich seit längerer Zeit dieser kognitiven Effekte und erzielen damit bei jedem beeindruckende Ergebnisse. Es bedeutet, die Möglichkeiten optimal auszuschöpfen, um andere in ihrem Leben weiterzubringen.

Wenn du selbstbewusst und entspannt bist und jemand zu dir sagt: »Du bist ein Idiot!«, lach darüber, und nimm es nicht so wichtig.

Und wenn dich einer beschimpft, dann sei doch wenigstens so cool, dich zu fragen: Warum hat er das getan? Es gibt ja auch konstruktive Kritik. Stimmt, wenn ich so darüber nachdenke, war der Hinweis gar nicht so schlecht.

Viele Menschen sagen mir nach meinen Vorträgen oder Seminaren, sie hätten bei mir Dinge gehört, die niemand sonst in dieser Form anspricht. Selbst Trainerkollegen, die mir zuhören, denken sofort: *Aufgepasst, dünnes Eis! Wenn bei mir jemand im Publikum säße, der sich richtig auskennt, der nähme mich auseinander, wenn ich das so sagen würde wie Frank. Aber Frank kann sich diese Frechheiten rausnehmen.*

Das ist so, weil meine Zuhörer recht schnell zu dem Schluss kommen: *Ich bin vielleicht nicht immer seiner Meinung, aber der Wilde hat es mir so erklärt, dass es richtig sein könnte. Außerdem meint er es nie böse. Er ist mein Coach und will mir helfen.*

Als Trainer spürst du: Du hast diese gewisse Macht des Wortes, mit der man viel erreichen kann. Mir geht es darum, meinen Zuhörern immer einen Mehrwert zu bieten.

Ich möchte, dass die Leute am Ende sagen: »Das war klasse, das möchte ich unbedingt für mich umsetzen.« Dafür gebe ich alles.

Mein Bruder Mario bremst mich nach meinen Veranstaltungen immer ab, indem er sagt: »Frank, hier ist die Treppe zu Ende, du kannst jetzt wieder piano machen.«

Es ist gut, wenn man so jemanden an seiner Seite weiß. Warum? Auf der Bühne bekommt man Applaus, der Adrenalinspiegel steigt und bleibt noch eine Weile hoch. Wenn eine Veranstaltung richtig toll gelaufen ist und das Publikum begeistert klatscht, bin ich selbst so emotional berührt, dass mir schon öfter die Tränen gekommen sind. Da muss man sich so weit unter Kontrolle haben, dass man nicht zu spinnen anfängt.

Als junger Coach war ich immer lieb und nett und habe den Menschen gut zugeredet, höchstens mal einen flotten Spruch riskiert. Vor einigen Jahren habe ich dann damit angefangen, immer mehr zu polarisieren – im Moment bin ich knallhart. Früher habe ich mir viele Gedanken darüber gemacht, wie weit ich das Publikum reizen kann, und dann ist etwas Spannendes passiert: Je härter ich wurde, je rotziger und frecher – nicht pampig nein, aber teilweise schon anmaßend, sodass jeder dachte: *Jetzt hat er aber überzogen!* –, geschah etwas völlig Unerwartetes. Plötzlich baten mich die Leute: »Frank, kannst du mir noch verbal ein paar in die Fresse hauen? Jetzt geht's mir direkt ein bisschen besser.«

Als Trainer kann man nicht ausschließlich mit dieser Wattebausch-Tour daherkommen: »Wollen Sie nicht vielleicht mal Ihre Ziele angehen, und hätten Sie nicht ein wenig Lust, sich sportlich zu betätigen?« Alle würden denken: *Der ist doch nicht ganz dicht!*

Stell dir mal vor, Bundestrainer Jogi Löw würde im Training vor einem Länderspiel der DFB-Nationalmannschaft vorschlagen: »Hört mal, Jungs, wollen wir vielleicht heute ein, zwei Törchen schießen?« Die Spieler würden den Coach entgeistert anstarren. Pep Guardiola sagte einmal im Interview über seine Bayern-Spieler: »Ich rede mit meinen Spielern, ich diskutiere nicht.«

Oder Klitschkos Boxtrainer würde im Ring während des WM-Kampfes nach der vierten Runde seinen Schützling auffordern: »Langsam solltest du mal zurückschlagen, Wladimir!« Wie würden das Fußballspiel oder der Boxkampf wohl ausgehen?

Also, immer klare Ansagen: »Den Ball links oben rein. Immer zwei Tore mehr als der Gegner.« Und beim Boxkampf: »Häng hier nicht rum, hau ihn *jetzt* um, Wladimir, er ist reif.«

Mittlerweile erkläre ich meinem Publikum bereits zu Anfang der Veranstaltung: »Sie werden heute aufs Übelste durchbeschimpft.« Das ist der Moment, wo die Ersten das Lachen anfangen, weil sie spüren, dass es nicht böse gemeint ist. Die Leute können gar nicht genug davon bekommen, es macht ihnen richtigen Spaß, mir dabei zu lauschen.

Vielleicht ist das deshalb so, weil wir inzwischen alle viel zu weich gespült sind. Kaum einer traut sich mehr, mal wieder richtig den Mund aufzumachen, vor lauter Angst, dass er gleich eine Klage wegen Mobbings an den Hals kriegt. Alles ist neuerdings frauenfeindlich, sexistisch und politisch unkorrekt. Machst du deiner Sekretärin ein Kompliment, heißt es gleich: »Der hat mich angemacht, wo ist der Betriebsrat?« Immer eine Armlänge weit weg von mir.

Das Ganze wird immer alberner. Absurd, wo wir in manchen Bereichen gelandet sind! Danke, Frau Schwarzer, danke, Bio-Harry, danke, Laktat-, Glutamat- und Laktose-Verbieter – bis vor Kurzem wusste ich nicht mal, was das ist. Wer treibt die nächste Sau durchs Dorf?

Während ich dies hier schreibe, sitze ich in Thailand in der Sonne auf der Hotelterrasse und sehe zu, wie der Hof mit einem Bastbesen von einer Mitarbeiterin perfekt gekehrt wird. In Deutschland wäre wohl sicher bereits ein Normbesen bestellt worden, und der Sozialgesetzgeber hätte eine Arbeitsplatzkontrolle eingeleitet. Der Physiotherapeut des Unternehmens würde auf den Plan gerufen, um die geplagten Rücken der Belegschaft zu massieren, damit es zu keiner Störung im betrieblichen Ablauf kommt. Wahrscheinlich würde ein sich permanent auf dem Kriegspfad befindliches Gewerkschaftsmitglied bei jeder Mail in cc gesetzt. Alles wird immer bekloppter. Keiner weiß Bescheid, und alle machen mit.

Geistesblitze – Gehirne in Höchstform

Wie bin ich geworden, wie ich geworden bin? Welche Ereignisse haben mich im Leben dazu gemacht, wie ich heute bin? Es hat schließlich alles eine Ursache. Es sind die Impulse, die einen auf kommende Dinge vorbereiten. Man versteht es zwar nicht immer gleich, aber es hat alles einen Sinn. Warum habe ich als etwa 20-Jähriger dieses Buch von Raymond A. Moody über das *Leben nach dem Tod* in die Hand genommen und komplett durchgelesen? Wollte mich mein Unterbewusstsein auf ein kommendes, tief greifendes Ereignis gut vorbereiten? Unser Gehirn ist ein Wunderwerk, dem wir mit Staunen begegnen sollten. Ich weiß es nicht, aber es war wichtig und richtig. Was jetzt kommt, könnte bei dir eine Gänsehaut verursachen. Im Folgenden schildert mein Bruder Mario sein berührendstes Erlebnis.

Ganz nah am Tod – der Stromunfall von Mario Wilde

Fragen von Frank an seinen eineiigen Zwillingsbruder Mario nach dem Unfall im damaligen Westberlin am 22. März 1984:

> *»Was war unmittelbar vor dem Ereignis?*
> *Was hast du vor diesem Ereignis gedacht?*
> *Was hast du während des Stromunfalls gefühlt?*
> *Hast du von deinem Rettungseinsatz*
> *etwas mitbekommen?*

Wie hast du den Krankenhausaufenthalt empfunden?
Was hältst du vom Thema Kirche? Gibt es wirklich
etwas von dem, was Religionen verkünden
und verbreiten?
Wie war es für dich, als du wieder in die dritte
Dimension zurückgekehrt bist?«

Mario: »Ein sehr helles Licht zog mich wie magisch an, blendete mich jedoch nicht. Es tat mir leid, mich von euch allen nicht mehr verabschieden zu können. Aber der Sog war stärker. Das ›Leck mich am Arsch‹-Gefühl wurde immer größer und gewann schließlich die Oberhand über meinen freien Willen.

Weil Nahtoderfahrungen, Palliativ-Medizin und Sterbehilfe gerade jetzt in den Medien ein echtes Thema sind oder immer mehr werden, habe ich mich dazu entschlossen, dieses recht einschneidende, unvergessliche Erlebnis, als ich es wieder einmal ganz scharf vor Augen hatte, für andere, die Ähnliches erlebt haben, zu schildern. Dem wiederholten Bitten und Drängen meines Zwillingsbruders und im deutschsprachigen Bereich wohl führenden Mentaltrainers Frank gab ich deshalb nach: ›Bitte, Mario, lass uns deine Geschichte für unsere Leser, ausführlicher als in *Beweg deinen Arsch!* beschreiben, niederschreiben!‹«

***

Ich habe mich mit diesem Thema immer sehr zurückgehalten, weil es so unglaublich war, dass ich den Eindruck hatte, die Leute denken, ich spinne komplett, oder halten mich für irre. Oder es wird wieder von unwissenden Leuten belächelt bzw. ins Lächerliche gezogen. »Jetzt kommt Mario auch noch mit solchen Geschichten!«, würde es vielleicht heißen. Frank und Mama bohrten fragend schon mal nach, aber ich wich ihnen meistens geschickt aus, weil ich es auch so intim empfand, darüber Rede und Antwort zu stehen, was ich damals erlebt und erfahren hatte.

Ich glaube, ich musste dieses grandiose Erlebnis auch erst einmal mental für mich selbst verarbeiten. Außerdem schämte ich mich, allen so viel Kummer um meine Person bereitet zu haben. So viele Unannehmlichkeiten, und jetzt fiel ich auch noch für geraume Zeit im Friseursalon aus. Alle würden ständig nachfragen, danach müsste ich mich wieder erklären. Wenn ich etwas verabscheue, dann ist es, wenn ich mich erklären muss.

Unsere Mutter hatte damals einen Freund, der nicht gut für sie war. Frank und ich konnten dem Ganzen nur zähneknirschend zusehen. Dieser Typ passte uns überhaupt nicht. Was für ein ungeiler Kerl!

Gewalt in Verbindung mit Alkohol oder Tabletten spielte hier wohl zu oft eine große Rolle. Er neigte zum unkontrollierten Jähzorn. Diese Beziehung sollte sich nach meiner Geschichte wie von selbst erledigen, und ich würde der Kurier sein, der den Stein ins Rollen brachte, nur ahnte zu dieser Zeit noch niemand davon und ich schon gleich gar nicht.

Hatte ich deswegen dieses Erlebnis? Musste ich deswegen diesen Weg in meinem Leben beschreiten? Was sollte es mir sagen, mir zeigen und mich lehren? Davon später mehr.

Manuel, mein inzwischen verstorbener bester Freund, und ich hatten im März 1984 die Gelegenheit, in einem ganz tollen amerikanischen Van von Hamburg nach Westberlin mitgenommen zu werden. Da ich ja jede Gelegenheit wahrnahm, um meinen Bruder Frank in Berlin zu besuchen, fuhr ich freudig mit. Berlin, Berlin, wir fahren kostenlos, zum Rumspinnen nach Berlin.

Diese Berlin-Fahrten waren schon deswegen immer aufregender als andere Städtereisen, weil 1984 die DDR-Grenzsoldaten, ob am Auto oder in der muffig riechenden Reichsbahn, von einem wiedervereinigten Deutschland noch ganz weit entfernt waren. Wie die GREPOS sich an den hässlichen, grell ausgeleuchteten Grenzkontrollstellen aufführten und so richtig auslebten, wenn sie unsere Reisepässe einsammelten und uns dabei oft böse ansahen und ihre DDR-Stempel dort reinklatschten, war mir als Hamburger Hanseat höchst unangenehm. Bis man da immer so durch war, war es schon recht abenteuerlich.

Selbst mein kleiner Yorkshire Terrier Chicio kostete immer zwei D-Mark auf jeder Transitstrecke. »Zahl das bloß«, sagte Frank immer mahnend, »sonst kassiert das DDR-Veterinäramt den Hund ohne Begründung einfach ein.« Ging es ja ohnehin nur um diese lumpigen 2-D-Mark-Devisen.

Frank wohnte damals sehr ruhig in einer Altbauwohnung in der Koenigsallee 39, am Dianasee, im Berliner Grunewald. Dieses Wohnhaus hatte merkwürdigerweise zwei Treppenaufgänge, um in die verschiedenen Wohnungen zu gelangen. Entweder liefen wir hinten vom Gebäude die Wendeltreppe hoch, oder durch das vordere Treppenhaus, um in Franks Wohnung zu gelangen.

An diesem besagten Wochenende zog er mit seiner damaligen Freundin Daniela vom zweiten in den dritten Stock in die für ihn bessere Wohnung. Manuel und ich sollten ein wenig mit anfassen, um einige sperrige Möbel mit nach oben zu tragen. Wir nutzten an diesem Wochenende Franks bereits fast leere Wohnung im zweiten Stock zum Übernachten, um uns die Ausgaben für ein Hotel zu sparen, weil wir damals wenig Geld hatten und natürlich abends unbedingt ins Berliner Nachtleben wollten.

Am frühen Abend – ich war noch nüchtern, weil ich sonst zu schnell müde werde, was ich auf keinen Fall wollte, denn der Abend fing ja erst an – machten wir uns für das Berliner Nachtleben fertig.

Zu Franks alter Wohnung gehörte ein ziemlich kleines, recht abenteuerlich geschnittenes, schlauchartiges schmales Badezimmer mit einem Heizstrahler in Kopfhöhe oben an der Wand neben der Badewanne.

Frank und Daniela sortierten ihre Sachen in ihrer oberen neuen Wohnung. Alle waren beschäftigt, und so gingen Manuel und ich nacheinander in das winzige Bad, um uns für den Abend aufzubrasseln.

Ich saß in der Badewanne, Manuel machte sich die Haare vor dem Spiegel, und wir alberten mit Vorfreude auf die Nacht, wo wir nun überall hingehen würden, im Badezimmer herum. Er war fertig, ging raus, und nun war ich an der Reihe.

»Ich bin fertig«, sagte Manuel. »Du kannst aus der Wanne kommen, Mario«, rief er mir im Rausgehen noch zu.

Meine Haare mussten ja abends schließlich auch sitzen. Zwei dreiundzwanzigjährige Friseure aus Hamburg, die abends in Berlin, in der Stadt, die niemals schläft, ohne Sperrstunde, in der Szene weggehen wollten, wie aufregend! Mit Manuel zusammen brachte das immer besonders viel Spaß.

Ich zog den Badewannenstöpsel heraus, und das Wasser lief schmatzend und gurgelnd in den Abfluss ab. Ohne meine Brille aufzusetzen – ich war damals minus 4 Dioptrien kurzsichtig – stand ich auf. Ich schaute nach dem Spiegel, und um in der Badewanne nicht auszurutschen, suchte ich Halt und stützte mich mit meiner rechten Hand an der naheliegenden Wand ab.

Jedoch verfehlte ich diese unbeabsichtigt, und anstatt mich an der Wand abzustützen, langte ich stehend, mit nasser Hand, in die noch immer eingeschaltete und glühend heiße Heizsonne neben meinen Kopf.

Ein fürchterlich stechender Schmerz durchfuhr mich bis in die Zehenspitzen. Aber anstatt meine Hand von diesem rot glühenden Heizstrahler wegzuziehen, blieb ich daran kleben, und es übermannte mich, in Bruchteilen von Sekunden, eine unendliche, gelassene Gleichgültigkeit, und mein Ausflug in Jenseits begann. Das Drama nahm ab jetzt seinen Lauf.

Ich hörte mich noch selbst wie in tausend Worten das Wort »Manuel« murmeln.

Dieses »Leck mich am Arsch«-Gefühl verstärkte sich und gewann schließlich die Oberhand über meinen freien Willen, und irgendwann kämpfte ich nicht mehr dagegen an und gab mich dem nun Kommenden hin.

Manuel muss es tatsächlich irgendwie gehört haben. Er drehte sich offenbar zu mir ins Bad um und sah einen völlig nackten, Wasser tropfenden, mit dem Kopf an der Wand lehnenden und der nassen rechten Hand am Gerät festklebenden Mario.

Er riss mich geistesgegenwärtig, intuitiv, das Richtige tuend, umgehend aus der noch mit Wasser halbgefüllten, geerdeten Badewanne, wobei meine beiden Fersen nicht nur einmal gegen den Badewannenrand, sondern auch noch heftig auf die blassgrünen 70er-Jahre Fußbodenfliesen knallten. Er legte mich im Wohnzimmer auf den Teppichboden, woraufhin ich mich nach seinen Angaben hin sofort urinal entleerte. Dieses ist von Sterbenden allseits bekannt.

Aus weiter Ferne hörte ich immer wieder Manuels lautes, hilfloses Schreien: »Frank, Frank, komm schnell, es ist etwas ganz Schlimmes passiert!«

Was war in diesem engen Badezimmer nur geschehen?

***

Daniela und ich waren in unserer neuen Wohnung. Ich war, mit dem Klingeldraht und der Telefondose auf dem Teppich sitzend, in mein weinrotes Tastentelefon vertieft – Handys gab es 1984 ja noch nicht –, als mich Manuels markerschütternder Schrei aufschrecken ließ. »Frank, Frank, komm schnell!«, hallte es in meinen Ohren. Ich wusste in diesem Moment haargenau, jetzt ist irgendetwas richtig Fieses geschehen. Daniela sprang zeitgleich wie eine Furie aus dem Bett und eilte hinter mir her die Wendeltreppe hinunter in unsere im zweiten Stock befindliche alte Wohnung.

Unten angekommen stand Manuel zitternd, weinend und stammelnd im Eingangsbereich meiner fast ausge-

räumten Wohnung und zeigte nur auf meinen blassen, fahlen, nackten, auf dem Fußboden liegenden Bruder Mario. »Was ist denn hier los?«, fragte ich ihn. »Was ist passiert?« »Ich weiß es nicht«, stammelte Manuel. »Mario war in der Wanne, und ich hab ihn da rausgezogen.«

Daniela drängelte sich an uns vorbei und kümmerte sich sofort um Mario. Ich überblickte ebenfalls schnell die dramatische Situation, machte kehrt und stürzte die enge Turmtreppe zu meinem roten Telefon wieder hinauf. Gott sei Dank waren die Telefonkabel schon angeschlossen. Ich war auf einmal völlig ruhig und wählte den Notruf 112 der Berliner Feuerwehr.

»Mein Bruder liegt wie tot auf dem Teppich«, redete ich ins Telefon. »Er atmet nicht mehr, und keiner weiß, was passiert ist. Kommen sie ganz schnell!«, erklärte ich der Stimme am Telefon. »Meine Freundin ist examinierte Krankenschwester und kümmert sich bereits um ihn.«

Am anderen Ende der Leitung gab mir die freundliche Stimme den Rat, unten auf der Straße zu warten, um den Rettungswagen in Empfang zu nehmen. Ich bejahte alles, legte auf und keulte zu Mario und Daniela zurück. Manuel weinte immer noch, und ich sah in seine leeren, nassen, verquollenen Augen. Eine erschöpfte, schwer atmende Daniela befand sich am Kopfende von Mario. Sie war völlig fertig und hatte sich total verausgabt. Flehend sah sie mich an. Sie kämpfte wie eine Löwin um sein entschwindendes junges Leben. Immer wieder schrie sie ihn an, dass er seine Augen aufmachen solle.

Ich ließ die drei erneut zurück. Mario war bei Daniela in diesem Moment ja in den allerbesten Händen. Wie mir *der Notarzt später erzählte, hatte sie einen gigantischen Job gemacht und Mario mit ihrem beherzten Eingreifen, der Mund-zu-Nase-Beatmung, ihrer Herzmassage und ihren Schlägen im wahrsten Sinne des Wortes tatsächlich das Leben gerettet.*

Ich nahm im engen Treppenhaus immer zwei Stufen gleichzeitig, um schnell zur Toreinfahrt der Koenigsallee zu gelangen. Auf der Straße angekommen, begriff ich langsam die ernste Situation. Mein Zwillingsbruder Mario würde mich doch jetzt nicht etwa verlassen und sterben? Das konnte doch gar nicht sein! Sollte ich ab jetzt ohne ihn durchs Leben gehen? Wir waren als eineiige Zwillinge immer wie Pech und Schwefel gewesen. Nichts und niemand hatte uns bisher auseinanderbringen können. Waren wir doch schon im Bauch unserer Mutter aufs Engste zusammen. Kannte ich ihn doch länger als selbst unsere Mutter. Wir haben neun lange Monate gemeinsam in ihrem Bauch verbracht, bevor sie ihn zu Gesicht bekommen hat, schoss es mir durch den Kopf. Sollte uns sein Tod jetzt trennen? Nein, nein, das darf nicht sein, das kann nicht sein, schluchzte ich in mich hinein. Tränen rannen mir unten, auf der Straße angekommen, über die Wangen, aber es war mir egal.

Endlich hörte ich von Weitem das sehnlichst von mir erwartete, extrem laute Martinshorn der Berliner Feuerwehr. Wie Musik, wie ein lautes Trompetenkonzert klang es in meinen Ohren. Endlich Hilfe! Endlich konnten wir die Verantwortung an die Profis, die sich mit so was auskannten, abgeben. Mit dreiundzwanzig ist man doch noch sehr dumm, wenn es echte Probleme gibt.

Die Sirenen wurden immer lauter. Ich winkte hektisch mit beiden Armen. Zwei recht große Rettungswagen mit zuckendem Blaulicht stellten sich quer bei uns in die Einfahrt, und erleichtert las ich das Wort »Notarzt« auf dem weit leuchtenden roten Lack der sehr sauberen gepflegten Feuerwehrwagen. Mehrere weiß gekleidete Männer glitten ziemlich professionell aus ihren Fahrzeugen zu mir.

»Wo ist der Verletzte?«, fragte mich der Notarzt nur kurz.

»Ich gehe voraus, hier im Haus ist alles sehr verwinkelt«, antwortete ich.

Mit ihren großen Notarztkoffern folgten mir vier Mann zügig durch das Mietshaus in das kleine Zimmer.

***

Daniela, Franks damalige feste Freundin, eine sehr erfahrene und kluge examinierte Krankenschwester aus dem Krankenhaus der Notaufnahme Berlin-Neukölln, spannte die dramatische Situation vor Ort als Erste und schlug mir mehrfach klatschend ins Gesicht.

»Mario!«, schrie sie mich immer wieder an. »Mach die Augen auf!« Sie wollte unter allen Umständen verhindern, dass ich einschlief. Zimperlich ging sie dabei mit mir jedoch nicht gerade um. Immer wieder trafen mich ihre harten Schläge ins Gesicht. Sie übernahm ab jetzt die komplette Regie und scheuchte Manuel und Frank aus der winzigen Einzimmerwohnung. »Raus mit euch, verschwindet hier!«

Diese Hektik auf einmal um mich herum, kam es von ganz weit her bei mir an. *Was schreist du denn so, Manuel?*, dachte ich noch so bei mir. *Was ist denn? Gib mir lieber mal eine Decke, mir ist so kalt.* Wie unangenehm für mich, lag ich doch nackt und frierend vor allen Anwesenden auf der Erde. Wie peinlich, alles guckte mir auf den nackten Schwanz.

Nervt mich doch alle nicht, lasst mich doch hier liegen, dachte ich bei mir. Daniela sah das allerdings völlig anders. Sie fing sofort mit der Mund-zu-Nase-Beatmung und Herzmassage an, um mich wiederzubeleben, und presste mir dabei massiv auf meinem Brustkorb herum. Ständig wurde ich von ihr barsch angeschrien: »Mario, mach endlich deine Augen auf!«, dann krachte wieder eine von Danielas Ohrfeigen in mein Gesicht und erschütterte meinen Kopf, wie von Weitem.

Aber meine Augen waren doch auf, sah ich doch die ganze Szenerie vor mir und bekam alles ganz genau mit. Wie ein Zuschauer betrachtete ich von oben dieses ganze hektische Treiben um meine Person, fast schon gelassen und gleichgültig von der Zimmerdecke aus.

Der Raum war fast leer, keine Möbel, nur zwei Matratzen und unser Gepäck waren rechts unter mir zu sehen. Ich sah mich selbst unter der Zimmerdecke, über dem Geschehen schwebend, mit dem Kopf Richtung Fenster am Eingang auf dem fleckigen Velourteppich liegen. Mein Blick glitt durch den ganzen Raum, und ich bemerkte, dass ich mich nicht mehr in dem kleinen Bad befand. *Wie bin ich da bloß hingekommen?* Ich sah Danielas Hinterkopf an meinem Kopfende. Mein Kopf flog immer wieder von links nach rechts durch ihre Schläge. *Seid ihr alle nicht ganz dicht?*, dachte ich immer wieder. *Ich bin doch völlig okay, was ist denn mit euch? Was ist denn?* Ich sah von oben alles, wie sie anscheinend um mein Leben kämpfte.

Nur meinen Bruder Frank entdeckte ich seltsamerweise nicht, weshalb ich auf einmal sehr böse auf ihn wurde. Er kümmerte sich doch sonst immer um mich und beschützte mich, wo er nur konnte. *Einmal ist es wichtig, und du bist nicht an meiner Seite? Sonst hast du mich doch als Kind auf dem Spielplatz auch vor anderen prügelnden Kindern beschützt, wieso denn jetzt nicht?* Viel später erfuhr ich, dass Frank unten auf der Koenigsallee stand, um die Feuerwehr und den bereits nachalarmierten Notarztwagen einzuweisen, wie man es ihm beim Notruf ordnungsgemäß aufgetragen hatte.

Dann auf einmal betraten er und einige weiß gekleidete Männer den Raum und betrachteten meinen fahlen, wohl fast leblosen nackten Körper auf dem Boden. Einer von ihnen sprach Daniela an, und sie erklärte ihm daraufhin etwas. Dieser Mann kümmerte sich ab jetzt um mich. Frank und Manuel mussten erneut den Raum verlassen, nur Daniela blieb bei mir. Ab dann ging es erst richtig zur Sache. Die weißen Männer ließen mich einfach nicht in Frieden. Im Gegenteil, auf dem Fußboden liegend wurde ich von einem weißen Mann mit so einem Gerät genervt. Wie ein Presslufthammer malträtierte er damit meinen Brustkorb. Immer wieder sah ich von oben meinen Körper aufbäumen und zurücksinken, es tat höllisch weh. Ahnte ich doch überhaupt nicht, dass es gerade um mein Überleben ging. Irgendwann später schnallten mich die anderen weißen Männer in einen Stuhl, und ich hatte das Gefühl, kopfüber abzustürzen. Festgeschnallt im Tragestuhl der Berliner Feuerwehr ging es nun die steile Wendeltreppe hinunter in einen großen Krankenwagen, wo es mit dem Defibrillator auf meiner Brust munter weiterging.

Dann auf einmal überkam mich eine unendliche, nie gekannte Gelassenheit. Es war ein sehr wohliger Zustand. Plötzlich fror ich auch nicht mehr und war völlig schmerzfrei. Endlich wurde es angenehmer. Ich schwebte auf ein sehr schönes, helles, reines Licht zu. Fast ein wenig golden, höchst angenehm, zog es mich magisch an, blendete jedoch nicht. Wie ein Film rasten Bilder an mir vorbei. Alles bisher Dagewesene kam an dieses Ereignis nicht im Geringsten heran.

Aber ich kann doch nicht einfach so gehen, ohne ein Wort des Abschieds, kam es mir in den Sinn. *Ich muss mich doch erst von allen verabschieden*, sauste es durch meinen Kopf. *Aber es ist so schön hier.* Das etwas ganz anders lief als sonst, war mir sofort klar.

Auf diesem Lichtweg gab es nur eine Richtung, immer geradeaus, es hatte so etwas Endliches.

Was wird am Ende des Lichtes sein? Was erwartet mich wohl nun?

Wenn ich schon so weit gekommen war, wollte ich es nun auch sehen. Magnetisch wurde ich immer weitergezogen. Mein Geist war hin und her gerissen zwischen dem Diesseits und dem Jenseits. Auf der einen Seite die Welt, von der ich eben abgereist war, befand ich mich doch gerade noch in dieser Badewanne. Auf der anderen Seite die Neugier auf die neue Welt, in der ich aber noch nicht wirklich angekommen war.

Ich war wahnsinnig gespannt. Einfach schwebend zwischen den Welten, wurde mir meine erschreckende, wohlige Gleichgültigkeit immer mehr bewusst. War doch alles um mich herum ein so überwältigender, angenehmer Zustand. Viele Menschen haben Angst vor dem Tod, aber das Licht im Tunnel und meine Neugier wurden immer stärker. Wem, wie und was sollte ich nachgeben?

Je weiter ich mich vom Ort des Geschehens entfernte, desto stärker wurde meine Gelassenheit. *Mal sehen, was da jetzt kommt.* Es kam mir alles vor wie ein Sog, ein Strudel, ein Wirbel, der von mir nicht mehr aufzuhalten war. *Das Beste wird sein, ich füge mich und gebe mich dem angenehmen Zustand einfach hin.*

Nach einer Weile teilte sich dieses Licht. Ich erblickte einen See, über dem Nebelschwaden waberten. Ich schwebte auf etwas zu, das immer größer wurde, und, wie mit einem Weichzeichner gemalt, erkannte ich auf einmal etwas für mich Unglaubliches: Auf einer Bank, am Ende dieses Sees, saß auf einem Bootssteg eine sehr gepflegte, attraktive, gut frisierte, blonde, in der Blüte ihrer Schönheit etwa 45-jährige Frau. Zu ihren Füßen lag ein pechschwarzer Schäferhund. Ich erkannte die Dame und den Hund auf Anhieb. Ich wurde bereits von beiden, die mir entgegenblickten, erwartet. Vor mir saß in ihrem Modellkleid mit einer bunten Borte am Saum meine heiß geliebte, im Alter von nur 69 Jahren 1982 kürzlich verstorbene Großmutter, Mamas Mutter.

»Oma«, fragte ich erstaunt, »was machst du denn hier?«

Den Schäferhund kannte ich nur von Mamas Erzählungen. Weder Frank noch ich hatten ihn je zuvor gesehen. Es war Rex, der treue, schwarze Schäferhund von Omas Schwester Erna, die nach dem Krieg für die Hamburger Polizei Schäferhunde abrichtete. Mama hatte uns immer erzählt, wie beeindruckt sie von diesen Tieren war. Erna konnte ihren Hunden ein Stück Fleisch auf die

Nase legen, ohne dass sie es auffraßen. Erst auf ein bestimmtes Kommando hin, das Erna oder ein Polizist gaben, nahmen die Hunde das Fleisch an. So schützten sie sich selbst vor Vergiftungen. Frank und ich haben das aber nie mit eigenen Augen gesehen, sondern nur erzählt bekommen.

»Da wunderst du dich wohl, dass ich dich hier erwarte«, sagte sie und lächelte mich mit ihrem mir allzu vertrauten Gesicht an.

Ich war völlig überrascht. Sie hatte dieses geheimnisvolle, vertraute Lächeln, das ich an ihr immer so geliebt hatte. Zaghaft und höchst respektvoll setzte ich mich zögerlich rechts von ihr neben sie auf die schlichte Holzbank und stützte mich dabei auf der vorhandenen Armlehne ab. Der Hund hatte diese Szene, Oma und mich, ruhig, aber stets wachsam im Blick. *Wenn du der Frau etwas tust, beiße ich dich*, schien sein Blick zu sagen, das war mir gleich klar. Der Hund würde sie sofort verteidigen, war meine Empfindung und ich hatte kein Verlangen, beide zu berühren. *Bloß keine ruckartigen Bewegungen*, dachte ich bei mir. Ich blickte vom Bootssteg aus dorthin zurück, von wo ich gerade gekommen war, und schaute meine Oma dabei halb von der Seite völlig ungläubig an. Eine sehr friedliche, unvergessliche Atmosphäre. Es war so schön, an diesem See mit meiner Großmutter, die mir so viel bedeutete, wieder zusammen zu sein. Ich fühlte mich wohlig wohl, schaute mich aber dennoch immer wieder prüfend und suchend um. Was suchte ich hier im Jenseits bloß?

»Was suchst du denn, Mario?«, fragte sie mich.

Ich wandte ständig den Kopf und sah mich um.

Ich wollte die Umgebung in mich aufnehmen.

Nach einer Weile betrachtete sie mich eingehend.

»Mario«, sagte sie zu mir, »hör genau zu, was ich dir jetzt sage.«

Mein Kopf ging leicht zurück, und ich blickte sie abermals erstaunt an.

»Du wirst jetzt wieder zurückgehen«, sagte sie auf einmal ganz ruhig zu mir.

»Aber das will ich ja gar nicht, ich will bei dir bleiben«, antwortete ich hektisch.

»Du musst wieder zurück«, sagte sie, und ihr Ton wurde ernsthafter. »Ich habe eine Botschaft für dich, die du unbedingt deiner Mutter allein von mir überbringen musst!«, wirkte sie eindringlich, ruhig, aber bestimmt auf mich ein. Ich spürte, dass sie es verdammt ernst meinte. »Deine Mutter muss sich sofort von ihrem Freund trennen! Er ist nicht gut für meine Tochter. Es ist ganz wichtig für mich!« Oma sprach nie von »Manila" oder kaum von »Nilachen", sondern, wenn sie es ernst meinte, immer von »meiner Tochter«.

»Wie soll ich das denn machen?«, fragte ich und schaute sie dabei neugierig an.

»Es wird sich eine passende Gelegenheit ergeben, wo du es ihr sagen kannst. Du wirst die richtigen Worte finden!«

Nach ihren Worten wurde es auf einmal drastisch ungemütlicher und kühler. Die Stimmung und das Licht veränderten sich, alles wurde grauer. Ein Sog saugte mich mit Macht rückwärts, meine Hände nach ihr suchend und greifend, gegen die Macht angehend, weg von ihr. Oma und der Hund wurden immer kleiner, kleiner und kleiner. Dann rief sie mir noch einmal hinterher. »Mario, deine Mutter muss sich unbedingt von ihrem Freund trennen«, hörte ich deutlich ihre letzten Worte. War ich ab jetzt ein göttlicher Kurier? Und dann wurde es grau, kalt und verdammt ungemütlich.

Ich konnte gar nicht richtig atmen, irgendwas stand auf meiner Brust. Hatte ich Schmerzen! Als wäre ich aus allen Wolken gefallen und hart gelandet, fand ich mich in einem weißen, frisch bezogenen Bett wieder. Es empfing mich ein helles ungemütliches Krankenzimmer. Eben noch in dieser harmonischen Umgebung, starrte ich nun auf diese weißen kahlen Wände.

Was war nur geschehen? Die Diagnose der behandelnden Ärzte lautete: Syndrom nach cerebraler Hypoxämie im Rahmen eines Stromunfalls.

Mein Kurzzeitgedächtnis war erst mal für einige Tage weg. Wie die Berliner Kripo, die nach meinem Transport ins Martin-Luther-Krankenhaus umgehend die Wohnung polizeilich versiegelte, später herausfand, hatte ein Elektrikermeister unter Alkoholeinfluss vor einigen Jahren die Pole dieser Heizsonne beim Einbau im Bad vertauscht. Frank erzählte mir, dass die Feuerwehr, Polizei, BEWAG und ein Polizeielektriker das ganze Bad und die Wohnung nach diesem Unfall ziemlich sorgfältig auf den Kopf gestellt hätten.

Elf Tage Intensivstation, und an alles konnte ich mich später sehr gut erinnern. Ich hatte ja noch eine Botschaft zu überbringen, aber wer sollte mir diese fantastische Geschichte glauben? Außerdem lag ich in Berlin im Krankenhaus, wie sollte ich an Mama in Hamburg herankommen? Ich weiß gar nicht, wie schlimm ich mich in diesen elf Tagen aufgeführt habe … Frank war täglich bei mir, kümmerte sich rührend um mich. Er rief für mich in Hamburg im Friseursalon an und entschuldigte mein Fehlen bei meinem sehr verständnisvollen Arbeitgeber. Er brachte mir jeden Tag für meinen Sony-Walkman neue Batterien ins Krankenhaus, da ich permanent vergaß, diesen wieder auszuschalten. Ich bin zu dieser Zeit wohl nicht so nett zu Frank und Daniela gewesen, weil er bei diesem Erlebnis nicht da gewesen war und Daniela mir wehgetan hatte. Es war mir aber auch alles höchst peinlich und unangenehm.

Mama war mit ihrem Freund in der damaligen DDR bei ihrem Bruder zu ihrem bevorstehenden Geburtstag zu Besuch in Pasewalk. Dort erreichte sie Franks Anruf. Die Nachbarin ihres Bruders hatte ein Telefon, und Mama war auch schnell in der Leitung. Frank hatte irgendwann von ihr mal die Telefonnummer für den Notfall bekommen. Konnte ja niemand ahnen, dass dieser Notfall tatsächlich einmal in Wirklichkeit eintreten würde.

»Mama, Mama, ich muss dir was mit Mario erzählen, es ist etwas ganz Schlimmes passiert!«

Sie hörte gar nicht richtig hin, war sie doch zu erstaunt, dass er sie telefonisch in der DDR erreicht hatte. Das war zur damaligen Zeit fast unmöglich. Wer in der DDR ein Telefon besaß, war wohl privilegierter als andere, und wir wissen auch nicht, ob dieses Telefonat vielleicht doch mitgehört wurde.

»Hör mir doch mal zu!«, brüllte er ins Telefon. »Du musst sofort nach Berlin kommen, Mario hatte einen schweren Unfall!«

»Was ist denn passiert?«, stammelte sie verdattert.

Daraufhin erzählte ihr Frank ausführlich von meinem Unfall und dass ich im Krankenhaus läge.

Völlig fertig setzte sie nun alle Hebel in Bewegung, die DDR vorzeitig mit ihrem Visum nach Westberlin verlassen zu können, um anschließend wieder in die DDR einzureisen zu dürfen. Sie hatte ihre beiden Katzen zum Besuch mitgenommen und wollte sie ja auch wieder abholen dürfen. Wenn meine Mutter etwas will – komme, was da wolle –, dann setzt sie es auch durch.

Wie sie uns später erzählte, ging sie noch am gleichen Tag auf die Wache der Volkspolizei, um sich die nötigen Ausreisepapiere zu besorgen. Dort teilte man ihr aber mit, dass der zuständige Beamte nicht mehr da sei und dass sie bitte am nächsten Tag wiederkommen möge. Unsere Mutter hatte sich bereits gedanklich auf eine längere Wartezeit eingestellte, aber als sie am nächsten Morgen auf der Wache erschien, waren ihre Papiere mit allerbester deutscher Gründlichkeit für sie vorbereitet worden. Ohne Wartezeit, sehr zuvorkommend und freundlich überreichte man ihr umgehend ihre erteilte Sondergenehmigung, mit der sie ungehindert in die DDR ein- und ausreisen konnte, wann sie es wollte. Höchst angenehm überrascht fuhr sie mit bis zu 180 km/h über die DDR-Autobahn bis an die Grenze nach Westberlin. Sie geriet unterwegs sogar in eine Verkehrskontrolle der Volkspolizei, weil sie viel zu schnell fuhr. Nachdem sie den Volkspolizisten kurz den Sachverhalt mit ihrem Sohn geschildert und ihre Ausreisedokumente mit dem Sondervermerk vorgezeigt hatte, konnte sie sofort, ohne ein Bußgeld zu bezahlen, weiterfahren.

Das glaubt uns zwar keiner, aber so war es. Sie wurde sogar vom Polizeiwagen bis zur nächsten Autobahnauffahrt eskortiert, an der Passkontrolle mit ihren gültigen Papieren bevorzugt behandelt und zügig nach Westberlin eingelassen. Man muss wirklich der guten Ordnung halber sagen dürfen, dass sich die DDR-Beamten in dieser Ausnahmesituation ihr gegenüber anscheinend sehr verständnisvoll gezeigt, stets korrekt verhalten und ihr gern weitergeholfen haben. Jeder hat Familie und kann sich in eine panische Mutter hineinversetzen.

»Mario, Mama kommt, sie ist auf dem Weg hierher«, sagte Frank irgendwann im Krankenhaus zu mir. Er kam ja mehrfach täglich in die Klinik, um mich zu versorgen.

»Jetzt kommt sie extra meinetwegen hierher, bricht ihren Urlaub ab, um mich zu sehen?« Ich guckte ihn völlig ungläubig an. Das war für mich alles eine völlig unverständliche Situation. Von Pasewalk nach Westberlin, was für ein Aufwand, es war doch gar nicht nötig.

Oh, dachte ich auf einmal so bei mir. *Jetzt kann ich ihr ja die ganze Geschichte erzählen und ihr meine Botschaft von Oma überbringen.* Ich hatte ja nur das eine im Kopf. *Aber wie kann ich Mama allein sprechen, ohne die anderen?,* grübelte ich so vor mich hin. *Das glaubt mir doch kein Mensch!*

Würde Mama mir diese fantastische Geschichte überhaupt glauben?

Dann erschien Mama. Wie immer gut duftend, beugte sie sich mit den Worten: »Wie geht's dir denn, mein Kind?«, über mein Bett und küsste mich zärtlich, wie nur eine Mutter es vermag. Im Hintergrund des Krankenzimmers stand ihr furchtbarer Freund, den hatte sie leider ebenfalls mitgebracht. Den konnte ich jetzt natürlich überhaupt nicht gebrauchen.

Ich blickte eindringlich zu Frank, rollte mit den Augen und zischte ihm leise zu: »Ich muss Mama allein sprechen, es ist ganz wichtig für mich.«

Frank wusste doch überhaupt nichts von dieser geheimnisvollen Botschaft. Ich hatte bisher niemandem – auch nicht ihm – davon erzählt. Omas Nachricht war ja nur für Mamas Ohren bestimmt.

Er begriff wie immer sofort. In den Jahren unserer Kindheit hatten wir einen geheimen brüderlichen Code entwickelt, durch den wir uns auch ohne Worte, nur mit den Augen, verständigen können. Frank verstand mich wie immer und verließ unter dem Vorwand, das Blumenwasser zu wechseln, das Zimmer und nahm komischerweise den üblen Freund mit den Worten: »Lassen wir die beiden doch mal einen Moment allein«, dazu gleich mit.

»Mama, ich muss dir unbedingt was erzählen, du wirst es mir nicht glauben, aber unbedingt, wenn nur wir beide alleine sind«, flüsterte ich in ihr Ohr.

Sie begriff ebenfalls und fragte seltsamerweise auch nicht weiter nach.

Am nächsten Tag kam Mama tatsächlich alleine wieder zu Besuch. Sie setzte sich zu mir ans Bett und fragte: »Mario, du wolltest mir gestern was ganz Wichtiges erzählen, was ist es denn? Ich sollte doch allein kommen.«

Und so konnte ich dann endlich Mama die ganze Geschichte vom Jenseits, dem See mit Oma und Rex erzählen. Das Erlebnis mit dem Licht, dem Tunnel, dieses schöne Gefühl, dass ich Oma mit dem Hund getroffen hatte und welche Botschaft Oma durch mich ausdrücklich für sie hatte. Aufmerksam hörte sie mir zu. Sie lauschte andächtig, ohne mich zu unterbrechen, meiner abenteuerlichen Geschichte.

»Was erzählst du mir denn da?«, fragte sie und guckte mich dabei etwas ungläubig an.

»Mama, du musst dich sofort von diesem Mann trennen. Das ist meine Botschaft von Oma für dich. Sie hat es mir ausdrücklich mehrfach aufgetragen.«

»Warum denn?«, fragte Mama entgeistert.

»Der ist nicht gut für dich – das ist ihre Botschaft. Es ist ihr das Wichtigste, dass es dir gut geht, das sagte sie noch, als ich mit dieser unbändigen Kraft wieder von ihr weggezogen wurde.«

Kurze Zeit später trennte sich meine Mutter tatsächlich von ihrem Freund. Sie hatte auf ihre verstorbene Mutter gehört und deren Botschaft verdammt ernst genommen. War das mein Auftrag gewesen?

Gibt es solche Phänomene deswegen, um Menschen im Diesseits mit Rat und Tat aus dem Jenseits zur Seite zu stehen? Warum kehren Menschen, obwohl sie es nicht wollen, ins Diesseits zurück? Ich selbst hatte im ersten Moment kaum einen erkennbaren Nutzen von diesem Unfall. Es ging anscheinend niemals um mich, sondern nur um das Glück und Wohlergehen unserer Mutter. Jedoch wird mir jetzt immer klarer, dass ich durch diese große Erfahrung meinen Bruder Frank, der ja bekanntlich als Mental-und Motivationstrainer seit vielen Jahren erfolgreich tätig ist, bei seinen Auftritten immer besser und hilfreicher unterstützen konnte. Ist das meine neue

Aufgabe und Berufung? Wenn Frank oder Mama mich im Rollstuhl am Andachtsraum der Krankenhauskapelle mit dem Kreuz am Eingang vorbeifuhren, war ich oft außer mir.

»Alles Lüge, alles Lüge«, pöbelte ich jedes Mal unaufhaltsam drauflos. »Das gibt es ja alles gar nicht«, grollte ich. Richtig hysterisch reagierte ich auf alles Kirchliche. Ich regte mich wirklich auf und wurde meist von Frank oder Mama umgehend beruhigt.

Das haben sich Menschen ausgedacht, um Druck und Macht auf andere Menschen auszuüben. Weder Paläste noch Kirchen fand ich im Jenseits vor. Ich sah nur bunte, schöne Farben und empfand viel Harmonie und Frieden. Kein Stress, keine Gewalt, keine ungerechte Macht. Nur tiefe Harmonie. Gerade, was das Thema Religionen angeht, habe ich keine der großen Kirchen da oben angetroffen. Wo waren all dieser Pomp und diese irdische Pracht? Sicherlich gibt es eine höhere Macht. Aber wer hier auf Erden meint, seine Glaubensrichtung, welche auch immer es sei, sei die einzig Wahre, der könnte auf seinem allerletzten Weg dorthin schwerstens enttäuscht werden. Es ist nichts, leider auch gar nichts von den vorgegaukelten Phrasen vorhanden. Schmerzfrei tritt man den Weg durch den Lichttunnel an und wird am Ende von einem oder mehreren der verstorbenen Familienmitglieder oder Freunde erwartet und liebevoll empfangen.

Ich bin der Meinung, dass es schon ein Privileg ist, so ein Nahtoderlebnis einmal selbst erlebt zu haben, wieder zurückkommen zu dürfen und es ohne Spätfolgen zu überstehen. Dadurch sehe ich heute vieles im Leben entspannter, wenn es um den Weg ins Jenseits geht.

Ferner glaube ich nach diesem Erlebnis an eine Wiedergeburt – wir wissen nur noch nicht, in welchem Land und mit welchem Status und welchem Geschlecht wir wiederkommen.

Freundlicher bin ich danach mit Menschen und Tieren geworden. Vielleicht kommt nach einem reichen Leben das nächste Leben in völliger Armut oder umgekehrt? Wie habe ich mich hier auf Erden verhalten?

Habe ich jemandem etwas angetan? Für den einen oder anderen könnte es im nächsten Leben verdammt eng werden. Das Kausalitätsgesetz von Ursache und Wirkung vergisst niemals. Ungestraft bleibt hier nichts. Also:

- *Bring dein Leben zu Lebzeiten in Ordnung. Du weißt nicht, wann Schluss ist und was dann auf dich zukommt. Du wirst ständig beobachtet und ahnst es nicht. Aber viele andere und ich, die das erlebt haben, wissen es.*
- *Du wirst innerlich nicht zur Ruhe kommen, oder persönlichen Frieden finden, wenn du anderen Geschöpfen, Kindern oder Tieren etwas antust.*
- *Tue niemals einem Kind etwas an, denn das ist unsere nächste Generation.*
- *Achte das Leben und bleibe oder sei anderen Menschen oder Kulturen gegenüber tolerant.*
- *Zwinge niemandem deinen Willen auf. Egal, ob es der Partner ist, die Familie, deine Gemeinde oder ein anderes Land.*
- *Sei stets anständig und korrekt. Überlege dir immer wieder, womit du in Resonanz gehst.*

Der blinde Jakob

Mit einem kleinen Aktivierungsproblem von meinem neuen Macbook Air gingen Mario und ich in den Apple Store in Berlin. Wir wollten einen Code für eine persönliche Schulung bei Apple aktivieren, was uns allein aber nicht gelang. Selbst die Hotline brachte uns nicht wirklich weiter.

Im Eingangsbereich des Apple Store sagte man uns: »Dort hinten stehen drei Kollegen, bitte wendet euch an sie.«

Intuitiv steuerte ich zielstrebig auf den mir am unauffälligsten erscheinenden Kollegen in seinem blauen Shirt zu und sprach ihn an. Ungewöhnlich für mich war, dass Jakob, so hieß der junge Mann, sich meine ganze Geschichte völlig ruhig und entspannt anhörte, mich dabei aber kaum ansah. Normalerweise herrscht in diesem Store eine ziemlich große Hektik. Dieser Mitarbeiter war jedoch anders. Er wirkte völlig gelassen.

»Kommt mal bitte mit«, sagte er zu uns und war freundlichst zum Du übergegangen.

Wir folgten ihm zu einem der großen Monitore, und schon bearbeitete er mit seinen Fingern geschickt die Tastatur. Er sah kaum auf den Bildschirm und ließ sich von der Computerstimme im großen Monitor alles vorlesen und führen.

»Ich habe nur ein Prozent Sehkraft«, erklärte er mir, während er sich mit einer großen Lupe mein neues iPhone 6 ansah.

Jeder Griff saß. Er konnte alles, wusste alles, und er beherrschte alles. Ich wurde von seiner Ausstrahlung förmlich in den Bann gezogen.

»Wie machst du das alles, Jakob, ohne es zu sehen?«, fragte ich ihn.

»Apple ist auch für Blinde gemacht«, sagte er nur kurz.

Ich las ihm hilfsbereit unseren Aktivierungscode vor, und er gab ihn daraufhin in seine Tastatur ein. Daraufhin hantierte er sehr sicher mit unserer EC-Karte und übersetzte mit einem Gerät für Blindenschrift die Daten in ein Bezahlgerät, als wenn es das Normalste von der Welt wäre.

»Jakob«, sagte ich zwischendurch, »du bist echt der Hammer! Das ist echt unglaublich, was du hier tust.«

Ich staunte nicht schlecht. Ohne zu sehen, sich in so einem großen Store, zwischen all den Besuchern, sicher von Tisch zu Tisch zu bewegen und dabei zu arbeiten, war für Mario und mich phänomenal. Jakob wusste alles und führte uns zielsicher durch das Einstellungsmenü unseres Smartphones. Er jonglierte und hantierte im System wie kaum ein anderer.

Um uns herum schauten ihm einige seiner Kollegen ebenfalls bewundernd bei seiner Arbeit zu. Als er das Problem behoben hatte, bedankten wir uns herzlich bei ihm und wollten gerade den Store verlassen, als der Storemanager Toni zu meinem Bruder und mir trat.

Vor zwei Wochen, erzählte er uns stolz, sei Apple-Chef Tim Cook aus Cupertino nach Berlin angereist, um sich den neuen Store am Kurfürstendamm anzusehen. Er wollte zuvor aber unbedingt Jakob kennenlernen, von dem er in Kalifornien schon so viel gehört hätte. Jakob wäre sehr gerührt darüber gewesen. Es sei ihm wohl schon fast unangenehm gewesen, vom Big Boss persönlich begrüßt zu werden.

Und von diesem Jakob waren Mario und ich gerade vom Feinsten bedient worden. Er allein hatte es tatsächlich geschafft, uns ganz souverän weiterzuhelfen!

Es gibt so viele tolle Menschen und Talente um uns herum, die vielleicht nicht so gerne im Rampenlicht stehen, aber sehr wertvoll für unsere Gesellschaft sind. Da hatte mich meine Intuition mal wieder genau zu dem richtigen Menschen geführt. Danke, Jakob, danke, liebes Unternehmen, dass ihr solche Genies in euren Shops anstellt und ihnen einen Job gebt. Auch das ist ein Grund mehr, einem Label treu zu bleiben.

Dieser Jakob und viele andere solcher »Jakobs« sind eine Bereicherung für uns alle. Ob autistisch, blind oder inselbegabt – diese Menschen zeigen uns, was alles möglich ist und in uns steckt. Eigene nichtige Befindlichkeiten werden durch solche Geschichten schnell zur Nebensache.

Inselbegabt –
die etwas andere Wahrnehmung

Um ihre Gehirnkapazität maximal zu nutzen, kommen manche Menschen auf die Idee, Hirnjogging zu betreiben oder spezielle Gedächtnistrainings zu machen. Es herrscht ja heutzutage überall Angst vor Demenz und Alzheimer, und die Pharmaindustrie hält eine Menge Pillen dagegen bereit. Sicher kann es ein sinnvolles Ziel sein, im Alter eine neue Sprache zu erlernen oder ein Musikinstrument zu beherrschen. Wenn aber dahinter die Angst vor Verblödung steht, dann solltest du dich fragen: *Geht's nicht auch anders?*

Die Neurobiologie hat gezeigt: Nichts lässt ein Gehirn schneller verfallen als Einsamkeit und der Mangel an Kontakten. Wenn du eine andere Sprache lernen willst – warum dann nicht gleich in ein anderes Land reisen, um die Sprache dort zu erlernen?

Auch bloßes Gedächtnistraining ist eine fragwürdige Sache. Das kann man an den sogenannten Savants ablesen. Das sind Menschen, wie der 1974 geborene Stephen Wiltshire, der 20 Minuten über Rom fliegt und anschließend, als »lebende Kamera«, in 48 Stunden die Stadt Rom mit dem Bleistift auf eine fünf Meter große Leinwand aus dem Kopf aufzeichnen kann.

> Nichts lässt ein Gehirn schneller verfallen als Einsamkeit und der Mangel an Kontakten.

Solche Fähigkeiten – also das, was unser Gehirn zu leisten vermag –, hat man bei sogenannten Inselbegabten feststellen können. Nur sind diese Menschen dadurch aber noch lange nicht immer alle allein lebenstüchtig. Unser Gedächtnis kann nur funktionieren, wenn wir zwischen Wesentlichem und Unwesentlichem unterscheiden können, zwischen dem, was uns emotional wichtig und was unwichtig ist.

Ich habe Gedächtnisgigant und den Vize-Weltmeister der Kopfrechner Rüdiger Gamm persönlich kennen und schätzen gelernt und ihn sogar in einem meiner Seminare als Teilnehmer gehabt. Er ist das beste Beispiel dafür, uns zu zeigen, was mit dem Gehirn alles möglich ist. Was er uns allen dann im Schloss Liebenstein in einem meiner Seminare auf verblüffende Weise bewies.

Auf meine Frage: »Wie viel ist 17 hoch 18?«, antwortete er wie aus der Pistole geschossen: »Vierzehntrilliardendreiundsechzigtrillionenvierundachtzigbillardeneinhundertzweiundfünfzigbillionensiebenundsechzigmilliarden siebenhundertvierundzwanzigmillionenneunhunderteinundneunzigtausendundneun.«

Was gab es vom Publikum für einen grandiosen Applaus!

Als ich später zu seiner Frau Alexandra sagte: »Ich habe aber keinen Taschenrechner, ich kann das doch überhaupt nicht überprüfen.«, antwortete sie ganz locker: »Das brauchst du auch nicht, Frank, es stimmt.« Außerdem wusste ich bisher ohnehin nicht, was eine Trilliarde ist.

Was uns diese Menschen beweisen, ist phänomenal. Sie sind nicht krank, sie nehmen nur anders wahr. Auf die Frage, was man mit diesen Fähigkeiten anfangen soll, fand die internationale Wirtschaft ziemlich spät eine passende Antwort.

Ein »normaler« Mensch würde denken, dass diese Hochbegabten krank oder behindert sind. Das sind sie in keinster Weise. Jedenfalls nicht mehr oder weniger als wir. Wer will das überhaupt bestimmen, was normal oder unnormal ist? Wo fangen, gerade im Kopf, Krankheit oder Gesundheit an, oder wo hören sie auf? Inselbegabte, auch Savants genannt, zeigen uns nur auf, was unser Gehirn zu leisten vermag.

Ich habe festgestellt, dass auch mein Bruder Mario nach seinem Stromunfall neue Fähigkeiten bei sich entdeckte. Er ist noch feinfühliger gegenüber anderen Menschen, Kindern und besonders Tieren geworden. Das war er zwar schon immer, aber er versteht sie jetzt einfach noch besser. Hat sein Nahtoderlebnis auch in seinem Gehirn etwas ausgelöst oder bewirkt? Gibt es dort vielleicht doch mehr Zusammenhänge, als uns bisher bekannt ist?

Viele Inselbegabte, Savants, Autisten oder auch Menschen mit Asperger-Syndrom, der leichten Form des Autismus, zeigen uns, dass sie lange Jahre von anderen, oft sogar von ihren Lehrern, Therapeuten, ratlosen Ärzten und sogar ihren Eltern falsch eingeschätzt, unterschätzt, behandelt und missverstanden wurden. Inzwischen bedienen sich die Wirtschaft oder auch das Militär dieser genialen Köpfe. Autisten sind seit geraumer Zeit in der Weltwirtschaft gefragt wie nie.

Den meisten ist der Kinofilm »Rain Man« mit Dustin Hoffmann und Tom Cruise von 1988 wohl noch in der Erinnerung. Hier sind wir erstaunt über die Fähigkeiten von Raymond, lernen ein wenig mehr über das Thema Autismus und würden den »Rain Man« auch gerne einmal ins Spielcasino mitnehmen. Aber nicht, weil er den Kartenschlitten beim Black Jack locker beherrscht oder weil uns seine Fähigkeiten interessieren, sondern nur, weil wir scharf auf die Kohle wären, die uns kurzfristig reich machen würde. Einem Autisten ist Geld jedoch egal, er sieht nur Zahlen.

Etwa hundert Savants gibt es weltweit, die Hälfte davon sind Autisten. Das Asperger-Syndrom ist eine Art abgeschwächte Form des Autismus; man findet es zu 90 Prozent bei Männern. Autisten denken in Mustern und in Zahlen.

Was tut sich im Gehirn von Menschen, wenn sie in Sekundenschnelle gewaltige Rechenleistungen wie Rüdiger Gamm vollbringen?

Die Wirtschaft, insbesondere große DAX-Konzerne in der IT-Branche, haben sich inzwischen in großem Stil auf diese Top-Gehirne spezialisiert. Dort sitzen Hochbegabte, analysieren Software und gleichen Buchstabenreihen und Zahlen ab, denn das lieben sie. Stundenlang, hoch konzentriert und ausdauernd, wie wir »Normalen« das nie könnten, aber auch geräuschempfindlich, macht es ihnen förmlich einen Riesenspaß, Fehler zu entdecken. Sie suchen keine Fehler, sie sehen sie und das in einer abartigen Geschwindigkeit.

Darüber sind sie oft sogar so froh und glücklich, dass sie ihre Ergebnisse anderen Kollegen zeigen und sich damit eventuell ersetzbar oder sogar überflüssig machen. Ein Autist denkt aber nicht sarkastisch oder lügt. Er sagt immer die Wahrheit. Er sieht keinen Vorteil für sich, sondern nur das Ergebnis und seine Zahlen. Autisten sind einfach nur ehrlich. Wenn etwas schiefläuft, dann sagen sie es. Wenn sie etwas nicht begreifen, dann sagen sie es. Wenn ihnen etwas nicht passt, dann hauen sie es raus. Lautes Kaugummikauen empfinden sie nicht als ekelig, sondern nur als unangenehmes Geräusch, das ihren Ohren wehtut. Grelles Licht vertragen sie nicht. Darauf muss man bei solchen Mitarbeitern allerdings erhöhte Rücksicht nehmen.

SAP beschäftigt seit 2011 in Bangalore, Indien, so viele Autisten wie kein zweites Unternehmen, und sie haben Weiteres vor. Sie wollen Hunderte von Autisten zu Programmierern ausbilden. Irland, Deutschland, Kanada, die USA und weitere Länder werden folgen. Die Talentiertesten sollen weltweit in den Softwarekonzern eingebunden werden. Der IT-Bereich bietet sich hier natürlich an, und das wurde nun endlich erkannt. Ein hervorragendes Gedächtnis und eine besondere Art, logisch zu denken, benötigt man, um technische Geräte oder neue Software zu testen.

Da drängt sich doch umgehend die Frage auf, wie das Militär diese Gehirngiganten für eigene Interessen richtig integrieren könnte?

Bekannt ist, dass Israel seit 2013 Autisten in großem Stil bei der Satelliten-Überwachung einsetzt. Diese Hochbegabten können stundenlang einen Bildschirm beobachten und eine Unmenge an Daten aufnehmen, auswerten, analysieren und komplizierteste Luftbilder entschlüsseln, ohne dabei zu ermüden oder unkonzentriert zu werden. Wie erkennt man Raketenbasen, Waffenlager oder Truppenbewegungen? Jedes Detail kann für ein Land oder eine Region lebenswichtig sein.

Autisten sind detailverliebt. Sie lieben Routine und sich ständig wiederholende Situationen. Sie lassen sich nicht ablenken, gucken zwischendurch auch nicht aus dem Fenster oder hören Musik. Sie machen das, was sie am besten können und am liebsten tun: Sie arbeiten stundenlang visuell hoch konzentriert, und ihnen wird dabei nicht langweilig.

Sie erkennen, wenn sie die Satellitenbilder vergleichen, die der israelische Satellit »Ofek« aus 500 Kilometern Höhe aufgenommen hat, ob sich ein Rasenmäher bewegt. »Die Augen des Landes« nennt man diese Männer bei der Armee. Sie sehen und erkennen alles. Wenn ein Tunnel gegraben wird, muss irgendwo der Aushub sein. Wo sind das Licht und die Werkzeuge für die Tunnel? Wird unterirdisch gerade etwas ausgebaut, was verheimlicht werden soll? Was unterscheidet einen Mörser von einem Abflussrohr?

Heutzutage, wo die Technik immer ausgefeilter wird – ob Aufnahmen von Drohnen, Spionagesatelliten, Aufklärungsflugzeugen oder andere Sensoren, die täglich Tausende von Bildern liefern –, braucht es sehr viele kluge Talente, um diese Bilder auszuwerten. Und diese Menschen lieben ihren Job. Kann man das von den sogenannten »Normalen und Gesunden« auch immer behaupten?

Da kommen mir als Mentaltrainer natürlich die tollsten Ideen, wie man das auch für andere Unternehmen und Bereiche gewinnbringend einsetzen könnte, wenn man das Potenzial erkennt und fördert. Nur ist gerade in Deutschland die Bereitschaft zu solchen Experimenten und Erneuerungen nicht besonders ausgeprägt. Aber denken wir einmal weiter. Gehirngenies, die das Gefühl hätten, gebraucht zu werden. Die glücklich wären, wenn man sie aus den Behindertenwerkstätten rausholen und ihnen eine echte Aufgabe geben würde. Es gibt bestimmt genügend topausgebildete Fachkräfte, die diese Menschen, ähnlich wie bei SAP, dann natürlich in Firmengebäuden richtig betreuen könnten. Wieder eine Möglichkeit, neue und qualifizierte Arbeitsplätze zu schaffen und zu generieren.

Autisten brauchen viel Ruhe und ein geregeltes Umfeld zum Arbeiten. Aber anders als in Frankreich sind wir in Deutschland ja nicht mal in der Lage, in großen Firmen Betreuungsstätten für Kinder junger oder alleinerziehender Mütter zu realisieren, geschweige denn das Potenzial kluger Gehirne aus dem In- und Ausland zu erkennen. Dafür ist der Neid oft viel zu groß.

Das sehen wir auch an dem laxen Umgang mit der *Blue Card*. Die Ausstellung eines solchen Aufenthaltstitels in Deutschland oder der EU ist höchst kompliziert. Es gibt kein wirkliches Interesse, das zu fördern oder Anreize zu schaffen. Wahrscheinlich kommt dann wieder irgend so ein kluger Politiker, Betriebsrat oder Gewerkschaftler daher, der sich höchst unwissend einmischt, dämlich quatscht und die Geschäftsleitungen von großen Unternehmen mit hanebüchenen Vorschriften und Formularen bindet, quält und nervt.

Der Mindestlohn in Deutschland ist ein gutes Beispiel dafür. Wir unterschätzen immer noch zu sehr *Braindrain,* den Gehirn-Abfluss und den Talentschwund kluger Leute. Man nennt es auch Abwanderung der Intelligenz einer Volkswirtschaft. Die klügsten Köpfe eines Landes müssen gehalten werden! Eine Abwanderung in ein Drittland schädigt das Land, aus dem sie ursprünglich kommen. Deutschland hätte die finanziellen Mittel, dieses Potenzial zu nutzen, aber wahrscheinlich ist der Neidfaktor bei uns wieder zu groß, hier Veränderungen von politischen Entscheidern herbeizuführen.

Spinnen wir doch diese Idee zusammen einmal weiter.

Was wäre, wenn die Forschung diesen »Ausnahmezustand« von Gehirnen irgendwann tatsächlich künstlich herbeiführen könnte? Könnte man mit einem Magneten Gehirne beeinflussen oder teilweise sogar kurzfristig abschalten oder vorübergehend nur lahmlegen um bedeutende Ergebnisse oder Erkenntnisse zu erreichen? Steckt in jedem von uns ein kleiner Savant? Haben wir alle auch diese Fähigkeiten, die gesellschaftlich heute noch allzu gern ungläubig belächelt werden? Alles Fragen, die von der Wissenschaft und Neurologen immer besser untersucht und verstanden werden. Sie wollen wissen, wie autistische Menschen diese enormen Leistungen zustande bringen.

Was wäre, wenn man sich um schwerstbehinderte Menschen, aber mit Wahnsinnsgehirnen, besser kümmern, ihnen eine Aufgabe zuteilen und ihnen das Gefühl geben würde, gebraucht zu werden? Selbst ein Rollstuhl stellt heute keine Hürde mehr dar. Ob amputiert oder nicht, das Gehirn dieser Menschen kann für die Gesellschaft pures Gold oder vieles mehr sein. Vielmehr als eine behindertengerechte Küche oder Wohnung auszubauen. Warum hat das bisher kaum einer erkannt? Was für ein gewaltiges Potenzial bestimmt auch im eigenen Land!

Warum kommen andere Länder darauf? Wir reden samstags um 19.25 Uhr im ZDF nur von der »Aktion Mensch«, früher »Aktion Sorgenkind«. In anderen Ländern kann ein Schwerstbehinderter Elitesoldat einer Spezialeinheit sein, nur weil sein Geist ebenso behände wie sein Körper schwach ist. Das Gesetz des Ausgleichs. Diese Menschen verfügen über das, was wir alle kaum, zu wenig oder gar nicht haben, über »Geistesblitze«. Behinderung kann ein echter Vorteil sein. Menschen mit Behinderung sind der Faktor, ein Land, einen Staat oder eine Nation weit nach vorne zu bringen.

Mentaltrainer vermitteln dieses neue Denken den Teilnehmern ihrer Seminare schon seit geraumen Jahren. Im Fußball waren Jürgen Klinsmann und Christoph Daum Vorreiter, die führende Köpfe, die das Thema Mentaltraining im Sport einführten. Aber leider fällt die gesamte Presse gleich über vermeintlich neue Trainingsmethoden, auch abfällig »Psycho-Tricks« genannt, her und zieht sie, wie alles Neue, ins Lächerliche. Der eine ist seit 2011 Nationaltrainer in den USA, und der andere war lange Jahre Top-Trainer in der Türkei. Dieses Potenzial ist mit wenigen Ausnahmen für Deutschland vorerst verloren.

Affentheater im Kopf

Wir Mentaltrainer erzählen ja immer das Gleiche, seit Jahrzehnten und eigentlich sogar seit Jahrhunderten, obwohl es damals noch nicht Mentaltraining hieß. Da waren Leute wie ich als Hypnotiseure, Priester, Bader oder Philosophen unterwegs. Der Glaube versetzt Berge. So steht es in der Bibel, und es gibt unüberschaubare Berge von Ereignissen, die dieses Phänomen mit Geschichten belegen können. Für viele ist Mentaltraining, gerade weil es mit Glauben zu tun hat, eine dubiose, esoterische Sache.

Schließlich leben wir heute in einem wissenschaftshörigen Zeitalter, und da gelten nur harte Fakten und Dinge, die man sehen und messen kann. Weißt du, worüber ich mich in den letzten Jahren immer wieder gefreut habe? Dass ausgerechnet Wissenschaftler – und zwar Hirnforscher und Neurobiologen – die Annahmen, auf denen mein Training beruht, durch ihre Forschungsarbeit bestätigen.

Jetzt so langsam schließt sich der Kreis. Autisten, Inselbegabte wie mein Freund Rüdiger Gamm und Nahtoderlebnisse wie bei Mario Wilde lassen nun endlich neue Erkenntnisse zu. Hängt alles mit allem zusammen?

Können wir Trainer doch mehr vermitteln, als bisher angenommen? Braucht's wirklich einen Master oder Bachelor, um Menschen weiterzubringen? Oder sind es zur richtigen Zeit die richtigen Worte und Maßnahmen, um die Höchstleistungen anderer herauszukitzeln und an die Oberfläche zu befördern?

Auf den folgenden Seiten sind neurobiologische Erkenntnisse der letzten Jahrzehnte zusammengefasst. Sie enthalten das, was du wissen musst, um dich nicht dauernd zweifelnd zu fragen: *Ist denn das, was der Frank mir erzählt, nun auch wahr? Woher weiß er das?* Früher wusste ich auch nicht, woher ich das weiß – ich habe es einfach beobachtet und gesehen, dass es funktioniert. Jetzt aber habe ich es sogar bestätigt bekommen von Menschen, die als seriöse Wissenschaftler gelten.

Auf der japanischen Insel Koshima konnten Forscher beobachten, dass immer mehr Affen die neue Gewohnheit übernahmen, Süßkartoffeln vor dem Verzehr zu waschen. Innerhalb von sechs Jahren, zwischen 1952 und 1958, lernten alle jungen Affen, die sandigen Süßkartoffeln zu waschen, um sie schmackhafter zu machen. Unter den erwachsenen Tieren lernten nur diejenigen diesen sozialen Fortschritt kennen, die ihre Sprösslinge nachahmten. Es war wie bei uns Menschen: Nicht alle Erwachsenen lassen sich von Kindern (Jüngeren) etwas beibringen. So gab es auf Koshima weiterhin eine Gruppe erwachsener Affen, die verdreckte Süßkartoffeln aßen. Im Herbst 1958 wusch also eine bestimmte Anzahl Affen die Kartoffeln. Wie viele genau es zu diesem Zeitpunkt waren, ist nicht bekannt.

Dann geschah eines Tages etwas für die Wissenschaftler völlig Überraschendes, das der Botaniker und New-Age-Autor Lyall Watson später so erklärte: Eines Tages bei Sonnenaufgang waren es 99 Affen auf der Insel, die ihre Süßkartoffeln wuschen. Im Verlauf des Morgens lernte der hundertste Affe, seine Kartoffeln zu waschen. Und noch am selben Abend hatten alle in der Sippe diese Fähigkeit erworben. Die hinzugekommene Energie des hundertsten Affen hatte einen quasi ideologischen Durchbruch erzeugt, der auf die ganze Sippe übersprang. Doch das Überraschendste für die Wissenschaftler war, dass diese »Mode«, Süßkartoffeln vor dem Verzehr zu waschen, sogar das Meer überwand. Keiner wusste genau, wie, aber es funktionierte. Affenkolonien auf anderen Inseln sowie die Affenpopulation auf dem Festland begannen ebenfalls, ihre Süßkartoffeln zu waschen.

»Wenn eine kritische Anzahl ein bestimmtes Bewusstsein erreicht, kann dieses neue Bewusstsein von Geist zu Geist kommuniziert werden", folgerte Ken Keyes 1982, durch dessen in über einer Million Exemplaren erschienenes Buch sich dieser Mythos weltweit verbreitete und in der Selbstverwirklichungsliteratur bis in unsere Tage als »naturwissenschaftliche Tatsache« dargestellt wird. Dabei hat es tatsächlich nie einen hundertsten Affen auf Koshima gegeben: 1962 umfasste die Sippe 59 Tiere.

Keyes reagierte später auf die naturwissenschaftliche Kritik und bezeichnete seine These als eine Metapher. Auf gut deutsch: Er wusste, dass er geschummelt hatte, aber für einen guten Zweck: Der Mythos stärkt den Veränderungswillen und die Lernbereitschaft in jedem Menschen.

> Vielleicht bist du, der dies liest, der eine Mensch, der alles verändert, der sprichwörtliche »hundertste Affe«! – Selbst wenn du weißt, dass es in Wirklichkeit damals nur diese 59 Affen gab.

Stelle dir bei allem Ungewöhnlichen, was du in Zukunft unternehmen wirst, als Unterstützung vor, dass du zu diesem Zeitpunkt nicht der oder die Einzige bist, der diesen Schritt ins unbekannte Terrain wagt. Es gibt immer Menschen, die in einer ähnlichen Situation sind und ähnliche Lösungen finden. Vielleicht entpuppt sich das, was sie tun, sogar im Nachhinein als gar nicht so ungewöhnlich. Das ist wie bei den Kindernamen: Man gibt den Kindern bei der Geburt einen ganz besonders schönen, außergewöhnlichen Namen, und bei der Einschulung stellt man fest, dass es in der Klasse gleich drei Mias oder mehr als einen Jonas gibt – Namen, die noch vor wenigen Jahren gar nicht in der Namenshitliste auftauchten. Der vermeintlich ungewöhnliche Gedanke kann nämlich schon etlichen Menschen gekommen sein, ohne dass man das Geringste davon mitbekommen hat.

Unser Gehirn mit seinen 100 Milliarden Nervenzellen, die durch etwa 100 Billionen Synapsen (Nervenanschlüsse) miteinander verbindbar sind, ist nicht nur für sich ein Wunderwerk, es funktioniert auch im Takt mit anderen Menschen. Was in einem Gehirn passiert, hat Auswirkungen auf alle anderen Gehirne. Die ganze Menschheit bildet zusammen ein Supergehirn, das sich ständig weiterentwickelt – kein Wunder, wenn 7,3 Milliarden Menschen mal 100 Milliarden Zellen aufeinandertreffen. Morphogenetische Felder (Energiefelder) und morphische Resonanz sorgen dafür, dass sich unsere Gehirne auch dann verständigen, wenn unsere Computer abgestürzt, unsere Handys und Fernseher ausgeschaltet sind und wir mithin keine Möglichkeiten mehr haben, uns auf dem Apparate-Weg zu verständigen. Dann geht es eben ohne Apparate, durch Geistesblitze.

Wenn man sich fragt, wie sich neue Gedanken und neue Verhaltensweisen in einer Gruppe von Lebewesen ausbreiten, muss man sich natürlich auch fragen: Wie ist es möglich, dass Menschen immer dasselbe tun und eben nicht lernen? Wer das tut, was alle tun, kriegt das, was alle kriegen.

Ein anderes Experiment mit Affen zeigt, wie sich »Schon-immer-so-gemacht«-Regeln bei Menschen und in Unternehmen über lange Jahre festsetzen können.

Vier Affen sitzen in einem Käfig. Über ihnen baumelt eine Banane, die nur über eine Kletterstange zu erreichen ist. Wann immer ein Affe hochklettern will, wird er kurz vor dem Ziel mit einem kalten Wasserstrahl »heruntergespritzt«, bis die Tiere dies gelernt haben und keine Versuche mehr unternehmen, an die Banane zu gelangen.

Nun wird einer der Affen durch einen neuen ersetzt, der die schlechte Erfahrung noch nicht gemacht hat. Die anderen Affen hindern ihn am Hochklettern, sozusagen aus Hilfsbereitschaft. Irgendwann lernt er und unternimmt keine Versuche mehr, die Banane zu erreichen; so werden nach und nach alle Affen ausgetauscht. Irgendwann sitzen vier Affen in dem Käfig, von denen sich keiner traut, die Banane zu holen, obwohl keiner von ihnen weiß, aus welchem Grund.

Regeln sind sinnvoll, denn sie vereinfachen komplexe Situationen. Um nicht stets wieder aufs Neue überlegen zu müssen, was zu tun ist, bauen wir auf Regeln. Um Energie zu sparen! Regeln dienen also der Effizienz. Dennoch gibt es manche Regeln, die sich überholt haben, aber immer noch angewendet werden, obwohl sie eigentlich ineffizient sind. Man handelt halt so, weil man immer so gehandelt hat! Gerade wenn es um Denk- oder Verhaltensmuster geht, stehen wir damit Verbesserungen und Innovationen häufig im Wege …

Wenn dir also jemand sagt: »Das haben wir schon immer so gemacht!", stell ihm doch einfach die entwaffnende Frage: »Warum?«

Oder leidest du unter Neophobie, der Angst vor allem Neuen, wie sie seit Kurzem von findigen Psychiatern bei unseren Kindern diagnostiziert wird, wenn diese sich standhaft weigern, unbekannte Gemüsesorten zu probieren?

Damit komme ich zu einem dritten Affenexperiment, das die Notwendigkeit des Loslassens zeigt. Wer nicht loslassen kann, bekommt oft nicht nur das nicht, was er haben wollte, sondern verliert noch viel mehr. Warum immer Affen? Weil sie uns so nahestehen, weil wir von ihnen abstammen und weil wir daher alle einen Affen in uns haben.

Vom Loslassen-Wollen bis zum wirklichen Loslassen-Sollen ist es oft ein weiter Weg. Dieses Experiment mit Affen funktioniert bis heute, aber es ist viel älter als die Wissenschaft. Im alten Indien war es etwas wie eine Gebrauchsanleitung zum Affenfangen.

Man schneidet in eine Kokosnuss oder ein Stück Holz eine Öffnung, die gerade groß genug ist für die Hand eines Affen. Die Kokosnuss oder das hohle Stück Holz werden an einer Kette befestigt und in einen Baum gehängt. In den Hohlraum steckt man Naschereien, die bei Affen beliebt sind. Wenn ein Affe hineingreift, macht er eine Faust, um seine Beute festzuhalten. Nun kann er seine Pfote nicht mehr herausziehen und ist gefangen.

Was müsste der Affe tun? Klar: einfach loslassen. Genau das geht aber nicht, denn durch seine Gier sind seine normalen Intelligenzfunktionen blockiert. Je mehr er sich in seine Gier hineinsteigert und die Hand herausreißen will, desto mehr stellt er fest, dass gar nichts mehr geht.

Wie der Affe, den es zu der Kokosnuss mit dem Futter zieht, greifen wir nach allen möglichen Dingen, aber das Ergebnis bleibt das Gleiche: Wir sind Gefangene unseres Denkens, unserer Gier, unserer alten Programmierungen. Auch wir geben für etwas, was wir unbedingt wollen, unsere Freiheit auf. Wie schwer fällt uns der Verzicht auf etwas vermeintlich Schönes und Angenehmes wie gutes Essen und Alkohol trinken und das Rauchen. Für unseren Erfolg sind wir bereit, Sklave unserer Arbeit zu werden und unsere Gesundheit zu ruinieren. Auch wenn es um unsere Religionen geht, sind Menschen bereit, einen Krieg zu beginnen. Frage dich doch mal:

* *Bin ich wie dieser Affe, der lieber seine Freiheit aufgibt, als das Objekt der Begierde loszulassen und seine Freiheit wiederzugewinnen?*

- *Wenn ich selbst etwas verloren hatte, was mir viel wert war, habe ich mich immer wieder darauf besonnen, mich zu fragen: Was habe ich durch den Verlust gewonnen? Und so habe ich meine innere Freiheit und meinen inneren Frieden wiedergefunden. Wir müssen uns vielleicht immer wieder einmal fragen: Brauche ich das? Liebe ich das?*

Geistesblitze, die berauschen

Im Sommer 2010 war ich in Österreich mit meinem Auto unterwegs und hörte im Radio ein Interview mit dem Neurobiologen Gerald Hüther. Ich fuhr auf den nächsten Parkplatz, riss mein Smartphone heraus und hämmerte das Gehörte in die Tasten. Sprach da nicht einer, der wie ich die Dinge beim Namen nannte?

Da polarisierte jemand wie ich und knallte der Moderatorin sein geballtes Wissen aus der Hirnforschung nur so um die Ohren. Völlig verdattert und unbeholfen fragte sie immer wieder nach, aber nicht klug, sondern dumm. Ich hatte bei mir gedacht: *Halt doch mal den Mund und lass ihn ausreden, du dumme Kuh!* Immer, wenn er gerade antwortete, fiel sie ihm erneut ins Wort.

Leider bekam ich nur das halbe Interview mit, aber mein Jagdinstinkt war geweckt. Wer war dieser kluge Mann, der auf simpelste Weise komplizierte Dinge erklärte, die ich fast genauso einfach in meinen Seminaren erzählte?

Ich bat meine Steffi im Büro darum, alles, was es Schlaues von diesem Gerald Hüther gab, käuflich zu erwerben und mir auf mein iPhone zu spielen. Nun bekam ich viele Antworten aus der aktuellen Hirnforschung, die ich zwar geahnt hatte, aber bisher quellenmäßig nicht belegen konnte.

Selbstvertrauen statt Angst

Wenig später lernte ich auf einem Kongress der *Salzburger Nachrichten*, wo ich als Speaker sprach, den Ausnahmesportler und Olympia-Goldmedaillengewinner Felix Gottwald kennen. Er erzählte mir, wie er seine Goldmedaillen im Skispringen für Österreich geholt und gewonnen hatte. Waren das wieder diese Fügungen, Synchronizitäten und Zufälle, auf die ich immer achte? Sprach Felix nicht genau von den Trainingsmethoden, von denen ich kurz zuvor von diesem deutschen Professor im Radio gehört hatte?

Früher hat man immer gedacht, wenn einer schnell laufen oder weit springen soll, dann muss er schnell laufen oder weit springen. Inzwischen hat die Sportwissenschaft herausgefunden, dass zum Erbringen großer körperlicher Leistungen auch viele Persönlichkeitsmerkmale gehören, die mit der eigentlichen Leistung nichts zu tun haben. Ein guter Sportler braucht zum Beispiel die Fähigkeit, sich im richtigen Augenblick gut zu konzentrieren. Er sollte keine Angst haben.

Angstfrei ist er aber nur, wenn sein Selbstvertrauen genügend groß ist. Das kann man nicht einfach nur erlernen, indem man häufig trainiert, dann entstehen nicht diese Sicherheit und auch nicht diese Flexibilität, in schwierigen Situationen mal anders zu reagieren.

Diese sogenannten Metakompetenzen kann ein Sportler oder eine Sportlerin nur erwerben, wenn sie auch andere Situation bewältigen müssen, etwa mit einem Auto schnell fahren oder ein Tischtennismatch gewinnen. Je breiter das Spektrum der Bereiche ist, in denen man Selbstvertrauen erwirbt, desto dichter und stabiler wird aus neurobiologischer Sicht das Netzwerk im Frontalhirn. Dieses neuronale Netzwerk wird immer durch Erfolgserlebnisse gestärkt, egal auf welchem Gebiet.

Heute, so wusste ich von dem DSV-Ex-Skisprungtrainer Peter Rohwein, trainiert man vor allem Selbstbewusstsein, Leidenschaft und Begeisterung. Wenn Sportler sich als inneres Bild vorstellen, wie sie auf dem Siegerpodest stehen, und in dieser Pose und mit diesem Gefühl den Wettkampf beginnen, haben sie die besten Chancen. Wenn man erst einmal die Erfahrung gemacht hat, dass Erfolgserlebnisse die Grundlage für weitere Erfolgserlebnisse sind, ist der Himmel nach oben offen.

Angst ist das Schlimmste für jeden Skispringer. Deswegen sei es für diese Athleten, erzählte mir Felix, eine so große Herausforderung, von der Bergiselschanze in Innsbruck zu springen. Warum? »Absprung zum Friedhof«, nennen es die Skispringer. Wenn man den Blick vom Schanzenauslauf verlängert, gelangt man direkt bis zum Friedhof der Basilika Wilten in Innsbruck. Angst wäre hier fatal.

»Wie ist das gekommen, dass du so bekannt geworden bist, dass du jetzt zu Lebzeiten, so ein junger Mann, eine lebende Legende bist?«, fragte ich Felix einmal.

»Das war ganz einfach, Frank«, antwortete er. »Ich habe damals meine erste Bronzemedaille für Österreich geholt und mich wie ein kleiner Junge gefreut. Dann habe ich mich ins Auto zu meinem Fahrer gesetzt und war außer mir und zeigte meine Bronze herum.«

Sein Fahrer saß völlig teilnahmslos im Auto, drehte sich zu ihm um und sagte ganz trocken: »Felix ... Bronze ist scheiße. Du brauchst Gold.«

Da habe er es begriffen, sagte Felix: »Frank, als ich diesen Tritt in den Arsch bekommen habe, habe ich es erst für möglich gehalten, was für mich drin ist.«

- *Auch wenn du schon ein guter Skispringer oder Verkaufsleiter bist, aber noch immer ein schüchterner Mensch, der entweder keine Frauen kennenlernt oder die falschen – dann nimm das Selbstvertrauen, dass du durch das erworben haben, was du bereits kannst.*
- *Lass dir Flügel wachsen und schwebe dorthin, wo die Erfolge noch auf sich warten lassen – bis auch du dort angekommen bist.*

Unser Gehirn ist ein Leben lang formbar!

Das ist die bahnbrechende Erkenntnis. Wie kam es innerhalb der neurobiologischen Wissenschaft dazu? Es begann in den neunziger Jahren des vergangenen Jahrhunderts: Durch die sich entwickelnde Computertomografie konnten Wissenschaftler plötzlich dem Gehirn beim Arbeiten zuschauen und mit eigenen Augen sehen, worüber sie vorher nur spekulieren konnten.

Vierzig Jahre zuvor waren sie noch davon ausgegangen, dass die Entwicklung des Gehirns von genetischen Programmen gesteuert würde. Man stellte sich das Hirn wie eine Waschmaschine vor, die man eine Weile benutzt, bis sie dann kaputtgeht.

Wissenschaftler machten Feldstudien, bei denen die Probanden in den Zeiträumen zwischen zwei Messungen etwas lernen mussten. Dabei stellte sich heraus: Lernte jemand beispielsweise, Klavier zu spielen oder Fahrräder zu reparieren, bildeten sich plötzlich neue Verschaltungen, die vorher noch nicht da gewesen waren.

So kamen die Neurobiologen zu dem Schluss: Das Gehirn verändert sich durch seinen eigenen Gebrauch, es ist nicht nur ein Instrument zum Lernen – es verändert seine materielle Gestalt beim Lernen. Das gilt natürlich in jede Richtung.

Stell dir vor: Du bist nicht einfach nur von Geburt und Kindheit an mit einem Gehirn ausgestattet, das eine bestimmte Kapazität hat. Was dein Gehirn kann und leistet, hängt von deinen Entscheidungen ab – was du ihm zumutest und wie du es auf Trab hältst. Es gibt sogar eine Studie, die festgestellt hat, dass sich der gemessene Intelligenzquotient im Lauf des Lebens ändert. Dumm geboren, aber nicht dumm geblieben! Intelligent geboren, aber nichts draus gemacht. So was kommt vor. Pass bloß auf, dass du dein Gehirn nicht verrotten lässt!

Auch dein Gehirn ist veränderbar, sogar noch im Alter. Sag mir jetzt nicht: »Ich habe nun mal so eine lahme Kiste als Gehirn mitbekommen, die war gleich bei der Geburt mit dabei, da konnte ich nichts dafür.« Du selbst kannst Nachrüstungen vornehmen und dein Gehirn auf Touren bringen – wenn du nur willst. Aber dazu musst du von Gewohnheiten und alten Mustern Abschied nehmen und deine grundlegenden Überzeugungen überprüfen.

Alle Welt spricht heute von Ressourcennutzung. Wir nutzten die Ressourcen so lange, bis keine mehr da sind, und dann suchen wir uns neue. Wir behandeln die Erde, als hätten wir eine Zweite im Kofferraum.

Der Neurobiologe Gerald Hüther kam durch seine Untersuchungen zur Funktionsweise des Gehirns auf eine geniale Idee: Warum sollten wir nicht einfach von Potenzialnutzung sprechen? Ressource klingt nach begrenzt, Potenzial nach unbegrenzt. Und da das Gehirn viel mehr Potenzial hat, als wir nutzen, stimulieren wir uns stärker, wenn wir die Potenziale auch als solche ansprechen. Mit anderen Worten: Wenn man den ganzen Tag vor dem Fernseher hockt, bekommt man eben auch ein Gehirn, das sich ganz toll dafür eignet, Fernsehen zu gucken.

Bei der Ressourcennutzung verbrauchen wir ständig die Vergangenheit für die Gegenwart, bei der Potenzialentfaltung erzeugen wir Energie für die Gegenwart, indem wir ein zukünftiges Kraftwerk bauen. Das Gehirn ist ein Potenzialentfalter. Es wächst mit seinem Gebrauch.

Bei dir auch?

Das Kind in uns

Wir alle neigen zu der Ansicht, von dem geprägt worden zu sein, was wir bewusst gelernt haben. Das ist aus neurobiologischer Sicht kompletter Unsinn. Nicht der Inhalt alles dessen, was sich in unserem Gehirn befindet, nicht, was wir aufsagen und herbeten können, weil wir es irgendwo gelesen oder aufgeschnappt haben, bestimmt unser Denken und Handeln. Vielmehr sind es innere Überzeugungen und Bilder von der Welt und den Menschen, die uns oft nicht einmal bewusst sind, weil wir sie in grauer Vorzeit – sprich: der Kindheit – erworben haben.

Aus der Sicht der Neurobiologie ist unser Gehirn nicht in erster Linie dazu da, Fakten auswendig zu lernen, sondern Probleme zu lösen. Und woher kommen die Probleme? Durch andere Menschen, Menschen wie du und ich, die in einer Arbeits- oder Liebesbeziehung zueinander stehen. Daher bezeichnen die Neurobiologen das Gehirn als ein Sozialorgan. Indem ich bestimmte Tätigkeiten ausübe und mich dadurch in Beziehungen zu anderen setze, werden in meinem Gehirn ganz bestimmte Beziehungen zwischen den Nervenzellen hergestellt.

Das beginnt schon vor der Geburt mit einfachen Verschaltungsmustern, die zum Beispiel durch Anspannung und Entspannung bestimmter Muskelgruppen das Zusammenspiel der Organe regeln. Diese Verschaltungsmuster sind anfangs noch sehr instabil, aber sie verfestigen sich durch ihren Gebrauch immer weiter. Je mehr dieser einfachen Regelkreise entstehen, desto häufiger werden sie auch untereinander zu neuronalen Netzwerken koordiniert und verschaltet.

All das geschieht schon im Mutterleib, bevor der Embryo hören und sehen kann. Es finden erste Sinneswahrnehmungen statt, die als Erregungsmuster im Gehirn gespeichert und mit bestimmten Reaktionsmustern verbunden werden. Was der Embryo in seiner Außenwelt erlebt, wird in ihm bereits innerlich repräsentiert. Später, nach der Geburt, speichert das Kind und später der Jugendliche auch die Beziehungserfahrungen mit den nächsten Menschen im Gehirn ab. Die Neurobiologie spricht hier von Metarepräsentanzen.

Nun kann es zwischen den neuen Verschaltungsmustern, die häufig von den Werten anderer Menschen beeinflusst sind, und den älteren Verschaltungsmustern, die auf eigener Erfahrung beruhen, zu Konflikten kommen. Wenn es mir als Kind Spaß gemacht hat, herumzuhopsen, zu rennen, zu springen oder laut zu rufen, lerne ich als Erwachsener, ruhig auf dem Stuhl zu sitzen, langsam zu gehen oder leiser zu sprechen.

Im Zusammenleben mit anderen kontrolliere ich meine Impulse immer mehr und passe mich in der Regel an die Erwartungen meiner Umwelt an. Ohne es selbst zu bemerken, entferne ich mich dabei immer weiter von dem, was mein Denken, Fühlen und Handeln zu Beginn geprägt hat: meiner eigenen Körpererfahrung und meiner eigenen Sinneserfahrung. Dabei werde ich mir selbst zunehmend fremd.

Jetzt sind es die Ängste, die mich überwiegend steuern: die Angst vor einer angedrohten Strafe, die Angst vor der Verweigerung einer Belohnung in Form von Zuwendung und Wertschätzung oder die Angst auf einer Skisprungschanze, wo am Ende der Schanze, wie im österreichischen Innsbruck, ein Friedhof wartet.

Unter Lernen verstehen wir meist das sogenannte Dressurlernen, Abrichten – also das bewusste und in Schritten organisierte Lernen. Etwa wie die Schäferhunde von meiner Tante Erna, die zu Polizeihunden für die Hamburger Polizei abgerichtet wurden. So wie es in der Schule praktiziert wird – mithilfe von Schulbüchern und Rahmenplänen für den Unterricht.

Am meisten lernen wir jedoch, wenn es uns gar nicht bewusst ist. So wie Kinder eben beim Spielen lernen oder sich bei anderen Kindern etwas abschauen. Man nennt es das Resonanz- oder Imitationslernen. Erst vor wenigen Jahren entdeckten die Hirnforscher bei der Beobachtung von Affen sogenannte Spiegelneuronen, die immer dann miterregt werden, wenn ein Affe einen anderen Affen bei bestimmten Bewegungsabläufen beobachtet. Woher kommt der Spruch, da läuft mir das Wasser im Munde zusammen? Sehe oder rieche ich gutes Essen, reagiert das Gehirn sofort mit »auch haben wollen«.

Das funktioniert bei uns Menschen genauso. Deswegen schauen wir so gerne Pornofilmchen und sind dabei sexuell erregt. Nur allein im Jahre 2015 besuchten übrigens 24 Prozent Frauen als Nutzer einschlägige Porno-Portale im Internet. Und dabei verbrachten sie durchschnittlich 10:33 Minuten Zeit bis zum Höhepunkt. Das Klischee, dass nur Männer sich im Internet sexuell tummeln, wurde damit gründlich wiederlegt. Tendenz steigend.

Könnte unser Gehirn vielleicht bald dazu beitragen, dass es weniger Vergewaltigungen von Frauen gibt, wenn wir virtuelle Möglichkeiten haben, uns sexuell anderswo zu befriedigen? Im Zeichen von massiven Völkerwanderungen aus anderen Kulturkreisen in westliche, offenere und freizügigere Länder wäre dies womöglich eine gute Lösung. Ländern mit Überbevölkerung könnte eine Atempause verschafft werden. Die auf den Messen der Welt neu vorgestellten Virtual-Reality-Brillen werden im in den nächsten Jahren ihren Umsatz um ein Vielfaches auf fast 3 Milliarden Euro steigern.

Auch die Pornoindustrie nutzt also die Spiegelneuronen unserer Gehirne. Müssen wir erst aus dieser neuen Nische lernen und begreifen, was unsere Gehirne mit uns machen? Je realer die Illusion dargestellt wird, desto größer ist der Kick im Kopf. Wo führt das menschlich hin? Werden diese Brillen künftig echten Sex mehrheitlich ersetzen?

Immer mehr Pärchen sprechen nach wenigen Jahren Beziehung von einer Flaute im Bett. Spinnen wir diese Geschichte einmal weiter. Es gibt jetzt schon so viele Singles wie nie zuvor. Werden es noch mehr werden? Beziehungen werden immer schwieriger, und kaum einer will Verpflichtungen eingehen oder Verantwortung übernehmen. Männer sind ohnehin fauler geworden oder wollen erst Karriere machen. Da können eine Partnerin oder Kinder eventuell hinderlich sein.

Und jetzt wächst da ein neuer Markt heran, der genau erkannt hat, was uns ja auch schon von den Computerspielen her bekannt ist: dass unser Gehirn kaum noch zwischen Realität und Virtual Reality unterscheiden kann. Virtueller Sex lässt sich zu jeder Zeit und überall hemmungslos konsumieren, und was noch beachtlicher wird, er lässt sich kontrollieren. Der Mann schlittert nicht ungewollt in die Falle einer Frau, weil er sich das, was für ihn sehr wichtig ist, woanders einfacher und günstiger holen kann. Eine Brille, verbunden mit dem Smartphone macht vieles möglich.

Wenn du mich bei einem Vortrag im Seminar beobachtest, wie ich meine Veranstaltung durchführe, lernt ein bestimmter Teil von dir, etwas davon zu übernehmen. Deswegen ist ein Coach immer besser als ein Laie, ein Profi besser als ein Amateur. Kinder lernen von ihren Eltern, wie man geht, sitzt oder steht, ohne dass sie oder ihre Eltern etwas davon merken. Das gilt auch für Wertungen, selbst wenn sie nicht ausgesprochen werden. Ein böser Blick, ein Zucken im Mundwinkel, und das Kind weiß schon: So nicht! Auf diese Weise werden Verhaltens- und Denkmuster von Generation zu Generation weitergegeben.

Alles, was Kinder auf dem Weg des Resonanzlernens in ihrem Gehirn abspeichern, wird im eigenen Denken immer wieder »durchgespielt«, bis die dabei aktivierten neuronalen Erregungsmuster so eingeschliffen und stabilisiert sind, dass sie dem Kind als inneres Bild erscheinen, aus dem sich Orientierungen und geistige Grundhaltungen ableiten lassen.

Eine gute Idee, ein Geistesblitz, berauscht das Gehirn wie eine Droge

Mithilfe tomografischer Apparate lässt sich das Gehirn beim Arbeiten beobachten. Wenn ein Mensch sich in die Röhre legt und dort einen Gedanken verfolgt oder ein Problem löst, werden gleichzeitig viele und weit voneinander entfernt liegende neuronale Netzwerke aktiviert. Zahlreiche bisher voneinander getrennt abgelegte Wissens- und Gedächtnisinhalte werden also gleichzeitig wachgerufen. Dabei kommt es zu neuen Verknüpfungen zwischen den neuronalen Netzwerken, die für die Aktivierung dieser Inhalte erforderlich sind.

Wer nicht viel weiß, kann daher nur innerhalb dieser engen Wissensgrenzen kreativ sein. Umgekehrt ist besonders viel auswendig gelerntes Wissen auch kein Garant für außerordentliche Kreativität. Damit ein kreativer Prozess gelingt, muss man zum einen über ein möglichst reichhaltiges Spektrum unterschiedlicher Erfahrungen verfügen und zum anderen spielerisch mit diesem gespeicherten Wissen umgehen können.

Eine gute Idee, ein Geistesblitz, berauscht das Gehirn wie eine Droge. Wenn einem eine kreative Lösung einfällt, wird die Nervenzellverschaltung, die zu dieser Lösung geführt hat, als neue Erfahrung ins Hirn »eingebrannt«. Die dafür erforderliche »Hitze« wird von einem Mix an Botenstoffen erzeugt, die, so Gerald Hüther, neuroplastische Wirkungen besitzen. Das heißt: Sie veranlassen die Zellen dazu, ihre Verbindungen zu festigen und zu stabilisieren.

Zudem wird das sogenannte Belohnungssystem aktiviert. Das limbische System, unser »Gefühlshirn« wird angeregt und setzt an den Enden der Nervenzellfortsätze, die in die höheren Hirnbereiche ragen, Botenstoffe frei. Diese versetzen das Hirn in einen Zustand, als hätte man gleichzeitig eine kleine Dosis Heroin und Kokain eingenommen.

Je öfter man diesen Zustand erlebt, desto größer wird die Lust am Entdecken und Gestalten. Bei Kindern ist diese Bereitschaft noch sehr groß, weil sie diesen Kick besonders häufig erleben und immer wieder haben wollen. Je älter man wird, desto stärker gerät das Denken in eingefahrene Bahnen. Die Bereitschaft, Neues auszuprobieren, lässt nach. *Alles schon mal da gewesen*, meldet das Hirn im Dauertakt.

Und so liegt plötzlich viel kreatives Potenzial brach. Und das Gehirn fängt an, sich furchtbar zu langweilen.

Somit haben Menschen fortgeschrittenen Alters andauernd das Gefühl, dass die Zeit an ihnen vorbeizurennen scheint. »Huch, schon wieder ein Jahr vorbei. Wie doch die Zeit vergeht!« – wie oft haben wir das von unseren Eltern und Großeltern gehört?

Es gibt nichts Gutes, außer man tut es ...

... sagte Erich Kästner. Immer mal wieder geraten wir in Situationen, in denen es heißt: *Mach dich fertig, die Reise kann beginnen*. Dann stehen wir vor der Wahl: Sollen wir losziehen und die Chance ergreifen oder zu Hause bleiben und alles beim Alten belassen? Das ist ein magischer Moment. Wer mein Buch *Beweg deinen Arsch!* gelesen, meine CDs gehört oder an einem meiner Auftritte teilgenommen hat, kennt meine Sicht der Dinge. Es kommt einfach in jedem Moment darauf an, die Chancen zu ergreifen, die sich ergeben. Seinen Geistesblitzen zu folgen.

Vielleicht hat es beim Lesen dieses Buch auch schon so einige magische Momente gegeben. Ist dir zwischendurch, bei der Nahtod-Geschichte meines Bruders Mario, der eine oder andere Schauer über den Rücken gelaufen, oder hast du bei einem bestimmten Satz sogar eine Gänsehaut bekommen? Genau in diesem Moment habe ich dich berührt, und du hast dich angesprochen gefühlt. Sollte das bisher noch nicht der Fall gewesen sein, dann wird es im Laufe des Buches bestimmt noch geschehen.

Man kann nie im Voraus wissen, wann es passiert. Es gibt so viele solcher Momente – genau genommen kann jede Situation magisches Potenzial entfalten. Du musst es nur sehen und dem, was sich vor deiner Nase gerade abspielt, mit der richtigen Einstellung begegnen. Magische Momente des Glücks ergeben sich einfach so – wo du auch stehst, sitzt oder liegst – wenn du denn bereit bist, dich verzaubern zu lassen und auf die große Reise zu gehen. Die Gunst der Stunde, die Gunst des Augenblicks, auch *Momentum* genannt, ist der Moment, in dem die Dinge in Fahrt kommen.

Dazu müssen wir zuerst unsere Wohlfühlzone verlassen und in den Schmerz hineingehen – dann ergibt sich die Möglichkeit. Paulo Coelho formuliert es in seinem Buch *Auf dem Jakobsweg* so: *Lehren* heißt zu zeigen, wie es möglich ist. *Lernen* heißt, es für sich selbst möglich zu machen.

Wir lernen aus eigenen Erfahrungen, aus fremden Erfahrungen und aus Schmerzen. Oft beginnen die Momente mit Störungen und Irritationen, mit Schicksalsschlägen, verbaler oder körperlicher Prügel oder mit einer schleichenden Unzufriedenheit. Da musst du durch, das ist normal.

Deshalb werde ich dich nun verhören. Du hast richtig gelesen: *verhören*. Da du mir jetzt, wo du dieses Buch in Händen hältst, keine telepathische Botschaft senden kannst, behalte diese ruhig erst mal für dich, denn du bist ja zugleich Sender und Empfänger der Botschaft. In anderen Situationen würdest du von einem anderen Menschen verhört – ich rege dich hier dazu an, dich selbst zu verhören und genau hinzuhören, was deine innere Stimme zu sagen hat. Ein Teil von dir spricht mit einem anderen.

Na, wie kann das denn gehen? Du wirst schon sehen (und hören), was ich immer wieder frage. Ich stelle ja nur die Fragen, die du dir selbst auch stellen könntest. Der Kabarettist Martin Buchholz sagt es so: »Neulich bin ich in mich hineingegangen und nach zwei Minuten wieder schreiend herausgelaufen.« Frage dich:

- *Warum habe ich mir dieses Buch besorgt,*
  wer hat es mir ans Herz gelegt?
- *Und vor allem: Warum lese ich es gerade?*
  Aus Neugier, was der Wilde noch so alles auf
  Lager hat? Womit er mich wieder mal aus der
  Reserve locken will?
- *Weil ich eine mentale Erfrischungsdröhnung*
  brauche? Um endlich wieder mal etwas für mich
  zu tun und aus dem gewohnten Trott
  zu kommen?
- *Bin ich ein Kritiker?*
- *Bin ich ein* Bewerter *oder ein* Verwerter?

Niemand anderes weiß das alles besser als du allein. Du kannst das Buch dazu kurz aus der Hand legen und dich ganz entspannt diesen Fragen widmen.

Du liest ja weiter! Ist dir nichts eingefallen? Es gibt doch bestimmt etwas, das dich nervt, oder? Aber erst, wenn du etwas tust und ins Handeln kommst, wird auch etwas Neues passieren. Erfolg ist nichts anderes, als dass etwas erfolgt. Und nun frage dich:

- *Was hast du bisher mit deinem eigenen Kopf*
  angestoßen?
- *»Die Geister, die ich rief …« Welche Geister*
  hast du gerufen, die du jetzt nur schwer wieder
  loswirst?

Von Rederiesen und Handlungszwergen

Es gibt einen faszinierenden Unterschied zwischen den Erfolgreichen und den Erfolglosen: Die Erfolgreichen setzen die Dinge, die sie von mir hören, eins zu eins konsequent und ausdauernd um. Die Erfolglosen dagegen glauben, das Seminar würde von allein wirken. Sie warten ab, was so passiert, oder sie machen die Dinge genau anders, als ich ihnen gesagt habe.

Jede der beiden Gruppen, ob nun später erfolglos oder erfolgreich, hat jedoch von mir im Seminar das Gleiche gehört. Ich spreche nicht unterschiedlich zu jedem Einzelnen, alle sitzen im gleichen Saal und hören dasselbe.

Doch der entscheidende Unterschied ist: Die Erfolglosen sind »Rederiesen« und »Handlungszwerge«, während die Erfolgreichen sich als »Handlungsriesen« erweisen.

Erstaunlich ist für mich auch jedes Mal, dass die Erfolgreichen – also diejenigen, die ins Handeln kommen –, immer auch diejenigen sind, die sich dann gleich für das nächste Seminar entscheiden oder meine Produkte kaufen. Die Erfolglosen dagegen warten erst mal ab, wie das, was sie gelernt haben, bei ihnen »wirkt«. Aber was soll denn »wirken«? Nichts wirkt! Weder ich noch die Inhalte können irgendetwas verändern – wenn du dich nicht veränderst und die Dinge tust, die du dir und anderen versprochen hast. Frage dich:

- *Weiß ich immer, was ich will?* ja
- *Bin ich ehrlich, herzlich, freundlich,* ja
  pünktlich und nett?

- *Gibt es für das, was ich, tue, ein »bedingungsloses Ja«?*
- *Laufen mein Leben und meine Karriere so, wie ich das will?*
- *Bin ich konstruktiv, destruktiv, mutig oder ängstlich?*
- *Warum sind andere Menschen vielleicht erfolgreicher als ich, obwohl ich doch angeblich schon alles »richtig« mache?*
- *Warum gelingt manches nicht?*
- *Was ist das Geheimnis meines Erfolges?*
- *Habe ich noch hohe Ziele?*

Das sind die Fragen, die wirklich wichtig sind und die du dir beim Lesen dieses Buches oder beim Hören meiner Vorträge stellen solltest. Nicht: Was kaufe ich zum Abendessen ein? Welchen Pullover ziehe ich an? Soll ich den Telefonanbieter wechseln? Wenn du die wichtigen Fragen beantwortet hast, ergeben sich die Antworten auf die unwichtigen Fragen von ganz allein. Wenn du begriffen hast, dass du selbst es bist, der oder die dem Leben die Richtung gibt, hast du schon den ersten Schritt getan. Wohin der Mensch seine Energie lenkt, da geht es weiter. Positiv wie negativ.

Carpe diem – nutze den Tag

Du willst jetzt wirklich etwas verändern. Wirklich? Jetzt? Ja oder Ja?

Wie lange dauert denn das Hier und *Jetzt*? Was ist das Jetzt? Das Jetzt dauert 2,7 Sekunden. So lange braucht unser Wahrnehmungsapparat, um Zukunft in Vergangenheit umzuwandeln. US-Wissenschaftler haben in neurologischen und psychologischen Studien ermittelt, wie lange die Gegenwart für unser Gehirn dauert. Die Zeit fließt in unserer Wahrnehmung nicht kontinuierlich, sondern in Schritten von etwa 30 Millisekunden. Unser Bewusstsein strukturiert daraus die Gegenwart als 2,7-Sekunden-Einheiten, und unser Bild von der Wirklichkeit setzt sich zu mehr als 90 Prozent aus Erinnerungen zusammen.

> »Neulich bin ich in mich gegangen und nach zwei Minuten schreiend wieder rausgelaufen.«
> *Martin Buchholz*

Jeden Tag denken wir – bewusst oder unbewusst – etwa 40 000 bis 70 000 Gedanken, so die gegenwärtige Wissenschaft. Und wie du ja sicherlich weißt, haben Gedanken die Tendenz, sich zu manifestieren. Aber selbst wenn dir bewusst ist, dass im Jetzt jederzeit eine Veränderung stattfindet, bist du noch lange nicht bereit, diese Veränderung wahrzunehmen und aktiv voranzutreiben. Du hältst an deiner Ahnungslosigkeit fest: entweder aus purer Angst, Neuland zu betreten, weil du alte Gewohnheiten mehr liebst, als du die Schmerzen fürchtest, die diese dir bereiten – oder schlichtweg aus Faulheit.

Alte Schuhe sind bequem, aber die neuen Schuhe sehen besser aus. Fliegen haben übrigens ein Erinnerungsvermögen von genau diesen 2,7 Sekunden. Deswegen fliegen sie immer wieder gegen das Fenster. Machen wir aus demselben Grund auch immer wieder die gleichen

Fehler? Sind wir zu blöd, um zu begreifen? Müssen Fehler deshalb besonders wehtun?

Nachdem er mit einem einzigen Schlag seinen Abschlag in das Zielloch gebracht, also ein sogenanntes Hole-in-One geschafft hatte, fragte ein Reporter Gary Player, einen der erfolgreichsten Golfspieler aller Zeiten, wie es sich denn anfühle, solch ein Glück zu haben.

»Ja, es war schon großes Glück, mit einem 260-Meter-Schlag dieses kleine Loch zu treffen«, antwortete Player. »Aber wissen Sie was? Je häufiger ich trainiere, desto öfter habe ich dieses unverschämte Glück.«

Es ist so einfach, sich in die Ecke zu verkriechen und schmollend zu behaupten: *Ich habe eben kein Glück gehabt. Glück haben immer nur die anderen.* Oft haben nämlich die, die Glück zu haben scheinen, vorher sehr hart dafür gearbeitet. Sie hatten immer wieder Pech und haben es nicht geschafft, aber sie haben dennoch an ihr Glück geglaubt und nicht aufgegeben. »Aus einem traurigen Arsch fährt nie ein fröhlicher Furz«, soll Martin Luther einst gesagt haben. Und der war ja für seine deftigen Tischreden bekannt. Zitat: »So haben die Frauen noch eine schärfere Waffe als die Zunge, nämlich ihre Tränen. Was sie mit Reden nicht erreichen können, erlangen sie mit Weinen.« Luther wurde auch nachgesagt, dass er ein Nonnenhengst und angeblicher Wüstling der Fleischeslust gewesen sei. Er heiratete die entsprungene Nonne Katharina von Bora. Nichts ist so wild, als dass es nicht beim Weibchen zahm werde. So jedenfalls die neuen Erkenntnisse. Das Zölibat ist wider die Natur. Dann kann man auch das Scheißen verbieten. Und das aus dem Munde von der höchst seriösen Petra Gerster im ZDF lässt einen schon schmunzeln.

Aber wie könnte jemand das Glück anziehen, wenn er glaubt, er sei vom Pech verfolgt.

Alles ohne Garantie

Die meisten Menschen erwarten eine Garantie, bevor sie etwas tun. Wenn sie eine Bestellung aufgeben, wollen sie die Garantie, dass das Bestellte auch geliefert wird. Wenn sie studieren, wollen sie die Garantie, dass sie hinterher einen Arbeitsplatz bekommen. Wenn sie sich selbstständig machen oder den Arbeitsplatz wechseln, wollen sie die Garantie, dass ihr Einkommen steigt oder sie mehr Freude an der Arbeit haben. Du musst begreifen:

> Im Leben gibt es keine Garantien und keine Berechtigungsscheine!

Garantien können wir uns höchstens einbilden. Das Ziel, das du im Kopf hast, kommt einfach zu dir – so kühn kannst du gar nicht denken. Du kannst der beste Schuster in der Stadt sein – wenn dir keiner seine Schuhe bringt, dann musst du etwas anderes machen! Wenn niemand meine Vorträge hören will und keiner meine Bücher kauft und liest – dann muss ich halt etwas anderes tun.

Das Einzige, was dir das Leben hundertprozentig garantieren kann, ist der Tod. Für alles andere gibt es nur Wahrscheinlichkeiten. Deshalb brauchst du dich nicht entmutigen zu lassen. Wenn du einen Plan für die

Zukunft hast, höre dir ruhig alle Zweifler und Nörgler an. Vielleicht haben sie ja recht, und du solltest besser etwas anderes machen.

Wenn es aber der Plan ist, den du einfach realisieren *musst*, weil du ein unbedingtes Ja dazu hast, dann können die ewigen Bedenkenträger sowieso nichts ausrichten. Denn du hast ein bedingungsloses Ja für diesen Plan, weil du spürst, dass er zu deinem Lebensweg gehört. Selbst wenn die Sache am Ende den Bach runtergeht – dann bist du eben um eine Erfahrung reicher. Und die wird dir beim nächsten Mal helfen, ein viel größeres Ziel zu erreichen. Alle Großen sind mal ausgebremst worden oder haben verloren. Jeder Erfolgreiche hat mindestens ein Unternehmen zerlegt, war schon mal insolvent oder pleite. Das ist nichts Ungewöhnliches.

Ich kann mich noch gut an mein erstes Weihnachten in Berlin erinnern. Ich war 19 und hatte für das gesamte Weihnachtsfest nur 50 D-Mark zur Verfügung – davon habe ich sogar noch 12 D-Mark für eine Fichte ausgegeben. Es sollte nicht mein einziges Erlebnis ohne oder mit wenig Geld bleiben.

Ob persönliche Pleite oder Insolvenz, ich kenne alles und habe alles durch. Nach dem Aus meiner Ehe sollte es finanziell für mich richtig eng und gemein werden. Leider hatte ich keinen Ehevertrag, und meine Frau wollte während der Ehe keinen eingehen. Es wäre für mich finanziell die Rettung gewesen, aber es kam anders. Mir waren damals die Hände gebunden, und die finanzielle Katastrophe nahm ihren Lauf. Ich kann nur allen raten, die heiraten wollen: *Klärt solche Dinge echt vorher!* Verliebt zu sein ist ja ganz schön und gut, aber einen anderen Menschen erkennst du erst, wenn es eng wird. Andererseits machen solche Erlebnisse nur stärker, und es schreckt mich in dieser Hinsicht ziemlich wenig.

Auch eine Insolvenz ist durchstehbar. Ich habe dazu neulich einen Spruch gehört: »Das Vertrauen eines Menschen ist sehr kostbar. Man sollte es nie aufs Spiel setzen.« Jedem Menschen, dem du dein Vertrauen schenkst, gibst du ein Messer in die Hand. Wenn du Glück hast, verteidigt er dich damit. Wenn du Pech hast, sticht er es dir in den Rücken. Ab dem Moment weiß man, dass Vertrauen deshalb so schwerfällt, weil es anderen so leicht fällt, es zu missbrauchen.

Wer kennt das nicht? Wer nichts riskiert und nichts wagt, dem wird so etwas kaum passieren. Aber alle anderen, die so was mal durchgemacht haben, steigen danach ziemlich gestärkt wie Phoenix aus der Asche. Der Rest läuft wohl dann unter dem Motto »Erfahrung des Lebens« und muss unter Bereinigung von Rechtsstreitigkeiten abgebucht werden. Jetzt erst recht. Jetzt schon aus Bock.

Nur, wer ein Risiko eingeht, kann gewinnen. Und wenn es nur Selbsterkenntnis ist. Aber wer kein Risiko eingeht, hat von Anfang an verloren. Er bleibt auf dem Wenigen sitzen, was er noch hat oder kann. Wenn du nur das tust, was du schon immer getan hast, musst du dich nicht wundern, wenn du nur die Ergebnisse erzielst, die du schon immer erzielt hast. Wer tut, was alle tun, kriegt das, was alle kriegen. Das empfinde ich als ein sehr langweiliges Leben.

Was wolltest du gerade verändern? Es sind nämlich schon wieder mehrere 2,7 Sekunden vorbei. Also, entweder legst du das Buch jetzt mal beiseite und machst dir ernsthaft Gedanken darüber, was du unbedingt sofort verändern willst und schreibst es gleich auf – das wäre das Allerbeste. Oder du belässt alles beim Alten.

Kannst du nicht oder willst du nicht?

Wenn etwas nicht funktioniert, stellen sich immer zwei Fragen: Kannst du nicht, oder willst du nicht? Das gilt für Politik, Wirtschaft, Schule ebenso wie im privaten Bereich und für Beziehungen.

Jeder Mensch verfolgt seine eigenen Interessen, und diese gilt es, mit denen der anderen in Einklang zu bringen. Vielfach stellen wir fest, dass viele dies einfach nur nicht wollen. Einigungen könnten rasch erzielt werden, wenn beide Seiten dazu bereit wären.

Schwierigkeiten entstehen immer aus Uneinigkeit. Wer sich nur fragt: *Decken sich meine Interessen mit denen meines Partners?*, beschwört die Probleme geradezu herauf. Geht die Schere zu weit auseinander, entsteht ein großer Riss, und die Beziehung bricht auseinander.

Beobachten können wir das an unserer Gesellschaft. Sie wird immer egoistischer und verhindert dadurch Problemlösungen. Ein Vorreiter für die allgemeine Verhinderung sind Gewerkschaften, da sie sich permanent auf dem Kriegspfad befinden. Dieses ewige »Wir sind dafür, dass wir dagegen sind« erzeugt zwar gesellschaftlich eine gewisse Aufmerksamkeit, aber es wirkt sich schleichend nachteilig aus. Man denke nur an die Lokführerstreiks 2015 in Deutschland. GDL und Bahn, ein immerwährender Kleinkrieg um die jeweiligen Interessen, der auf den Rücken vieler ausgetragen wird. Zermürbung nervt. Damit ist auf lange Sicht niemandem gedient. Wegen leider nur 2 Prozent mehr Lohnerhöhung für die Kindergärtnerinnen hatte die Gewerkschaft den Müttern lange vier Wochen den Schlaf geraubt, wo und wie sie nun ihre Kinder unterbringen konnten. Also, wenn ich so was schon anfange, dann müssen wenigstens mehr als 2 Prozent dabei rausspringen, ansonsten ist das meiner Meinung nach mehrheitsschädlich. Beim Poststreik bleiben die Briefe wochenlang liegen, und das lähmt die Volkswirtschaft. Alles unnützes Zeugs.

Komischerweise ist zu beobachten, dass es immer diejenigen sind, denen es ohnehin schon gut geht. Wer einen guten Job hat, der gut bezahlt wird, sollte nicht weiter überziehen. Sonst drohen uns irgendwann griechische Verhältnisse.

Wie im Kleinen, so im Großen. Wie innen, so außen. Wie oben, so unten.

Ein egozentrischer Mensch mag erfolgreich, im Herzen jedoch tief unglücklich sein. Partnerschaften oder Ehen zerbrechen an der Ichbezogenheit. Unzufriedenheit ist Gift für Beziehungen. *Passt das alles noch so, dass es passt? Und zwar zu mir?* Gefühlsbetonte Menschen, in der Mehrheit Frauen, befinden sich in dieser Situation in einer endlosen Grübelschleife. Lehrer, die mit ihrem eigenen Leben unzufrieden sind, geben ihren Schülern mehr Hausaufgaben auf. Das kann nicht zum Wohle aller gemeint sein.

Entweder es geht einfach, oder es geht einfach nicht – dieser Satz könnte das Ganze beenden. Dann würde, wenn es eben einfach nicht geht, das Gesetz der

Gelassenheit greifen und in der schlichten Frage münden: »Na und?«

Gib keine Energie in Dinge, die du nicht ändern kannst, entziehe dem Feuer den Sauerstoff und lass los!

»Darf ein Mensch sich umentscheiden, in diesem Fall trennen?«, werde ich immer wieder gefragt. Ja, darf er. Stets und ständig. Es ist *sein* Leben, und jeder entscheidet jeden Tag neu. Jeder von uns darf mit seinem Leben machen, was er will, solange er niemanden anderes dabei schädigt.

Das Leben ist schön, man muss nur dabei sein.

Rauf oder runter? –
»Die Gedanken sind frei«

Worauf sollte man nun beim Denken achten? Unser Gehirn ist ja nicht nur ein physikalisches Wunderwerk, es ist auch eine Waffe, die ich im Guten wie im Bösen einsetzen kann. Ob ich positiv oder negativ denke, ob ich konstruktiv oder destruktiv bin, ist meinem Unterbewusstsein völlig egal: Es wird den Befehl zu hundert Prozent ausführen!

Es gibt drei Denkebenen:
- 1. die Ebene der Schöpfung,
- 2. die Ebene der Erhaltung und
- 3. die Ebene der Zerstörung.

1. Auf der Ebene der Schöpfung sind Menschen zu Hause, die Neues erschaffen und Veränderungen gegenüber aufgeschlossen sind. Diese Menschen sind kreativ, freundlich und herzlich. Sie lassen Positives entstehen, sie finden Lösungen, und ein konstruktives Verhalten ist ihre zweite Natur.

Ziele zu programmieren und Probleme zu lösen, ist ein schöpferischer Akt, der nur dank dieser wunderbaren Resonanz zwischen der inneren Ausgeglichenheit und der Aufgeschlossenheit gegenüber Veränderungen gelingt. Wenn ich schlecht drauf bin, funktioniert das nicht – jedenfalls nicht in die positive Richtung! Die modernen Quantenphysiker wissen es schon lange: Nichts ist so beständig wie die Veränderung.

Positiv gestimmte Menschen erschaffen Neues – das ist die einzigartige Resonanz, hier schwingt es am feinsten, hier schwingt es am besten!

2. Auf der Ebene der Erhaltung herrscht das, was ich Beamtendenken nenne: *Das haben wir noch nie so gemacht. Das haben wir schon immer so gemacht.* Warum? *Weil es immer schon so war*, sagen die Leute, die alles festhalten wollen. *Veränderung? Nein, nein, lassen Sie alles mal schön beim Alten!*

Auf dieser Ebene tummeln sich die Menschen, die nicht loslassen können. Sie bestätigen alles, wollen alles bewahren, wägen erst einmal ab: *Soll ich? Soll ich nicht? Soll ich? Ich probiere nichts aus, dann mach ich auch keine Fehler!* Aber wir dürfen Fehler machen! Einmal diesen und dann andere. Fehlerfreudigkeit? Ja! Fehlerhäufigkeit (das heißt, mehrmals denselben)? Nein! Tatsächlich machen wir ja im eigentlichen Sinn keine Fehler – wir entwickeln uns einfach weiter. So gesehen läuft nichts im Leben falsch. Selbst eine Uhr, die stehen geblieben ist, geht zweimal am Tag richtig. Die meisten Menschen befinden sich wohl auf der Ebene der Erhaltung – gefangen in ihrer Ablehnung von allem, was neu oder ungewohnt ist.

3. Und dann gibt es natürlich noch die Abteilung »bitterböse«. Menschen auf der Ebene der Zerstörung verneinen alles und sehen alles schwarz. »Ich gehe immer erst mal vom Gröbsten aus«, sagte einmal eine Frau zu mir. »Wenn es dann besser kommt, ist es ja schön!« – Wenn man auf diese Art eine Katastrophe herbeibeschwört, dann tritt sie auch ein, und zwar mit Macht! Alles, was der Mensch erwartet, zieht er in sein Leben.

Ein ebenso faszinierendes wie erschreckendes Beispiel waren die terroristischen Anschläge auf die U-Bahn in London. Danach war in den Medien zu lesen und zu hören, wie die Engländer darüber dachten: *Na ja, wir haben ja schon erwartet, dass so was passiert!*, hatten die interviewten Personen geäußert. Ich dachte, ich höre nicht richtig! Die Engländer waren also mit der Erwartungshaltung herumgelaufen, dass die Terroristen London umkippen. Und dann ist das leider auch passiert. Es war nur eine Frage der Zeit.

Das ist auch ein Problem des kollektiven Bewusstseins. Wenn du denkst: *Ich möchte dazu beitragen, dass die Sache nicht den Bach runtergeht, weil ich jeden Tag sehe, wie sie den Bach runtergeht,* dann sorgst du nur dafür, dass diese Sache noch schneller den Bach runtergeht. Denn du konzentrierst dich auf deine Ängste und machst sie dadurch größer, du gehst mit der Angst in Resonanz, statt dich auf deine Kraft zu besinnen.

Genauso kannst du mit deinen Kollegen eine Firma nach oben oder nach unten denken. Dieses Denken ist nichts anderes als reine Energie. Durch kraftvolle, positiv gestimmte Gedanken kann man eine Firma durchaus nach vorne puschen. Ein Beispiel dafür ist die AIDA-Flotte. Inzwischen sind es zehn Schiffe, und es kommen immer mehr dazu. Think Big. Mal sehen, wann der chinesische Markt von deutschen Kreuzfahrtschiffen im chinesischen Meer entdeckt wird ...

Andere Firmen dagegen denken sich selbst kaputt. Sie lenken ihre Gedanken genau in die entgegengesetzte Richtung und fördern dadurch das Scheitern des Unternehmens. Leider funktioniert auch das. Du kannst der tollste Chef sein – wenn die Mitarbeiter nicht gut drauf sind, dann hast du keine Chance! Sie »zerdenken« dir den ganzen Schuppen mit ihrer negativen Energie.

Es gibt Menschen, die denken nur in Problemen. Und ihr Denken erzeugt eine Wirkung. Destruktive Grübler gießen ihre ganze Energie in das Problem. Solche Menschen wissen ganz genau, dass sowieso alles schlecht ist. Sie verurteilen jeden, kritisieren und tadeln jeden, sprechen jeden schuldig, sind neidisch, haben Hassgefühle und ärgern sich den ganzen Tag!

Aber mal ehrlich, wie soll das, was du dir mit diesem Buch so nett erarbeiten willst, je funktionieren, wenn du auf der Ebene der Zerstörung herumkasperst? Das geht nicht! Es kann nicht gehen! Warum? Ziele anzustreben und Probleme zu lösen ist, wie gesagt, ein schöpferischer Akt. Und der kann bei der miesen Resonanz auf der Ebene der Zerstörung nie und nimmer funktionieren.

Zugegeben, jeder ist mal auf jeder Ebene. Es geht auch nicht darum, wo du *mal* bist, sondern darum, wo du dich stets und ständig aufhältst. Bist du der Jaulheinz, der permanente Neinsager? *Das Leben ist fies und gemein!* Oder lieber umgekehrt: *Es ist super! Ich kann alles haben!*? – Je nachdem, auf welcher Ebene du bist: Du hast recht! Wer jammert und klagt: *Das Leben ist eine Baustelle! Wir gehen alle Wasser saufen!*, der hat aus seiner Sicht recht. Wer obenauf ist und sagt: *Alles ist superschön!*, der hat es eben auch schön. *Meine Frau ist toll, der Hund läuft geradeaus, die Kinder gedeihen, das Auto bremst, lenkt und fährt!*

Egal, auf welcher Ebene du bist: Du hast recht. Gemäß dem Gesetz der Resonanz ziehst du dann nur noch Leute als Spiegelbilder in dein Leben, die so sind wie du selbst. Du hast die Wahl!

Auf welcher Ebene denke ich gerade?

Als Erstes solltest du dich beobachten und fragen:

- *Auf welcher Denkebene turne ich im Moment herum?*
- *Bin ich schöpferisch unterwegs, erhaltend oder gar destruktiv?*

Natürlich wünschen sich alle Menschen, immerfort kreativ aus dem Vollen zu schöpfen und das Erschaffene zu erhalten. Nur lehrt die Lebenserfahrung, dass wir es kaum fertigbringen, uns ausschließlich auf unsere guten Anteile zu verlassen. Das *Böse* kommt uns immer dazwischen. Der Autor und Coach Ruediger Schache meint dazu in seinen Büchern: 20 Prozent sind die äußeren Umstände, und 80 Prozent ist unser persönlicher Magnet.

Die Ebene der Zerstörung. Nehmen wir mal an, du ertappst dich dabei, mal wieder super destruktiv zu denken und statt Chancen und Hoffnungen überall nur Probleme und Stoppschilder zu entdecken. Die meisten Leute neigen dazu, sich Vorwürfe wegen ihrer Destruktivität zu machen, wenn sie sich selbst dabei erwischen oder bereits einen sichtbaren Schaden in ihrer Umgebung angerichtet haben. Damit strafen sie sich selbst für die Schläge, die sie anderen verpasst haben. Sie sind also weiterhin destruktiv und haben nur die Seite gewechselt – vom Sado zum Maso. Man will sich selbst wehtun zum Ausgleich dafür, dass man anderen wehgetan hat. Das verschafft zwar kurzfristig Erleichterung, hilft aber nicht wirklich.

Wenn du feststellst, was du mit deiner Destruktivität angerichtet hast – wie wäre es mit einem Schritt der Versöhnung? Und die fängt bei dir selbst an. Du musst dich damit versöhnen, dass du manchmal destruktiv bist, wenn du den großen Plan verfolgst, mehr auf der kreativen Ebene zu sein.

Schließe Frieden mit deinem Inneren Kind:
War ich eben mal wieder destruktiv! Na und?
Kann ich ja zum Ausgleich jetzt kreativ werden!

Als Anfänger beim Bezwingen destruktiver Impulse ist das nicht einfach. Aber sobald du intensiver zu leben beginnst, wirst du feststellen: Es gibt diese Sprünge von ganz unten nach ganz oben! Plötzlich ist der Zerstörungstrieb so groß geworden, dass er einen kreativen Gedanken hervorruft. Plötzlich wird das Unerträgliche so unerträglich, dass es schon wieder komisch ist.

Aber man muss ja nicht gleich übertreiben und sich dabei zu viel vornehmen. Gerade, wenn du dazu neigst, die Welt und dich selbst mit Vorwürfen zu überhäufen, halte erst mal inne und vergegenwärtige dir, was du schon alles geschafft hast.

Wenn du dich selbst nicht anerkennst, wie sollen die anderen das hinkriegen?

Der Wechsel zwischen den Ebenen findet plötzlich statt. Wir geben nur einen kleinen Impuls und lassen es dann geschehen. Oft ist es ein magischer Moment, der den Schalter für den Wechsel der Ebenen umlegt – eine

Sekunde des intensiven Erlebens. Das kann sogar der Impuls eines Trainers ein plötzliches Ereignis wie ein Geistesblitz oder eine neue Idee sein.

Die Ebene der Erhaltung. Vielleicht schwingst du dich erst mal auf die Ebene der Erhaltung, des realistischen gesunden Menschenverstandes, der manches gelassener sieht als du in deiner momentanen Aufgeregtheit. Es ist tatsächlich möglich, sich per Willensentscheidung selbst mit mehr Abstand zu betrachten. Man kann Wut empfinden, ohne sie gleich rauszulassen, und wenn diese Wut gefühlt wird, hat sie manchmal schon genug und kann sich in einen positiven Antrieb verwandeln.

Das Wort Aggression ist mit einem lateinischen Verb verwandt, das nichts anderes bedeutet als »heranschreiten«, »sich nähern«, »angreifen«. Wer aggressiv ist, hat genug Feuer in sich, um auf die Welt zuzugehen und sich zu holen, was er oder sie will.

Aber das sollte ehrlich und höflich geschehen, sonst bist du im negativen Sinne aggressiv. Dann hast du keine Chance außer bei denen, die noch fieser oder ängstlicher sind als du, und du musst ständig damit rechnen, dass alles, was du anderen angetan hast, zu dir zurückkommt. Wann, weißt du natürlich nicht.

Die Ebene der Schöpfung. Von der Ebene der Erhaltung auf die Ebene der Kreativität zu kommen, ist schon schwieriger als das bloße Verlassen der Destruktivität. Denn es fühlt sich so gut an, etwas immer auf die gleiche Weise zu machen und sich darauf verlassen zu können, dass es einem aufgrund der großen Erfahrung leicht und gut von der Hand läuft. Aber was ist, wenn sich die Welt verändert und das, was man so gut konnte, mit einem Mal nicht mehr die gewohnten Wirkungen erzielt? »Damit Träume wahr werden, muss man erst mal aufwachen«, sagte Peter Ustinov einmal.

Auf der Ebene der Kreativität entfaltet sich das Leben so, wie es im Grunde immer sein sollte. Unser Leben auf diesem Planeten wäre ein völlig anderes, wenn wir alle es schaffen könnten, unser Denken dauerhaft auf dieser Ebene einzurichten.

Als kreativ denkender Mensch hat man jedoch die Möglichkeit, seine Aufenthaltsdauer auf der Kreativebene zu verlängern. Sagen wir, von einer Viertelstunde auf eine halbe Stunde – wäre das ein brauchbares Ziel für dich? Es geht natürlich auch länger. Da die Leistungsfähigkeit unseres Gehirns mit seinen Anforderungen zunimmt, sind nach oben hin (bis zur Schlafgrenze) keine Grenzen gesetzt.

Es ist ein schleichender Entwicklungsprozess. Ich spüre das bei meinen Wiederholern im Seminar. Ganz langsam entwickeln sie sich in die für sie richtige Richtung. Dazu muss es nur einmal im Kopf kurz klick machen. Jetzt gibt es kein Halten mehr. Alles ändert sich, wenn du Rat annimmst. Anderes Äußeres – neue Frisur, neue Brille, andere Klamotten, gute Schuhe.

So, wie du gehst, geht's dir.

Weißt du, was du willst?

Nehmen wir einmal an, du bist auf der kreativen Ebene angelangt. Jetzt ist es an der Zeit, entweder neue Ziele zu finden oder an alten Zielen zu arbeiten.

Achte darauf, dass du nicht auf der destruktiven Ebene bist, während du deine Ziele bestimmst. Diese können dann nur destruktiv sein, und das Ergebnis entspricht nicht deinen Wünschen hinter den Zielen, sondern ist genau das Gegenteil!

Wünsche sind allgemein und nicht auf konkrete Situationen bezogen: *Ich will glücklich sein. Ich will gesund sein. Ich will reich sein etc.* Damit aus solch unspezifischen Wünschen Ziele werden können, muss man sie konkretisieren und zunächst in Gedanken fassen.

Der erste Schritt, um zu bekommen, was du willst: Du musst wissen, was du willst! Mindestens 90 Prozent aller Menschen wissen aber nicht, was sie wollen. Die Meisten wissen dafür besser, was sie nicht wollen.

Konkrete Ziele statt allgemeine Wünsche

Warum haben Menschen kaum Ziele? Entweder sie haben nicht gelernt, wie wichtig Ziele sind. Keiner hat ihnen gezeigt, wie man sich hohe Ziele setzt. Aber das schlimmste an Zielen ist die große Angst zu scheitern. Oftmals ist das WARUM zu schwach.

Wie wichtig Ziele sind, zeigt eine Umfrage unter Studienabgängern, die im Jahr 1979 an der Harvard Universität durchgeführt wurde. Die Testfrage lautete:

Haben Sie Ziele? Das Ergebnis: 3 Prozent der Befragten hatten ihre Ziele schriftlich formuliert, 14 Prozent hatten ihre Ziele im Kopf, und die überwältigende Mehrheit von 83 Prozent gab an, überhaupt keine Ziele zu haben. Nach zehn Jahren wurden die gleichen Personen noch einmal befragt. Ergebnis: Die 3 Prozent besaßen ein zehnmal größeres Vermögen als die anderen 97 Prozent, sie führten glücklichere Beziehungen und waren gesünder.

Fazit: Ohne Ziele stehen die Chancen auf ein erfülltes Leben weitaus schlechter. Wenn dein WARUM zu schwach ist, wirst du dein Ziel kaum erreichen. Die wirklich guten und großen Ideen sind es, die uns begeistern. Und diese gilt es, weiter zu verfolgen. Frage dich:

- *Wann hatte ich zuletzt ein richtig großes Ziel?*
- *Wann hatte ich zuletzt die Hunderttausend-Euro-Idee?*
- *Und als ich sie hatte, wann bin ich der Idee gefolgt?*
- *Wann habe ich sie wieder aufgegeben?*

Raus aus der Komfortzone!

Einmal oder mehrmals im Leben kommt jeder an seinen sogenannten Resignationspunkt. Das ist der Moment, wo wir stehen bleiben und denken: *Es hat ja sowieso alles keinen Sinn.* Wir unternehmen nichts mehr und hängen durch. Alles geht schief, und wir werden immer frustrierter, fauler und lassen uns gehen. Haben an nichts mehr Spaß und sitzen vielleicht nur noch doof vor der

Glotze. Zanken mit der Familie oder dem Partner und nerven andere, weil wir unausstehlich geworden sind.

Im Hinterkopf weiß man in dieser Situation ganz genau, dass man eine ganz faule Socke und ein stinkfauler Hund ist. Wir sind alle Hundebesitzer. Wir haben alle einen inneren Schweinehund, den wir den ganzen Tag verhätscheln und streicheln. Kein Wunder, dass er immer größer und fetter wird.

Mensch, raus aus der Nummer, raus aus Komfortzone! Raus aus dem Bett und ran ans Geschehen! Wo war noch mal diese Hunderttausend-Euro-Idee? Jeder von uns hat auf seinem Gebiet die Hunderttausend-Euro-Idee. Manchmal kommt sie beim Autofahren. Manche Firmenbosse steuern ihr ganzes Imperium aus dem Auto – denn wenn sie im Auto sitzen, sind sie entspannt. Jetzt laufen beide Gehirnhälften synchron.

Ein kleiner Tipp am Rande: Frage dich jetzt als Erstes, woran es bei dir fehlt. Du wirst erst etwas ändern und eine Entscheidung treffen, wenn du weißt, warum. Und das weißt du erst, wenn etwas fehlt. Also, wo fehlt's bei dir?

- *Fehlt Gesundheit?*
- *Fehlt Urlaub?*
- *Fehlt Liebe?*
- *Fehlt Platz?*
- *Fehlt gute Kommunikation?*
- *Fehlt ein Partner/eine Partnerin?*
- *Fehlt Geld?*
- *Fehlt Sex?*
- *Fehlt Anerkennung?*

- *Fehlt Zärtlichkeit?*
- *Fehlt Mobilität?*
- *Fehlt ein schönes Zuhause,*
  das dir Geborgenheit gibt?

Was fehlt bei dir? Gibt es für alles in deinem Leben ein »bedingungsloses Ja«? Erst, wenn wir wissen, was fehlt, kommen wir ins Handeln.

Verlasse dich immer auf dich selbst, deine Gefühle und deine Instinkte. Sie lassen dich nie allein. Du ziehst nach dem Gesetz der Resonanz immer die richtigen Leute und Situationen an. Du bist immer zur richtigen Zeit am richtigen Ort. Das Gesetz des Sogs gilt überall. Magnetismus heißt das Zauberwort.

Erzwinge nichts. Wenn die Zeit nicht reif ist, kann es nicht kommen. Ist die Zeit aber reif für eine Sache, schlägt die Gunst der Stunde. Und dann machst du den Sack zu. Ich bin jedes Mal wieder verblüfft, wie hervorragend das Gesetz der Anziehung funktioniert: Gleiches zieht Gleiches an!

Überaus praktisch: Hörbücher und Smartphones

Ich fahre zu fast allen meinen Auftritten in Deutschland mit dem Auto. Die Veranstaltungsorte sind schon mal 700 Kilometer oder auch mehr entfernt. Aber das ist für mich keine verlorene Zeit, denn dann höre ich Hörbücher. Kaum Nachrichten, wenig Musik – zu allen Themen, die mich gerade beschäftigen, kaufe ich mir die passenden Hörbücher. Ich schaffe unterwegs sehr viel

Literatur, die sich während des Hörens in meiner rechten Hirnhälfte abspeichert, und so bilde ich mich in relativ kurzer Zeit enorm weiter. Wer jeden Tag nur 30 Minuten ein Hörbuch hört, kommt im Jahr auf 180 Stunden Weiterbildung! Ein enormer Mehrwert für wenig Geld.

»Wilde, woher wissen Sie das alles?«, werde ich immer öfter gefragt. »Sie haben auch auf alles eine Antwort.«

Ich beschäftige mich seit über 30 Jahren mit Themen, die meine Tätigkeit als Speaker und Coach unterstützen. Ich lerne von den Besten der Besten. Ich bin so gerne auf der Ebene der Schöpfung! Und wenn mir unterwegs eine gute Idee kommt, rufe ich im Büro an und sage: »Mir fällt da gerade was Tolles ein, schreibt mal mit, liebe Mädels.«

Du hattest ganz sicher schon die Hunderttausend-Euro-Idee, und du hast gedacht: *Na ja, das fällt mir schon wieder ein.* Aber es fällt dir eben *nicht* wieder ein!

Ein Smartphone ist eine Eier legende Wollmilchsau: Diktiergerät, Notizzettel, Fotoapparat, Videokamera, Internet, Audio- und Kommunikationszentrale in die ganze Welt. Also die Air Force One in der Hosentasche. Was sollte uns also verloren gehen, solange der Akku voll ist? (Das Problem ist nur meine verdammte Faulheit, das Smartphone richtig zu nutzen.)

Nicht nachlassen. Versuch und Irrtum. Probleme, wo? Gib her, wird abgearbeitet. Ich krieg das hin. Wenn's schiefgeht? Na und? Und nun jammere nicht rum, weil nicht gleich alles so klappt, wie du willst. Einfach weitermachen. Das passt schon.

Nicht immer, wenn man mutig ist, erreicht man auch seine Ziele. Manchmal fällt man richtig auf die Fresse.

Wenn ich Risiken und Gefahren nicht kenne oder ausblende, bin ich entweder zu dumm oder zu übermütig. Es gibt also falschen Mut und richtigen Mut. Richtiger Mut bedarf der Einsicht, dass man nicht alles kann, was man will. Wenn der Graben, über den man springen will, zu groß ist, fällt man rein. Dann muss man erst einmal seine Sprungmuskulatur trainieren – oder sich einen anderen Graben suchen.

Menschen können auch noch im hohen Alter eine neue Sprache erlernen. Genauso kannst du dir auch positive Gefühlsmuster wie Selbstvertrauen, Lebensfreude, Zuversicht oder eine positive Grundstimmung aneignen. Natürlich nicht in einem Schritt, sondern in langsamer, geduldiger Arbeit. Denn dein Selbstvertrauen und dein Lebensmut haben über Jahre viel zu lange Schaden genommen. Deshalb braucht es seine Zeit, sich selbst wieder in alter Größe aufzubauen.

Wovor hast du Angst?

Als ich im Februar 2015 nach einem Langstreckenflug ausgeschlafen in München II ankam, freute ich mich sehr: Eine riesige Menschenschlange staute sich vor der deutschen Passkontrolle. Da entdeckte mein wachsames »Gefechtsauge« *EasyPASS*. Neugierig ging ich umgehend dorthin, um es einmal auszuprobieren.

Nach nicht einmal 30 Sekunden war ich durch die Passkontrolle hindurch. Der mich beobachtende Beamte und ich lächelten und nickten uns kurz zu, und ich konnte unbehelligt weiter durch zum Kofferband gehen.

Was mir jedoch dabei auffiel: Kaum einer tat es mir nach. Aber warum nicht? Alle anderen Ankömmlinge blieben, wie sie es gewohnt waren, brav in der langen Schlange zur normalen Passkontrolle stehen und glotzten nur skeptisch zu denen rüber, die sich an die Automaten trauten. Die Angst vor *Neuem*? Die Menschen stellen sich ewig an, warten und sind genervt. In Bangkok hatte vor ich zwei Wochen zuvor sage und schreibe 90 Minuten nur vor der »Emigration« warten müssen, hier in München kaum mehr als eine Minute.

Was ist überhaupt *EasyPASS*? Fluggäste passieren dabei einen Automaten, der einfach zu bedienen ist. Dennoch verunsichert das Gerät viele, die es zum ersten Mal benutzen. Wer durch die gläserne Schranke will, muss zunächst seinen Pass auf ein Lesegerät legen, der den Namen, die Staatsangehörigkeit und weitere Daten ausliest. Die Daten werden nach Angaben der Bundespolizei angeblich nicht gespeichert. Was mir übrigens völlig wurscht ist.

Ist alles korrekt, öffnet sich die Schranke. Dahinter steht eine Kamera, die abgleicht, ob der Passagier in der Schranke auch wirklich die Person auf dem Ausweis ist. Gibt das System grünes Licht, öffnet sich die zweite Schranke, und man hat die Passkontrolle hinter sich. Ich fand es eine tolle Angelegenheit, und ich habe auch keine Probleme damit, da ich gerne weiterhin in Ruhe reisen will.

An manchen Flughäfen empfinde ich die Sicherheitskontrolle als viel zu lasch. Meinetwegen könnte alles noch viel strenger kontrolliert werden. Ich hätte damit kein Problem. Ich möchte nämlich gut behütet und gesund am Reiseziel ankommen und auch wieder zurückkehren. Ich lasse mich auch nackt scannen und zeige gern alle Inhalte meiner Tasche, die ich mit an Bord nehme. Lege meinen Gürtel und meine geile Uhr ab, präsentiere meinen Laptop, völlig ohne zu murren. Das Sicherheitspersonal macht das alles schließlich zu meiner eigenen Sicherheit. Ist man bei Antritt eines Fluges gut vorbereitet, ist das ohnehin schnell erledigt. Vielreisende werden *EasyPASS* in Zukunft sehr zu schätzen wissen.

In Miami funktioniert das mit ESTA ebenfalls ziemlich reibungslos. Fortschritt lässt sich eben nicht aufhalten. Außerdem »streikt« die »Maschine« nicht, was ein Vorteil für alle ist. Wer das alles nicht will, kein Problem, der bleibt halt mit seinem Arsch zu Hause und regt sich weiter über seine Datenspeicherung auf. Und kann dann gleich sein Handy und seine EC-Karte auf dem Recycling-Hof vernichten.

Die Angst zu scheitern

Eigentlich weißt du im Prinzip, wie wichtig Ziele für deinen Lebenserfolg sind. Aber du traust dich nicht, deine Ziele zu formulieren, weil du Angst hast zu scheitern?

Der Schauspieler Axel Prahl, der den Kommissar Thiel im Münsteraner »Tatort« spielt, wurde in einem Interview gefragt: »Haben Sie keine Angst zu scheitern?« Seine Antwort: »Ohne die Angst zu scheitern, würde einem das nötige Adrenalin fehlen. Die große Kunst besteht darin, sich trotz dieses aufflammenden Angstzustands frei zu machen und Spaß zu haben.«

Du kannst also aufatmen: Mit der Angst vor dem Scheitern bist du nicht allein. Im Laufe der Jahre haben ich Tausende von Menschen kennengelernt, die zwar wissen, wie wichtig Ziele sind, sich aber scheuen, diese Erkenntnis einzusetzen. Dabei ist dieses Wissen sogar schmerzhaft, wenn man es nicht anwendet. Wenn nach drei Wochen Regen draußen endlich die Sonne scheint und du aus Angst im Keller hocken bleibst, tut das weh. Nicht nur, weil du dir vorstellst, was dir alles entgeht, wenn du keine Ziele formulierst und/oder die gefundenen Ziele nicht umsetzt.

Es bürdet dir auch eine Verantwortung auf, der du dich moralisch womöglich nicht gewachsen fühlst: Du bist selbst schuld, weil du weißt, dass du etwas tun müsstest, und es dennoch lässt.

Es gibt keine Angst, die vom Willen unabhängig ist. Eine Angst, die du nicht haben willst, kannst du zwar nicht auslöschen, aber sehr wohl eindämmen und in die Schranken weisen. Das ist deine freie Entscheidung, keine Angst kann dir das verbieten.

Vielleicht ist die Angst am Anfang noch ganz klein. Indem du sie mit entsprechenden Gedanken und Vorstellungen fütterst, statt etwas dagegen zu unternehmen, lässt du zu, dass es dir immer schlechter geht. Ich bin kein Psychiater oder Therapeut, ich sage dir nur: Du kannst etwas tun, damit die Angst kleiner wird. Oder eben größer.

Hast du ein bedingungsloses Ja zur Angst? Dann ist dieser Text das Falsche für dich, du hast dich im Buch geirrt. Wende dich am besten an einen Versicherungsvertreter oder an eine Apotheke.

Angst ist immer ein Zeichen, dass du nicht bereit bist, dich selbst so zu nehmen, wie du nun mal bist. Du willst ein anderer, eine andere sein und spürst schmerzhaft den Unterschied zwischen dem, was ist, und dem, was sein sollte. Und die Angst hindert dich daran, die Lücke dazwischen zu füllen.

Wie man der Angst begegnen kann:

- *Als Erstes kannst du der Angst die Macht über dein Leben absprechen und dich auf die Spur deiner Wünsche begeben. Und wenn es die Briefmarkensammlung oder die Motorradbastelei ist, na und? Das wäre doch schon mal ein Anfang.*
- *Vielleicht hilft auch die Liebe zu deinem Partner. Willst du ihn oder sie gewinnen oder verlieren oder die Angst? Die Entscheidung liegt ganz bei dir.*

- *Frage dich immer wieder: Wer ist hier stärker –*
  ich oder meine Angst? Hat das, was sich bei mir
  eingenistet hat, Macht über mich, den Wirt?
  Lasse ich zu, dass meine Untermieter von mir
  Miete kassieren?

Erinnere dich daran, dass du nicht mit Ängsten geboren wurdest und dass es eine Zeit gab, in der die Ängste entstanden sind. Wir wissen, dass Ängste muskuläre Verspannungen bewirken. Indem ich einen Körperteil unter Spannung setze, kann ich verhindern, dass ich ihn spüre. Das ist ein Schutzreflex und wirkt wie ein Panzer. Wenn wir in der Kindheit viele Situationen erlebt haben, in denen wir uns durch einen Muskel schützen mussten, wird der Panzer zu einem Teil unserer selbst, den wir gar nicht mehr bewusst wahrnehmen. Er gehört einfach zu uns, wir sehen und spüren ihn nicht mehr. Erst durch unsere lieben Mitmenschen erfahren wir etwas von seiner Existenz ...

Der Weg, sich selbst in seiner Angst zu begegnen, ist nicht immer angenehm. Und nicht selten treffen wir gerade in dem Moment, wo wir bereit sind, die eigene Angst loszulassen, auf Menschen, die genau das verhindern wollen – weil die eine überwundene Angst eine weitere dazu bringen könnte, sich ebenfalls zu verflüchtigen. Und genau davor haben diese Menschen Angst.

Für solche Situationen habe ich einen kleinen Tipp:

Erzähle deine großen Pläne nur Menschen,
die entweder auch weitgesteckte Ziele haben oder
von denen du weißt, dass sie dich nicht verurteilen
werden.

Jeder kleine Baumsame mit dem Potenzial eines Urwald-riesen braucht schließlich am Anfang ein bisschen schüt-zende Muttererde, und nichts lässt ihn schneller verkümmern, als wenn er zu früh ans Licht kommt.

Zum Schluss noch zwei Tipps, die konkret helfen, wenn einen die Angst überfällt:

Lass deiner Stimme freien Lauf! Es muss ja nicht gleich Schreien oder Brüllen sein – wie wär's mal mit Singen? Die Neurobiologen haben herausgefunden, dass das Gehirn beim freien Singen nicht fähig ist, Angstgefühle zu aktivieren. Deshalb singen Menschen schon seit Jahr-hunderten, wenn sie mal runter in den Keller müssen.

Manchmal hilft auch ein Bad in heißem Wasser. Denn die Angst – das Wort bedeutet ursprünglich »Enge« –, führt zu einer Verengung der Zellen. Das heiße Wasser zwingt diese, sich auszudehnen. Probiere es aus: Angst zu haben, geht in der heißen Wanne gar nicht gut!

Druck und Angst im Sport

Das Fußball-WM-Finale am 13. Juli 2014 in Brasilien zwischen Deutschland und Argentinien haben weltweit Milliarden Menschen verfolgt. Für die Protagonisten, die Spieler, ist das ein Hochgenuss. Eigentlich. Denn ein sol-ches Ereignis erzeugt auch Druck, aus dem leicht die Angst entstehen kann, den ganz großen Wurf zu verfeh-len. Die Angst, im entscheidenden Moment zu versagen. Gerade aus Sicht der Psychologie und Motivationsfor-schung ergeben sich vor diesem Hintergrund interessante

Fragestellungen. Angst blockiert, weil ich einem Fluchtgedanken nachgehe. Angst bereitet den Körper auf eine »Kampf-oder-Flucht-Reaktion« vor. Im Fußballstadion vor ca. 70000 Menschen haben Profis gelernt, mit dieser Situation umzugehen. Titan Oliver Kahn liebte genau diese Atmosphäre. Es war für ihn geradezu eine Sucht, in ein solches Energiefeld einzutauchen und diese Energie für sich zu nutzen. Was für ein geiles Gefühl muss es für einen Spieler sein, in dieses Estádio do Maracanã in Rio de Janeiro einzulaufen und als Akteur dabei sein zu dürfen!

Doch Angst kann im Sport auch hemmen. Das konnte man bei dem Spiel der Brasilianer gegen die deutsche Mannschaft gut beobachten:

Ein schnelles Tor lähmt für einen kurzen Moment die Brasilianer, schockt sie, weil sie damit so früh nicht gerechnet haben. Diesen Moment nutzen die Deutschen aus, setzen nach, und wenig später fällt das zweite Tor. Jetzt fängt es im Gehirn der Brasilianer an zu arbeiten. Die Spieler denken: Wir müssen drei Tore schießen, um zu gewinnen.

Es rotiert im Kopf, und du fängst dir wie ein Boxer die nächste Schelle. Der Gegner spürt deine Angst und setzt unaufhörlich nach. Und nun nimmt das Drama seinen Lauf. Das hätte übrigens auch genau umgekehrt passieren können, weil ein Sportler in Angst alles vergisst, was er gelernt hat. Er drischt einfach drauflos. Die Energie der Zuschauer besorgt den Rest. Doch Angst kann man mit Motivation erfolgreich bekämpfen.

An dieser Stelle ist der Trainer gefragt. Er muss schnell beruhigend auf seine Spieler einwirken, wie ein Arzt. Die

Fehler im Spiel überblicken und Stärke signalisieren. Da er allein ist, hilft nun die Ersatzbank mit und lenkt ihrerseits ihre aufgeladene Energie auf die eigene Mannschaft. Der Funke muss in diesem Moment überspringen, dann kehrt das Erlernte in die Gehirne der Spieler zurück. Ein einziger Treffer kann jetzt das ganze Spiel in eine andere Richtung kippen lassen und entscheiden. Es ist die Gunst des Augenblicks und natürlich Glück. Ob man es jetzt glaubt oder nicht: Glück spielt im Fußball eine tragende Rolle.

Latte, Pfosten, Fehlentscheidungen der Schiedsrichter – all das demoralisiert und schon schleicht sich wieder der Gedanke ein: Hat doch alles keinen Sinn! Angst darf man aber gar nicht erst aufkommen und sich von ihr überfluten lassen.

Haben Spieler frühzeitig gelernt, genau diese Angst auszublenden, und feuern sich immer wieder gegenseitig an, kommt das Glück des Tüchtigen zum Tragen. Mehr Spielzüge und Pässe gelingen. Das Gesetz des Gelingens ist wieder voll da und hilft mit.

Die Amerikaner beherrschen das in Vollendung, da sie von klein auf gelernt haben, dass es ein Verlieren gar nicht gibt. Und wenn sie mit fünf Toren hinten liegen, fighten sie ununterbrochen weiter. Eine ganz andere Mentalität, als die, die wir zum Beispiel bei südamerikanischen Mannschaften finden. US-Boys hören erst auf zu kämpfen, wenn der Schiedsrichter abpfeift. Der Grundstein dazu wurde schon in der Kindheit gelegt und in der Schule sowie beim Militär immer wieder neu trainiert. Die Symbiose aus Motivation und Gründlichkeit mit dem deutschen Trainergespann, Klinsmann/Vogts brachte zwar für die US-Boys keinen Titel, hat aber die Basis dafür geschaffen, im Turnier weit zu kommen und eine ganze Nation, ein ganzes Land für eine relativ neue Sportart zu begeistern. Dieser Hype hilft für die Zukunft und schlägt Wurzeln. Da hat sich der gebürtige Deutsche Jürgen Klinsmann schon jetzt mit dieser Geisteshaltung ein Denkmal in den USA gesetzt, weil er der Erste war, der das so konsequent eingeführt und durchgezogen hat. Nach dem Turnier ist vor dem Turnier, lautet hier die Maxime. Wir sind grundsätzlich die Besten.

Diese wertvollen Erfahrungen aus dem Sport sollten wir uns zunutze machen, denn das ist die richtige Antwort auf Ängstlichkeit.

Wachsen tut weh

Die Angst vor Veränderung nimmt ab mit der Bereitschaft, Schmerz als normalen Bestandteil des Lebens zu akzeptieren. Fragen wir uns: *Will ich lieber den Schmerz aushalten, den ich schon habe, weil ich mich nicht verändere und alles beim Alten belasse, oder bin ich bereit für neue Schmerzen, an deren Ende dann ein neues Glück wartet?*

>»Schmerz ist der Kompass zu den Inseln der Glückseligen.« (Prentice Mulford)

Wenn du dich immer vor negativen Erfahrungen zu schützen versuchst, bleiben dir auch tiefe positive Gefühle verschlossen. Der Versuch, schmerzfrei zu bleiben, wird durch die Abwesenheit *aller* Gefühle erkauft.

Du fühlst plötzlich gar nichts mehr. Statt zu lieben und zu hassen, bist du nur noch stumpf und gleichgültig. Ist das eine gute Alternative?

Junge Hasen, alte Hasen

Weit verbreitet ist zurzeit die Ansicht, wir wären von unseren Genen vorprogrammiert. Wer Alkoholiker ist und es unter einer Flasche Wodka am Abend nicht macht, der hat eben eine genetische Fehlprogrammierung. Dafür kann keiner was, oder? So einer muss dann eben weitertrinken bis zum Umfallen.

Bei näherer Betrachtung lässt sich feststellen: An dieser Hypothese ist nichts dran. Das mit großem Getöse von Craig Venter angeschobene »Human Genome Project« hat sich als Schuss in den Ofen erwiesen. Das menschliche Genom enthält nicht mehr Gene als das der Würmer, und 99,5 Prozent unserer Gene sind identisch mit denen der Schimpansen. Überdies hat sich an unseren Genen seit den letzten hunderttausend Jahren nichts verändert. Die Gene können es also nicht gewesen sein, die uns Romane und Opern, Autobahnen und Computer und den ganzen Rest der Zivilisation beschert haben. Waren es vielleicht doch der freie Wille und unsere Tendenz zur Selbstentfaltung?

Sobald eine Forschungsrichtung verkündet, der Mensch wäre nicht selbst verantwortlich ist, dann nimm dich vor ihr in Acht! Wenn jemand deine Freiheit beschneiden will, erzählt er dir, du wärst gar nicht frei. Nicht vergessen: Bei solchen Vorstellungen geht es immer um fremde Interessen. Wäre ja auch noch schöner, wenn jeder das macht, was er will! Wo kämen wir da hin? Es liegt alles am Gen. »Essen-Gen, Fremd-Gen, Fort-Gen, Nichtnachhause-Gen«. So ein Blödsinn, dieses »Blöd-Gen«.

Ein Quäntchen Gier muss sein

Es gibt tatsächlich Menschen, denen ihr Reichtum eine Last ist. Es wäre ja schrecklich, wenn wir mit allem gleich zufrieden wären, nur weil wir es mal erreicht haben. Dann würden wir uns ja nie weiterentwickeln. Das wäre so, als würden erfolgreiche Leute sagen: »Wieso, ich hab doch schon mal tausend Euro verdient, warum soll ich noch mal das Gleiche tun?« Stattdessen legen sie sich ins Zeug und verdienen tausend mal tausend Euro – und stecken sich dann eben neue Ziele!

Wenn nun aber einer oder eine wie du, die noch davon träumen, diese erfolgreichen Menschen zum Vorwand nehmen, um sich selbst gar nicht erst auf die Socken zu machen – na dann prost Mahlzeit! So wird das nie was mit der Selbstveränderung. Da drehst du dich im Kreis, gibst Gas und trittst gleichzeitig auf die Bremse.

Das Erste, worum wir uns kümmern, ist das, was uns ernährt. Richtig, der Job. Der soll uns ernähren, und zwar gut. Geld verdienen, und zwar viel Geld. Wie oft gibt es Zank und Streit nur ums Geld! Beziehungen und Familien leiden darunter, wenn Geldmangel herrscht. Es ist der Anfang vom Ende einer Beziehung, wenn am Ende des Geldes noch ganz viel Monat übrig ist. Frust und Ärger wachsen, weil kein oder zu wenig Geld da ist und jeder Euro achtmal umgedreht werden muss. Bedürfnisse können schlecht oder zu wenig abgedeckt werden. Das bedeutet quengelnde Kinder und nörgelnde Partner. Und schon leidet alles.

Wenn wir dagegen genügend Mittel zur Verfügung haben, findet sich vieles leichter. Wir ärgern uns weniger über Kleinigkeiten, sehen über vieles hinweg, und unser Selbstwertgefühl steigt enorm. Wir haben ein wenig Ruhe auf dem Schiff mit dem Namen Sehnsucht.

Doch dann verfallen wir oft in das andere Extrem: die maßlose Gier. Gier macht blind, und man weiß nicht, wann man aufhören soll. Wir kriegen einfach den Hals nicht voll – wieso wundern wir uns dann über eine Bankenkrise? Sind wir nicht alle irgendwie mit daran schuld? Gier frisst Hirn. Wir können den Arsch nicht voll genug bekommen und wollen am großen Geld mit verdienen. Aber wir sind nicht bereit, auch etwas dafür zu tun. Kann das funktionieren?

Ein Quäntchen Gier ist wie Dünger fürs Gehirn.

Sobald das Selbstwertgefühl steigt, wird man frecher. Warum? Weil einem mehr gelingt. Und wenn einem mehr gelingt, will man noch mehr. Das ist sogar okay. Ein gesundes Quäntchen Gier ist nützlich. Wenn du nicht ein kleines bisschen gierig wärst, könntest du nie erfolgreich werden. Die Botenstoffe in deinem Gehirn kämen nicht in Bewegung.

Ein Quäntchen Gier ist wie Dünger fürs Gehirn. Es arbeitet dann genau in die Richtung, die du anpeilst. Auf einmal fügt sich alles zusammen. Erfolg macht glücklich. Erfolg macht sexy. Erfolg zieht magisch den Erfolg an. Privat, gesundheitlich, gesellschaftlich und natürlich beruflich. Und wenn die Gier überhandnimmt, aber der Grenznutzen dahin ist, lässt sie sich durch das Sättigungsgesetz abschalten. Kennst du nicht?

Ich saß mit Steffi auf Deck 12 der AIDA, und wir spielten wie immer nachmittags in der Sonne Backgammon. Ein Seminarteilnehmer kam herangeschlendert und sprach mich an.

»Ich denke gerade über Ihren Vortrag im Theatrium nach«, sagte er.

Wenig später platzierte er sich geschickt neben uns. Wir unterbrachen unser Spiel und widmeten uns unserem Gast.

»Sie sprachen heute von der maßlosen Gier«, begann er die Unterhaltung.

»Stimmt«, erwiderte ich.

Ich war nicht uninteressiert an dem Gespräch. Ich hatte beim Spielen schon mehrmals verloren und war ganz froh über diese Abwechslung. Steffi nahm ihre Zeitung in die Hand und ließ uns beide ein wenig philosophieren.

»Alles endet im Leiden, Frank. Wann hat die Gier keine Chance mehr, einen zu beherrschen? Wann ist der Mensch zufrieden?«, fragte mein Gegenüber und blinzelte in die Sonne. »Die Gier endet«, fuhr er fort, »wenn der Grenznutzen erreicht ist. Wie das ist, wenn der Grenznutzen gegen null geht, kannst du gelegentlich bei Wikipedia nachlesen.«

»Wenn der Grenznutzen gegen null geht?«, wiederholte ich.

»Ja«, sagte er. »Wenn du heute Abend zum Buffet gehst«, er war inzwischen recht zwanglos zum Du übergegangen, »wie viele Steaks kannst du essen?«

»Zwei oder drei vielleicht«, meinte ich.

»Ja, genau. Und dann?«

»Dann hole ich mir noch Reis, diverse Beilagen und ein Bier«, erklärte ich.

»O.k.«, meinte er. »Und wie viele Biere schaffst du zum Abendessen?«

»In der Regel zwei, das langt.« Dann wird es mir zu labberig.

»Siehst du, Frank, und jetzt nähern wir uns dem Differenzial vom Grenznutzen. Es gibt keinen Nutzenzuwachs für dich. Das dritte oder gar vierte Bier schmeckt einfach nicht mehr. Das erste Bier trinkst du noch genüsslich, beim vierten Bier ist das gleiche Bier labberig. Das erste Steak isst du mit Genuss, das dritte lässt du bereits halb liegen. Stell dir vor, ich würde dich zwingen, es aufzuessen, was würde passieren? Es schlägt in Ekel um. Es endet im Leiden. Und so ist es mit allem.«

»Wann ist der Grenznutzen erreicht? Dann hätte Uli Hoeneß ja mit dem Zocken in der Schweiz vorher aufhören müssen«, warf ich ein.

»Wäre besser gewesen«, sagte der kluge Mann. »Der Grenznutzen wird auch durch die Zufriedenheit oder das Glücksgefühl von Menschen bestimmt. Die Zufriedenheit wächst mit steigendem Einkommen, allerdings sinkt der Grenzzuwachs, das heißt, die Zufriedenheit wächst relativ zum steigenden Einkommen mit einer abnehmenden Rate. Demnach ist die Zunahme von 20 000 Euro Jahreseinkommen gegenüber 10 000 Euro deutlich höher als die von 90 000 zu 100 000 oder von 100 zu 200 Millionen oder Abermillionen Euro machen deshalb nur noch unzufriedener, wenn nichts Sinnvolles damit angestellt wird. Das Gehirn sucht sich jetzt als nächste Herausforderung, für den nächsten Kick und die nötige Portion Dopamin eine neue Ersatzbefriedigung. Die könnte zum Beispiel darin bestehen, das Finanzamt oder den Staat zu bescheißen. Auch das endet unbedingt im Leiden, also nicht selten in einer unangenehmen Gefängniszelle.«

»Dann könnte ich diesen Grenznutzen ja auch künstlich herbeiführen«, sagte ich nachdenklich.

»Natürlich kannst du das«, erwiderte er.

Er wusste natürlich nicht, worauf ich hinauswollte. Wir plauderten noch ein wenig, als ihm plötzlich seine Frau einfiel, mit der er zum Kaffeetrinken verabredet war. Er nickte uns freundlich zu, stand auf und schlenderte weiter an die Poolbar.

Den Grenznutzen künstlich herbeiführen, wäre ja die Lösung für viele hausgemachten Probleme. Das Sättigungsgesetz muss einfach mehr genutzt werden.

Meine Folgerungen und Tipps daraus:

1. *Gehe nie hungrig einkaufen.*
2. *Triff keine Entscheidungen, wenn du gereizt bist.*
3. *Date nicht, wenn du erregt bist.*
4. *Ändere deinen Status nicht, wenn du betrunken bist.*

Wichtig kommt von Wicht

Sie wollen, wollen und wollen! Sie machen und sie bekommen. Es zeigt und beweist uns allen, dass es tatsächlich funktioniert. Leider ist den wenigsten Menschen bewusst, was der reine Wille alles schafft.

Nimm nicht alles so wichtig und dich selbst
am besten schon gleich gar nicht!

Viele Leute sind so entsetzlich wichtig. Meistens beobachtet man dieses Verhalten bei kleinen Männern und kleinen Hunden. Die drehen immer an der Uhr und schieben einen Lauten. Vielleicht, um ihre Kleinwüchsigkeit zu kompensieren? Größe hat nichts mit Wuchs zu tun. Große Menschen erkennt man daran, wie sie kleine Menschen behandeln. Beobachten wir das nicht tatsächlich jeden Tag weltweit bei Politikern oder Wirtschaftsgrößen? Lafontaine, Gysi, Sarkozy, Putin, Schröder, Honecker, Mehdorn, Schell, Ecclestone, Napoleon, Berlusconi und viele anderen mehr: Machtbewusstsein, Geltungsbedürfnis und Körpergröße in auffälliger Relation.

Viele kleine Kerle tummeln sich in höheren Sphären. Kleiner Kerl, großes Ego. Alles Fälle für den Kindersitz? Der Zusammenhang zwischen Größe und dem Hang nach Höhe fällt auf. Warum sind es oftmals »Zwerge«, die an die Macht oder ganz nach »oben« gelangen? Weil sie ihre geballte Energie in ihre abartig hohen Ziele packen. Sie wollen etwas darstellen, sie wollen jemand sein. Sie wollen beeindrucken. Also powern sie und blähen sich auf. Ist das jetzt falsch? Keineswegs!

Für das Schicksal, klein zur Welt gekommen und im Wachstum zurückgeblieben zu sein, haben Mediziner und Biologen eine atemberaubend schlichte Erklärung. Es klingt geradezu grotesk, dass alle kleinen großen Männer für ihre geschichtsfähigen Taten nur einen Grund gehabt haben sollen – dass in ihren Babyfläschchen und später in ihren Näpfen, auf ihren Tellern alles etwas zu *klein* war. Was wir gleich nach der Geburt und in den ersten Jahren unserer Kindheit erleben, hat den größten Einfluss auf unser Körperwachstum – und darauf, wie wir später durchs Leben kommen. Groß zu sein gilt als erstrebenswert – »je größer, desto gesünder, desto besser«, lautete die überlieferte Volksregel unserer Vorfahren.

Aber heute wie damals gilt das Naturgesetz: Die Kurzen haben ein höheres Erkrankungsrisiko. Erklären sich jetzt die Bunga-Bunga-Partys? Ich musste das tun, um nicht krank zu werden? Kleiner Wuchs vermasselt Männern auch die Chance, im späteren Leben ordentlich zu verdienen. 2004 bewies der Münchner Historiker Guido Heineck, dass Gehalt und Körpergröße zusammenhängen: Jeder Zentimeter über den durchschnittlichen 1,79 Metern brächte 0,5 Prozent mehr Gehalt. 1980 brachte es obendrein jeder zweite Vorstandsvorsitzende der weltweit 500 größten Firmen auf 1,82 Meter oder mehr.

Schon als Kinder, so glauben Psychologen, sei ihnen instinktiv bewusst, dass sie es im Leben immer etwas schwerer haben werden. Die Wissenschaft hat einen Begriff dafür – den »Napoleon-Effekt«. Sie beschreibt damit den Ehrgeiz, die Ausdauer und die Zielstrebigkeit kleiner Männer, ihr Manko durch Leistungen auszugleichen. Große Männer, so die Theorie, kommen prima durchs Leben dank einer »selbsterfüllenden Prophezeiung«: Alle Welt erwartet von ihnen, durchsetzungsstark und leistungsfähig zu sein – was sie selber genauso empfinden. In der Ehe sind kleine Männer dagegen ebenso im Vorteil wie kleine Frauen: Ehemänner von kleinem Wuchs sind zwar eifersüchtiger, aber auch treuer – so das Ergebnis einer Studie der Syracuse University in New York. Für die notorische Eifersucht kleiner Männer gibt es tatsächlich ein Motiv: Für die meisten Frauen muss ein Mann mindestens 1,80 Meter groß sein.

Kleine Männer bekommen meistens, was sie wollen. Also sag nicht, dass etwas nicht geht.

Unsere magische Bank

Stell dir einmal folgendes Spiel vor: Jeden Morgen stellt dir eine Bank 86 400 Euro auf deinem privaten Konto zur Verfügung. Doch an diesen Geldsegen sind Bedingungen geknüpft, so wie jedes Spiel eben bestimmte Regeln hat.

Die erste Regel lautet: Alles, was du im Laufe des Tages nicht ausgegeben hast, wird dir wieder weggenommen. Du kannst das Geld nicht einfach auf ein anderes Konto überweisen. Du kannst es nur ausgeben. Aber jeden Morgen, wenn du aufwachst, eröffnet dir die Bank ein neues Konto mit neuen 86 400 Euro für den kommenden Tag.

Zweite Regel: Die Bank kann das Spiel ohne Vorwarnung beenden, zu jeder Zeit kann sie sagen: »Es ist vorbei, das Spiel ist aus!« Sie kann das Konto schließen, und du bekommst kein neues Konto mehr.

Was würdest *du* persönlich tun? Du würdest dir alles kaufen, was du möchtest? Nicht nur für dich selbst, auch für alle Menschen, die du liebst, vielleicht sogar für Menschen, die du nicht kennst, da du das ja nie alles nur für dich allein ausgeben könntest? Du würdest versuchen, jeden Cent auszugeben und ihn zu nutzen?

In gewissem Sinn ist dieses Spiel Realität. Jeder von uns hat eine solche magische Bank. Wir sehen sie nur nicht. Unsere magische Bank ist die Zeit!

Jeden Morgen, wenn wir aufwachen, bekommen wir 86 400 Sekunden Leben für den Tag geschenkt, und wenn wir am Abend einschlafen, wird uns die übrige Zeit nicht gutgeschrieben. Was wir an diesem Tag nicht gelebt haben, ist für immer verloren! Gestern ist vergangen. Am nächsten Morgen füllt sich das Konto zwar neu, aber die Bank kann es jederzeit auflösen, ohne Vorwarnung.

Was fängst du also an mit deinen täglichen 86400 Sekunden? Sind sie nicht viel mehr wert als die gleiche Menge in Euro? Also: Pass gut auf dich auf!

Genieße jede Sekunde deines Lebens, denn die Zeit rennt dir viel schneller davon, als du glaubst!
Das Leben bringt uns jeden Tag ein bisschen mehr um. Nutze deshalb deine Zeit klug.

Die Zeit nach hinten wird kürzer

Mir rennt die Zeit davon, oder ist mir nur langweilig? Wieder ein Jahr vorbei, mir läuft die Zeit davon. Jetzt wird's aber höchste Zeit. Diese Aussagen kennen wir alle.

Daran sind wir selbst schuld. Die erste Woche im Urlaub zieht sich wie ein Gummiband, die zweite Woche rast an einem vorbei und der Urlaub, daheim beim Wäschewaschen, ist schnell dahin. Während sich früher ein Jahr noch wie ein Jahr anfühlte, fragt Franz Beckenbauer bald: »Ist denn schon wieder Weihnachten?«

Die vergehende Zeit dehnt sich, wenn wir Ereignissen entgegenfiebern. Für ein Kind sind die Wochen vor Weihnachten endlos lang. Ab Heiligabend rennt die Zeit unaufhaltsam Richtung Silvester. Ab September schmelzen die ersten Schokoladen-Weihnachtsmänner in den Regalen der Supermärkte.

Steht die Wahrnehmung in Relation zum Alter? Rentner haben das Gefühl, die Uhren tickten plötzlich wieder langsamer, wenn sie in den Ruhestand gehen und die Welt beispielsweise in ihrem Reisemobil neu entdecken.

Das Gedächtnis ist entscheidend für die Zeitwahrnehmung. An je mehr Ereignisse wir uns erinnern, desto länger kommt uns eine Zeitspanne vor, und man hat etwas zu erzählen. »Wer viel erlebt, erzählt viel. Wer wenig erlebt, erzählt wenig.«

Auf den AIDA-Schiffen, auf welchen ich seit April 1999 als Keynote Speaker tätig bin, erlebe ich an Bord immer wieder folgendes Phänomen: Meine Einsätze dauern in der Regel zwei bis vier Wochen. Aber sobald die Hälfte der Zeit rum ist, rennt die Zeit.

Am Anfang bewältigt unser Gehirn die oft sehr lange, anstrengende Anreise. Man erkundet das schöne Schiff und erlebt dabei sehr viel. Alles ist neu. Ah und oh, alles toll. Nach ein paar Tagen schleichen sich Gewohnheiten ein. Gäste reservieren frühmorgens an den Seetagen ihre

Liegen. Es geht zum Frühstück. Der geneigte Gast legt sich ab und wartet aufs Mittagessen. Danach wirft man sich abermals hin, macht Bronze, liest ein Buch und wartet bis zum Nachmittag mit Koffein-Augen sehnsüchtig auf Kaffee und Kuchen. Man trottet erneut zu seiner Liege, geht vorher noch zur Bar und läutet geschmeidig mit einem Bier den Abend ein. Irgendwo auf der Welt ist schließlich immer 17.00 Uhr. Duschen, allein, vielleicht zu zweit, ab zum Abendessen. Boutique-Rundgang, Foto-Shop, Theater, eventuell noch Disco und ab in die Kabine Fernsehen. Plötzlich ist die Reise viel zu früh vorbei.

Manche Gäste verlassen kaum das Schiff oder gehen sogar nie von Bord. Muss das so sein? NEIN! Was im Laufe eines Urlaubs passiert, lässt sich nämlich ähnlich dämlich auf das Leben daheim übertragen.

Die vielen ersten Male, die man als junger Mensch erlebt, bleiben stark in Erinnerung. Der erste Kuss, der erste heftige Sex, die erste Zigarette, die erste Wohnung, das erste eigene Auto oder Gehalt. Alles hat große Bedeutung. Ist man dann in einer längeren Beziehung, geht jeden Tag zur Arbeit, macht womöglich immer den gleichen Urlaub, vielleicht am gleichen Ort, zur gleichen Zeit, verfliegt die Zeit im Nu.

Warum? Weil das Gehirn, deine Festplatte, sich furchtbar langweilt. Es passiert nichts Aufregendes mehr. Alles ödet, nervt und kotzt einen an. Mit zunehmendem Alter werden wir Menschen fauler und sind, wie aus der Entwicklungsneurobiologie bekannt ist, weniger offen für Neues. Doch je mehr Neues und Emotionales man erlebt, desto mehr prägt sich im Gedächtnis ein und desto stärker entschleunigt sich das Leben rückblickend. Das bedeutet: Jeder kann die gefühlte Zeit abbremsen. Der Schlüssel dazu ist, sich wieder für Spannendes zu öffnen und noch einmal »viele erste Male« zu erleben.

Also, Leute, macht Ausflüge, geht auf Entdeckerreise, plant nicht alles, geht allein in fremde Städte und erkundet wie ein Abenteurer neue Länder und Kulturen. Nutzt die Zeit an Bord, im Hotel, den Urlaub für Weiterbildung. Lauscht klugen Vorträgen, und lasst euch, zwischen Tradition und Moderne, Land und Leute erklären. Bleibt nicht nur am selben Strand. Geht in Kneipen, und unterhaltet euch mit den Einheimischen.

Die Stadt, die du bereist, hat sich dir zur Verfügung gestellt. Erobere sie mit deinem Partner oder allein. Es ist »Treibjagd«, sang Udo Jürgens in einem seiner Lieder.

Ziehe wie ein Magnet alles an, was zu dir passt, lass den Augenblick geschehen und beobachte das Treiben. Organisiere nicht alles. Momentum ist das Hier und Jetzt. Das menschliche Gehirn besitzt keinen objektiven Zeitmesser. Daher schätzen wir die Zeit, die vergeht, sehr unterschiedlich ein.

Ganz anders sieht die Sache im Nachhinein aus – also wenn man auf Erlebtes zurückblickt. Dann greift das sogenannte Zeitparadoxon: Ereignisarme Zeiten, die wir seinerzeit als lang erlebt haben, schnurren in der Erinnerung zusammen, rasant vergangene wichtige Erlebnisse nehmen gedanklich plötzlich viel mehr Raum ein. Und sobald es um Jahre und Jahrzehnte geht, haben ältere Menschen den Eindruck, dass die Zeit immer schneller verflogen ist. Denn wichtig ist nicht die pure Zahl der Ereignisse – schließlich erlebt auch ein Erwachsener noch eine Menge –, sondern ihre emotionale Bewertung. Emotionsgeladene Ereignisse sind in der Jugend meistens dichter gesät als im Alter. Das gilt für positiv wie für negativ empfundene Erlebnisse: Auch Zeiten, die von Krisen und Depression gekennzeichnet sind, kommen uns im Nachhinein länger vor. Der 11. September ist jetzt 15 Jahre her. Prinzessin Diana ist bereits 19 Jahre tot. Den Euro haben wir zwölf Jahre, und die Mauer ist sogar schon 25 Jahre weg. Zeit zu verlangsamen ist möglich.

Frischer Wind im Kopf

Glaubst du, dass die Welt es darauf angelegt hat, uns in unserer Kreativität zu fördern? Die Erfahrung lehrt ein klares Nein. Wer kreativ sein oder bleiben will, muss dafür kämpfen. Auch das hat seine Vorteile, denn Kreativität, die sich gegen Widerstände entfaltet, wird dadurch als Kraft eben auch stärker.

Normalerweise wird das kindliche Gehirn »eingeritten« für die Anforderungen, die es später in der Gesellschaft erfüllen soll. Dazu bedarf es einer Reihe von Kontrollmechanismen, die den Umgang mit Gefühlen betreffen. Denn wo kämen wir hin, wenn wir alle uns von Gefühlen treiben ließen? Vielleicht in einer anderen Welt, aber nicht in dieser, die auf zielgerichtetem Handeln beruht. Zielgerichtet handeln kann ich aber nur, wenn ich meine Gefühle unter Kontrolle habe.

Etwa ab dem vierten Lebensjahr lernen Kinder von Erwachsenen Strategien wie das Verstecken von Gefühlen oder ihren übertriebenen Ausdruck durch Mimik und Gesten. Das Kind empfindet seine Gefühle zunehmend als etwas Peinliches. Bei jungen Mädchen ist das besonders zu beobachten. Sie schämen sich permanent. Dieser Lernvorgang geht mit muskulären Anspannungen und der Herausbildung neuer neuronaler Schaltkreise einher. Diese werden immer dann aktiviert, wenn ein Ereignis in der Gegenwart die Gefühle aus der Vergangenheit berührt. Durch Anspannung kann man dafür sorgen, bestimmte Stellen seines Körpers nicht mehr zu spüren, die mit negativen Erlebnissen verbunden sind. Es bildet sich eine Art Schutzpanzer, der bei jedem

Menschen individuell modelliert ist. Je häufiger man diese Anspannungen aktiviert, desto tiefer graben sie sich in den Körper ein, bestimmen die körperliche Haltung, Mimik, Gestik bis hin zu Krankheiten.

Selbst wenn die Menschen, die du mit den negativen Ereignissen verbindest, längst nicht mehr am Leben sind, hältst du noch an deinem Schutzpanzer fest! In der Kindheit war er dir nützlich, als Erwachsener behindert er dich, das Leben zu genießen und erfolgreich zu sein. Damals blieb dir nichts anderes übrig, aber als Erwachsener kannst du dich fragen: *Brauche ich den Panzer noch, oder kann ich ihn abwerfen wie der Schmetterling seine Verpuppung?* Wenn du feststellst, dass das so ist, wenn du die Bereitschaft spürst, ihn abzuwerfen, dann komm ins Handeln und unternimm etwas, was deine chronischen Körperspannungen löst. Natürlich geht das nicht auf Knopfdruck, denn der Panzer wurde langsam über Jahre aufgebaut – also wird er auch langsam über Jahre abgebaut.

»Es ist nie zu spät für eine glückliche Kindheit«

So lautet ein viel zitierter Spruch. Eine glückliche Kindheit – was ist das? Wie glücklich muss ich mich schätzen, nie darüber gejammert zu haben, keine solche gehabt zu haben? Wie auch immer sich meine Kindheit angefühlt hat, als ich klein war, sie hat später zu Resultaten geführt, die sich sehen lassen können.

Oft bildet sich die Vorstellung der »unglücklichen Kindheit« erst viel später heraus, wenn der Mensch schon erwachsen ist und nach Gründen sucht, warum irgendetwas schiefgegangen ist oder immer wieder schiefgeht. Aber wie will ich jemals aus einer »unglücklichen Kindheit« herauskommen, wenn ich nicht bereit bin, auch die Kräfte anzuerkennen, die dieses vermeintliche Unglück in mir geweckt hat? Keiner von uns hat doch nur Schlechtes oder nur Gutes erlebt, wir alle haben eine Mischung davon als Rucksack mitbekommen, und nun kommt es darauf an, das Beste daraus zu machen. Es gibt gar keine glückliche oder unglückliche Kindheit, die von der Bewertung, die wir ihr nachträglich geben, unabhängig ist.

Die frühen Prägungen sind zumindest hirntechnisch nicht das entscheidende Problem. Negative Erfahrungen aus der Kindheit können im späteren Leben jederzeit durch andere, positive Erfahrungen überformt werden. Nur wird die Chance, sich zielgerichtet positive Erfahrungen zu verschaffen, immer geringer, je länger man sich erst einmal als Opfer einer unglücklichen Kindheit gefühlt hat. Und je mehr man sich mit anderen Opfern zusammentut, desto stärker verfestigt sich die Überzeugung: *Nix geht mehr. Alles schon gelaufen.* So entsteht ein allgemeines Desinteresse – an der Außenwelt, aber auch an sich selbst und den eigenen inneren Vorgängen.

Auf Morast ist es schwer, Schlösser zu bauen.

Wenn ich gar nicht mehr weiß, was mit mir los ist, geschweige denn, was mit meiner Frau oder meinem Mann los ist, will ich auch nichts mehr ändern. Besonders gut fühlt sich das nicht an, aber ich weiß wenigstens, woran ich bin. Lieber den gewohnten Schmerz, der

sich bekannt und damit vertraut anfühlt, als eine ungewohnte Herausforderung, die sich aus einer Veränderung
ergibt. Wenn man viele traumatische Erfahrungen in der
Kindheit hatte, dann wird diese Reifenspur tiefer, und
man entwickelt eine Tendenz, diese traumatischen Erfahrungen zu wiederholen. Der Junge, der von seiner Mutter verlassen wurde, wird zum Mann und sucht sich eine
Frau, die ihn verlässt. Das Mädchen, das von seinem
Vater geschlagen wurde, sucht sich als Frau einen prügelnden Mann. Die neuronalen Verschaltungen aus der
frühen Kindheit werden immer selbst wieder zum Aus-
löser ähnlicher Erfahrungen. Auf Morast ist es schwer,
Schlösser zu bauen.

Andererseits lässt sich, auch das ist eine Erkenntnis
der Neurobiologie, in jedem Moment im Leben eine
neue Erfahrung machen. Diese kann die alten Erfahrungen nicht überschreiben, aber sich durch Übung und
Wiederholung soweit neuronal bahnen, dass man sich
nicht mehr zwangläufig auf den alten Reifenspuren im
Gehirn bewegen muss. Meine alten Erfahrungen kann
ich nicht rückgängig machen, wohl aber ihre Bewertung.

Statt zu sagen: »Ich hatte eine unglückliche Kindheit«,
und dann die Defizite deiner Erziehungsberechtigen mit-
samt den dadurch bei dir entstandenen Schäden aufzu-
zählen, könntest du dich auch fragen:

- *Was habe ich Positives mitbekommen?*
- *Welche Potenziale haben sich in mir entfaltet –*
  gerade wegen der Schwierigkeiten?
- *Welche besonderen Wünsche haben sich*
  dadurch ausgeprägt?

Statt deinem Vater oder deiner Mutter ein Leben lang für Versäumnisse oder Untaten zu grollen, kannst du dir vorstellen, dass deine Eltern es nicht besser wussten und selbst keine Möglichkeit hatten, es besser zu machen.

Mein Vater hat immer gesagt: »Augen auf, Finger lang. Frank, du musst auf alles achten und alles mitkriegen. Du musst wissen, wo die Ratten lauern, damit du ihnen bei Gefahr ausweichen kannst. Bei Menschen mit zusammengekniffenen Augen musst du besonders vorsichtig sein.« Das hat mich geprägt, ich habe alles bereitwillig aufgesaugt. – Mein Vater zeigte mir mit 14 schon die Hamburger Reeperbahn von innen, weil er dort selbst gerne hinging. Er nahm mich mit in einschlägige Bordelle und machte mich mit vielem bekannt. Ich durfte zwar noch nicht ran, aber er erklärte mir mädchenmäßig so einiges nach dem Motto: Du darfst am schicken Rad schon mal klingeln, aber noch nicht losfahren. Die schönen Mädchen im Eros-Center oder Palais d'Amour haben mich als Jüngling völlig verrückt gemacht. Mein Gott, waren da Granaten dabei, und alle waren so nett! Meine Synapsen im Gehirn verknoteten sich immer wieder neu.

Mein Frauenbild wurde, glaube ich, auch hier bereits früh geprägt. Welcher Typ Frau erregte mich, welcher nicht? Frauen, die ihre Haare streng nach hinten zum Zopf gebunden hatten oder die hübschen Indianermädchen neben Winnetou faszinierten mich früh. Romy Schneider als Sissi habe ich abgöttisch geliebt. Senta Berger war für mich eine hocherotische Frau und ein Schönheitsideal. Ihre Augen, das Gesicht, ihre Aussprache haben mich in dem legendären Western »Sierra Charriba« total begeistert. Sie spielte als Einundzwanzigjährige die

Mexikanerin Teresa Santiago, die fast nackt in einer freizügigen Badeszene zu sehen war, was seinerzeit für Schlagzeilen sorgte und Filmgeschichte geschrieben hat.

Ist es nun richtig oder falsch, seinem vierzehnjährigen Sohn das alles zu zeigen? Wer kann es besser vermitteln als der Vater? Unsere Familie wohnte damals Hamburg 36 am Großneumarkt.

Wenn Mario und ich unsere Oma im Hamburg-Altona (damals HH 50) besuchen wollten, führte der kürzeste Weg zu Fuß über die Reeperbahn. Geld für den Bus gab's nicht. So butscherten Mario und ich schon in frühester Kindheit über St. Pauli. Wir kannten alle Seitenstraßen. Uns blieb kaum etwas verborgen und wenig fremd. Wuchsen wir ja hier im Kiez auf. Wir hatten auch Klassenkameraden, die »Hamburg 4« wohnten. Die alten Postleitzahlen waren damals einschlägig bekannt. Wenn Mario und mir heutzutage etwas Ordinäres oder Billiges auffällt, schauen wir uns nur an und sagen: »Hamburg 4«, – und jeder weiß Bescheid. Wir hatten vielleicht nicht immer eine glückliche, aber eine sehr aufregende Kindheit. Mit unseren Klapprädern eroberten wir Hamburg-Mitte und lernten schnell ziemlich viel.

Ich glaube, wer eine schwierige und strenge Kindheit erlebt, hat es später im Leben einfacher. Er erhöht permanent seine Resilienz, also seine persönliche Widerstandskraft, und kommt mit vermeintlichen Schwierigkeiten im Leben besser zurecht. Gib deinen Kindern genug, dass sie etwas tun, aber nicht genug, dass sie nichts tun. Die fleißigsten Eltern haben oft die faulsten Kinder.

Heute nehme ich manchmal Jugendliche ins Gebet. Vielleicht dränge ich ihnen meine Meinung über meine

Erfahrungen auf, aber ich weiß, dass sie irgendwann darüber nachdenken werden. Alles, was ich in meinen Büchern oder Artikeln publiziere, habe ich tatsächlich erlebt. Meine Eindrücke, die ich auf meinen vielen Reisen in der ganzen Welt gewonnen habe, bringe ich mit ein. Und nur das hilft dem Leser, glaube ich, wirklich weiter.

Runterkommen

Nicht nur Kindheitserfahrungen hinterlassen Reifenspuren im Gehirn. Wer regelmäßig meditiert, verändert auch sein Gehirn. Im Gegensatz zu den Kindheitserfahrungen sind diese Veränderungen gewollt. Du kannst damit sogar ungewollte Reifenspuren überschreiben.

Der Dalai Lama hat einmal eine Gruppe von Mönchen dazu gebracht, sich in einen Computertomografen zu legen. Dann haben die Hirnforscher am Bildschirm gesehen, wie sich die Gehirne der Mönche von den Gehirnen der Normalsterblichen, die den ganzen Tag vor lauter Stress wie wild durch die Gegend springen, unterscheiden. Dabei hat sich gezeigt: Die Region im Hirn, die uns unsere Körpergrenzen meldet, indem sie Signale von der Hautoberfläche ins Gehirn lenkt, wird durch Meditation gehemmt. Wenn wir meditieren oder auch beten, haben wir subjektiv das Gefühl, nicht mehr so stark von der Außenwelt getrennt zu sein. Dieses kosmische Gefühl, das auch immer wieder von Meditierenden beschrieben wurde, lässt sich heutzutage auf dem Bildschirm sichtbar machen: Ist das nicht großartig?

Wir müssen also nicht mehr nur glauben, dass eine bestimmte Lebenspraxis unser Gehirn formt – wir können es beweisen. Sicherlich ist Meditation nur einer von vielen Wegen, das Gehirn bewusst zu formen. Jeder Gedanke, jede Handlung hinterlässt einen kleinen neuronalen Abdruck, und je häufiger dieser Gedanke ausgeführt wird, desto tiefer wird der Abdruck, desto leichter fließt die Energie entlang der schon bekannten Bahnen.

Die Macht der inneren Bilder

Wenn du begriffen hast, dass dein Unbewusstes Bilder braucht, die du bewusst dort hineinprojizierst, kann das Leben in die Richtung fließen, die für dich gut ist. Diese inneren Bilder sind wie Antennen, die ganz bestimmte Strahlen aus dem großen Rauschen des Universums empfangen. Es ist wie bei einem Radio oder einem Handy. Je nachdem, welchen Sender du einstellst oder welche Nummer du wählst, wirst du verbunden.

Fast alle Menschen können sich an Situationen erinnern, in denen sie sich als Kind glücklich, kraftvoll und beschützt gefühlt haben. Wenn wir diese Situationen wieder in uns wachrufen und uns die Orte oder die Wesen vergegenwärtigen, die zu dieser Situation gehören, kehren auch die alten positiven Gefühle wieder zurück.

Bei den einen ist es ein bestimmter Baum, bei anderen der Gesichtsausdruck eines geliebten Menschen oder eine bestimmte Geste – nimm dir die Zeit und den Raum, um diese verschütteten Bilder wieder hochzuholen und dich noch einmal in das warme Gefühl zu versetzen, das damals da war. Auch wenn die Situation schon Jahrzehnte zurückliegt, kann dieses Gefühl in alter Frische wieder hergestellt werden, denn es ist in unseren Nervenbahnen gespeichert.

Dieses Gefühl gibt dir Mut, denn damals war ja alles prima. Mit dieser Grundstimmung gehst du dann in die nächste kritische Situation, und – das ist klar: Du kommst besser da durch, als wenn du dir vorgestellt hättest, wie es war, als das letzte Mal ein schreckliches Malheur passiert ist.

Neulich habe ich beim Rumsurfen im Internet ein Zitat gefunden: »Unsere Wünsche sind die Vorboten der Fähigkeiten, die in uns liegen.« Hat er das nicht gut gesagt, der alte Goethe?

Doping fürs Gehirn

Wie oft überwältigt uns heute noch ein Sturm der Begeisterung? Einmal pro Tag, einmal pro Woche? Einmal im Monat? In der Regel zwanzig- bis fünfzigmal am Tag gerät ein Kleinkind in Verzückung. Und jedes Mal kommt es dabei im Gehirn zur Aktivierung der emotionalen Zentren. Die dort liegenden Nervenzellen haben lange Fortsätze, die sich bis in alle anderen Bereiche des Gehirns ziehen. Wenn wir uns für etwas begeistern, gehen von diesen Fortsätzen Impulse aus, es bilden sich Verknüpfungen zu den Nachbarzellen, diese werden aktiviert, und es entstehen neue Strukturen im Gehirn.

Das ist der Grund, weshalb wir bei allem, was wir mit Begeisterung tun, so schnell immer besser werden. Aber sich als Heranwachsender oder Erwachsener die Begeisterungsfähigkeit zu bewahren – das schaffen die wenigsten. Viele verlieren ihre kindliche Lebensfreude schon in der Schule, andere kriegen graue Haare durch eine Arbeit, die sie nicht machen wollen oder können.

Damit wir uns für etwas begeistern, muss es wichtig für uns selbst sein! Für ein kleines Kind ist noch fast alles wichtig, was es erlebt, für einen Jugendlichen und erst recht Erwachsenen nimmt das Potenzial zur Begeisterung ständig ab. Je mehr man sich für etwas begeistert, desto leichter kann man sich auch für etwas anderes begeistern. Wer brennt, kann gut zünden. Und wenn man andererseits erst mal auf dem Weg ist, immer mehr Dinge langweilig und uninteressant zu finden, nehmen die langweiligen und uninteressanten Ereignisse rapide zu. Die meisten Menschen ersticken dann in Routine und wundern sich, wenn sie mit dem Gefühl aufwachen: *Das soll's schon gewesen sein?* Habe ich dich jetzt ertappt?

- *Wann hast du dich zuletzt für etwas begeistert?*
- *Wann hast du deinen Resignationspunkt erreicht und aufgegeben?*

Unsere Gesellschaft hat kollektiv die Begeisterungsfähigkeit verloren. Es mangelt ihr an Kreativität, Lebensfreude, Entdeckerlust und Gestaltungskraft, sie dümpelt in eingefahrenen Routineschleifen dahin. Sie hat alles – scheinbar – im Griff und lässt sich sogar von Krisen kaum noch erschüttern. Sie funktioniert noch, aber sie lebt nicht mehr. So funktionalisiert diese begeisterungslos gewordene Gesellschaft erst ihre Erwachsenen und am Ende sogar noch ihre Kinder. Die werden mit Wissen abgefüllt, und es werden ihnen bestimmte Fähigkeiten und Fertigkeiten beigebracht, anstatt in ihnen die Fackel der Begeisterung am eigenen Entdecken und Gestalten zum Lodern zu bringen.

Alles, was Menschen hilft, was sie einlädt, ermutigt und inspiriert, eine neue, andere Erfahrung zu machen als bisher, ist gut für das Hirn und damit gut für die Gemeinschaft. Menschen, denen es gelingt, ihr Gehirn noch einmal auf eine andere als die bisher gewohnte Weise zu benutzen, bekommen ein anderes Gehirn. Menschen, die sich noch einmal mit Begeisterung für etwas öffnen, praktizieren nichts anderes als Selbstdoping für das eigene Gehirn. Ist die Lösung da, beginnt die Quelle der Begeisterung zu sprudeln, und das ist Dünger für unser Hirn.

Wahre Größe wartet nicht auf die passenden Umstände, um sich zu entfalten. Sie schafft sich diese Umstände selbst. Wenn du erst einmal die Erfahrung gemacht hast, wie Begeisterung deine Erfolgschancen steigert, wirst du nicht zögern, unbekannte Türen aufzustoßen, hinter denen etwas Vielversprechendes wartet. Die Schauspielerin Juliette Binoche hat in einem Interview gesagt, viele Kolleginnen, die sie persönlich kenne, würden die meiste Zeit ihres Lebens damit verbringen, auf ein Engagement zu warten. Sie selbst dagegen lehne Engagements ab, die ihr nicht gefielen, und ginge gezielt auf die Regisseure zu, von denen sie sich interessante Rollen verspreche. Und der 2014 mit 86 Jahren verstorbene Hamburger Sänger, Schauspieler und unser Freund Carl Bay sagte immer: »Hohe Gagen erzielt man, indem man sie fordert.«

Lass dich nie abwimmeln!

Kaum stehen wir am Zebrastreifen, da springt die Ampel auf Grün. Es gibt viele magische Momente – wir machen sie uns nur nicht genügend bewusst. Jeder von uns könnte von Situationen berichten, in denen sich das Leben von einer überraschend positiven Seite gezeigt hat. Diese Momente solltest du dir vor Augen halten, wenn du mit schwierigen Situationen fertigwerden musst.

Ein Beispiel, wie magische Momente das Lebensgefühl verändern:

Es war an einem Wochenende im Sommer 2009. Die Woche über hatte ich in der Nähe von Köln ein Seminar und am Wochenende frei. Mein Bruder Mario und ich waren in irgendeinem Hotel in Köln untergebracht. Dort fanden wir an der Rezeption einen Flyer vom Phantasialand in Brühl. Beim Frühstück kam uns die Idee, den Samstag dort zu verbringen, zumal das Land der Träume nur 20 Autominuten entfernt lag.

Vergnügungsparks haben mich schon immer verzaubert. Die meisten kenne ich aus Florida und Kalifornien – dort könnte ich direkt einziehen, jede Woche in einen anderen! Mit Bergen von Pappmaschee gaukeln sie mir eine überzeugende Scheinwelt vor und produzieren unterhaltsame Illusionen ohne Ende: *Wir bauen uns eine arabische Burg und kneten uns eine mexikanische Krippe, egal ob in der Westernstadt oder im afrikanischen Dschungel.*

Ich hatte vorher im Phantasialand telefonisch angefragt, ob wir unsere beiden kleinen Hunde mit in den Park nehmen dürften, und ein Okay erhalten – allerdings nur unter der Bedingung, dass wir die Kleinen an die Leine nähmen. Auf keinen Fall konnten wir sie bei diesen sommerlichen Temperaturen im Wagen lassen. Auf Bayern 3 habe ich mal einen schönen und wahren Satz im Radio gehört: »Alles, was ein Herz hat, darf im Sommer im Auto nicht zurückbleiben.«

Nun ist es für keinen Hund schön, bei 30° Grad und mehr an einem Samstag durch einen vollen Vergnügungspark zu laufen, um von den Leuten bedauert zu werden. Aber Hunde wollen halt immer mit dabei sein. Also trabten wir in das zum Park gehörige neu erbaute afrikanische »Hotel Matamba«, um uns ein Zimmer zu buchen.

An der Rezeption standen zwei dunkelhäutige Schönheiten, deren Anblick mir fast den Atem raubte. Die beiden Mädchen waren keine Models oder keineswegs schlank. Ihre fülligen Körper präsentierten sie in ihrer afrikanischen Teamkleidung jedoch so selbstbewusst, dass es einfach nur toll aussah. Sie strahlten uns an der Rezeption beim Empfang an. Auf unsere Übernachtungsanfrage teilten sie uns äußerst freundlich mit, dass sie an einem Samstag im Sommer und noch dazu mitten in den Ferien natürlich ausgebucht seien. Wie hätte es auch anders sein können?

Ich wollte aber wenigstens wissen, was dort ein Zimmer so kostet, da ich mir schon im Geiste ausmalte, dass in so einer Location der Tagespreis dreistellig sein müsste und an erster Stelle bestimmt keine Zwei oder Drei stünde, sondern sicherlich eine Fünf. Die eine der ebenholzfarbenen Schönheiten lachte mich mit ihren weißen, wie vom Arzt gebleichten Zähnen an und flötete mir etwas von einem zwanzigprozentigen Nachlass ins Ohr. *Naja,* dachte ich, *also doch nur 450 Euro?* Dann teilte sie mir mit, dass das Familienzimmer für uns 105 Euro kosten würde, und ich rechnete in Gedanken kurz hoch: *105 mal 2, und dann noch die Hunde, ohne Frühstück, biste mal eben bei 250 Euro. Hinzu kommt noch der Eintritt für die »Schwarze Mamba«* – eine Achterbahn, bei der man schon beim Hingucken nach seiner Mutter schreit – *also 300 Euro. Nicht schlecht geschätzt, Frank,* dachte ich und hatte schon innerlich gebucht, als die schattierte Schöne hinzusetzte: »Das ist der Preis fürs Zimmer, egal wie viele Personen oder Hunde im Raum sind.« Unfassbar! Letzte Nacht hatten wir pro Person 95 Takken pro Person für eine Spelunke abgeworfen, die offiziell zu den ersten Plätzen zählte!

Da das »Matamba« ausgebucht war, ließ die freundliche junge Frau uns wissen, dass nebenan im »Hotel Ling Bao« bestimmt noch etwas ginge. Sie rief gleich dort an und signalisierte uns mit dem Daumen das Okay. Mein Bruder und ich, noch schwer beeindruckt von den beiden dunkelhäutigen Perlen, bezogen daraufhin unser Zimmer im chinesischen »Ling Bao« und waren baff vor Freude über dessen Einrichtung. Es hatte sogar noch einen Stern mehr als das »Matamba«, und im Zimmerpreis war der Eintritt in den Park am Nachmittag inbegriffen. Wir waren stumm vor Glück. Und unsere Hunde durften im klimatisierten Zimmer bleiben – wir hatten nun, für kleine Münze, ein super Zimmer mit Frühstück, Eintritt in den Park und für die beiden Hunde eine kühle Unterkunft.

> Frage immer nach, bevor du aufgibst!
> Egal, was dir einer am Telefon erzählt. Fahre hin,
> und du wirst jedes Mal ein Wunder erleben,
> was noch alles geht.

Viele Menschen probieren einfach zu wenig aus und lassen sich zu schnell abwimmeln. Lasse dich von magischen Momenten begeistern!

Hinterm Horizont geht's weiter

Die deutsche Komfortzone wird immer bequemer, es geht uns in Deutschland sensationell gut – warum sollten die Leute da etwas verändern? Das passiert erst, wenn der Leidensdruck zu groß wird. In der Bundesrepublik herrscht geradezu betreutes Wohnen. Wir leben auf einer Insel der Glückseligkeit. Wer das nicht glauben will und endlich versteht, der werfe einfach mal einen Blick über die Grenzen in andere Länder.

Ich bin seit 1997 für den Tourismus in der ganzen Welt unterwegs. Innerhalb eines Jahres komme ich so viel herum wie manch anderer nicht in 10 oder gar 20 Jahren. Allein 2014 war ich unter anderem in Vietnam, Bangkok, Dubai, Abu Dhabi, im Oman, in Ägypten, Israel, Jordanien, Istanbul, Spanien, auf den Azoren, in New York, Miami, Malaysia und Singapur.

Wenn ich es mir nicht notiert hätte, könnte ich die verschieden Destinationen kaum noch aufzählen. »Luxus ist, Erfahrungen zu sammeln in Form von Reisen«, habe ich einmal geschrieben. Das Herumreisen ist zudem der größte Lehrmeister. Ich erzähle das nicht, um damit anzugeben, sondern weil ich damit aufzeigen möchte, wie es in manchen anderen Ländern zugeht.

Alles was ich niederschreibe, habe ich erlebt. Man kann vieles erlernen, sich anlesen, aber nie erfühlen, wenn man es nicht selbst erlebt hat oder zumindest dabei gewesen ist. Nur wenn man authentisch ist und die eigenen Erfahrungen einbringt, klingt es glaubhaft. Alles andere ist dummes Geschwätz.

Erweitere deinen Horizont. Geh im Ausland nicht ins Museum, sondern in die nächste Kneipe oder in ein Wirtshaus. Unterhalte dich mit den Leuten, die dort leben, dann lernst du am meisten.

»Darf man Bettlern im Ausland Geld geben?«, werde ich oft gefragt. Ja, darf man. Warum? Wenn ein Bettler dich emotional berührt und es sich nicht um gewerbliches Betteln handelt, solltest du ihm ruhig etwas Kleingeld geben. Über den Bettler bedankst du dich bei der Stadt, die du bereist und die sich dir mit ihren Bauten zur Besichtigung zur Verfügung gestellt hat. Du hattest in einer fremden Stadt einen wunderschönen Tag. Du hast die Gastfreundschaft der Menschen, die hier leben, genossen. Dafür kann man immer wieder einmal Danke sagen.

Das Erste, was ich mir in einem fremden Land aneigne, sind die Worte »Bitte«, »Danke«, »Guten Tag« und »Auf Wiedersehen«. Man erreicht sehr viel bei seinem Gegenüber, wenn man sich höflich in der Landesprache bedankt oder verabschiedet. Damit hinterlässt man die beste Visitenkarte seines eigenen Landes.

Wertschätzung und Respekt gegenüber anderen Völkern und Kulturen kosten keinen Cent und sind enorm hilfreich. Ehrlichkeit, Freundlichkeit, Herzlichkeit, Pünktlichkeit und Toleranz öffnen jede Tür.

Heute beginnt der Rest deines Lebens

Das kennt wohl jeder: Man hat sich gerade gemütlich auf die Couch gelegt und will mal etwas ausspannen, schon sind die Gedanken wieder bei der Arbeit. Hier ist noch ein Anruf zu tätigen, dort noch eine Mail zu beantworten oder ein Fax zu schicken. Da kann die Couch noch so schick aussehen und gut gefedert sein – der Stress ist da.

Auf meinen Kreuzfahrt-Schiffsreisen höre ich immer wieder, dass Menschen, die irgendwo sind, sich darüber unterhalten, wie es war, als sie ganz woanders waren. Oder wo sie noch hinwollen. Statt erst einmal wahrzunehmen, wo sie im Moment sind!

Wenn du auf der Couch liegst, und die Schreckgespenster der To-do-Listen oder irgendwelche Befürchtungen wollen über dich herfallen, dann gibt es nur eins: Stopp!

- *Sage ganz bewusst: Stopp. Denn wenn du diese Pause nicht nutzt, wirst du hinterher keine Energie haben, um überhaupt noch etwas zu tun. Es ist jedes Mal eine kleine Übung zur Stärkung der Gedankenkraft, wenn du dir sagst: Ich bin im Hier und Jetzt. Im Büro oder später erledige ich die Dinge, die anstehen.*

- *Jetzt lege ich mich erst mal hin und achte auf nichts anderes als zum Beispiel auf meine Atmung oder die Wärme in meinen Füßen – und wenn die Füße kalt sind oder der Atem flach, dann sorge ich eben dafür, dass sich hier und jetzt etwas zum Besseren wendet.*

Die Wendung zum Besseren fängt immer ganz klein an. Die meisten Menschen denken: *Solange ich noch keinen Erfolg habe, kann ich ja auch ruhig kalte Füße haben.* Genau das stimmt aber nicht. Wer alles dafür tut, dass er selbst sich wohlfühlt, und dabei mit dem Kleinsten beginnt, der wird den Erfolg bei den größeren Dingen anziehen. Wer das Jetzt nicht zu schätzen weiß, den wird auch das Später enttäuschen, und wer hier nicht sein kann, hat es auch dort schwer. Genieße dein Leben stets und ständig. Du bist länger tot als lebendig.

Zwei Särge

An einem Sonntag im Frühjahr des Jahres 2014 stand ich vor zwei aufgebahrten, durch graue Vorhänge getrennten Särgen. Ziemlich plötzlich war es am Samstag zu einem Sterbefall in meinem privaten Umfeld gekommen. Und nun sollte die Aussegnung stattfinden.

Während ich zwischen den Trauernden in dem kalten Gewölbe stand, glitt mein Blick von einem Sarg zu dem anderen. Für den zweiten Verstorbenen fand die Aussegnung wohl zu einem späteren Zeitpunkt statt – die Angehörigen waren noch nicht da. Bei der leider ebenso belang- wie teilnahmslosen Rede des Klerikers schweiften meine Gedanken allmählich ab.

Das war es nun für diese beiden Verstorbenen, die sich wohl nicht gekannt hatten. Wie war ihr Leben verlaufen? War es für sie schön gewesen? Hätten sie gern noch etwas erledigt? War etwas unausgesprochen geblieben? Was haben sie bei ihren Familien hinterlassen – Freude, Leid, Streit, Liebe oder eventuell ein paar Güter? Rieben die Erben sich vor Gier schon die Hände? Fingen die Streitigkeiten und Heucheleien der Erben jetzt erst richtig an? Oder war es im Alter ein geordneter Abgang?

Was wäre, wenn ein von mir geliebter Mensch vor mir in der kalten Halle im Holzsarg liegen würde? Was wäre mit mir? Wie würde ich mich »halten«? Standhaft oder zerbrechlich? Würde ich ausflippen, die Trauer rausweinen oder rausschreien? Am Schmerz, am Verlust, an der Ohnmacht verzweifeln?

Habe ich mich bisher ausreichend mit dem Tod befasst? Habe ich meinem Gehirn die Chance gegeben, dieses Thema nicht auszuschließen, damit ich, wenn der Fall des Falles eintritt, dieses Ereignis mental besser verdauen kann?

Was passiert gerade mit meinem eigenen Leben? Habe ich echte oder nur vorgeschobene Probleme? Bin ich glücklich und zufrieden? Ist alles im Lot? Muss ich vielleicht doch etwas ändern? Heute beginnt der Rest meines Lebens. Irgendwann bin ich dran, bei der Reise mit dem Fährmann. Was wollte ich vorher noch tun? Was wollte ich immer noch »erlebt« haben?

All diese Fragen gingen in den knapp zehn Minuten der Aussegnung, in diesem ungemütlichen Gewölbe mit den von grünen Thuja-Töpfen umrahmten Särgen durch mein ICH.

Ich komme allein, und ich gehe allein. Ich kann niemanden verlieren, da ich noch nie jemanden besessen habe, und ich kann nichts mitnehmen. Habe ich begriffen, was das Leben mir an diesem Sonntag damit sagen und zeigen wollte? Zwei Särge. Zwei Seelen gehen für immer und kommen nimmer wieder. Manche Dinge sind endgültig – und ich muss es akzeptieren.

Am 26. August 2014 war es geschehen. Um 17.22 Uhr hatte uns Günther mit 81 Jahren für immer verlassen. Sehr würdevoll hatte er sein mit eigener Hände Arbeit gebautes Haus, das er so geliebt hatte, in einem mit weißem Tuch ausgeschlagenen, einfachen Holzsarg verlassen. Ein kleiner Strauß Blumen und sein Teddy Diggi begleiteten ihn auf seiner letzten großen Reise. Der Fährmann brachte ihn nun auf die weite See hinaus, wo er seemannsgemäß bestattet würde.

Gute Weiterreise, du leitender Diplom-Ingenieur, mit dreieinhalb goldenen Streifen und Zahnrad auf deinen Schulterklappen. Auf den größten Öltankern der Welt bist du als verantwortungsvoller Chief zur See gefahren und warst nach dem Kapitän die zweitwichtigste Person auf dem Schiff – Leiter der Maschinenanlage und für alle technischen Angelegenheiten an Bord zuständig und verantwortlich. Jetzt kannst du da oben dem Kapitän mal sagen, wie man vernünftig mit der Maschine umzugehen hat.

In den Armen meiner Mutter, seiner lieben Frau, hatte Günther seine letzten Atemzüge getan. Ohne Apparatemedizin, ohne kalte, kahle Krankenhauswände, ohne künstliche Ernährung hatte er den zerstörenden Krebs förmlich aus sich herausgeblasen und war mit einem entspannten Lächeln im gemeinsamen Ehebett auf der Schlafseite meiner Mutter gestorben.

Mario, Mama und ich hatten eine ziemlich traurige Woche in Hamburg und freuten uns aber dennoch, wie schön das Sterben auch für Familie und Angehörige sein kann, wenn es vom Gesetzgeber nun endlich zugelassen und möglich wird.

Ich kann nur allen Menschen empfehlen, sich im Vorfeld mit Palliativmedizin und -pflege vertraut zu machen, da es kaum bekannt ist. Kontaktiere deine Krankenkasse oder den Arzt deines Vertrauens, und lasse dich beraten. Es muss nicht immer ein Krankenhaus oder Hospiz sein. Es geht auch anders.

Viele junge, gut ausgebildete Palliativmediziner und -pfleger kümmerten sich ohne Ausnahme Tag und Nacht rührend, voller Liebe und ohne jeglichen Zeitdruck um unseren Günther. Sie gaben ihm die vollste Aufmerksamkeit und vor allem Würde, die sich ein Mensch nur wünschen kann und die er verdiente. Sie hüllten wirklich den Mantel der Wärme und Würde um ihn. Das Morphium nahm ihm seine furchtbaren Schmerzen, und es ging langsam in Ruhe mit ihm zu Ende.

He is not gone, he just waits at the end of the trail. Günther wartet nun am Ende des Weges auf meine Mama.

PS: Jeder Schmerz dauert etwa 90 bis 180 Tage. Und dann wird es deutlich besser.

»Hätte ich doch bloß ...«

Diese Worte schleichen sich immer wieder in die Gedanken und Gespräche. Was fange ich bloß mit meiner Zeit an? Wir hören von Todkranken immer die gleichen Worte: dass sie die einfachsten Dinge wieder zu schätzen wussten. Das Grün der Natur und den Gesang der Vögel.

Es sind vor allem fünf große Themen des Bedauerns, die Sterbende umtreiben, fand die Krankenschwester Bronnie Ware heraus. »Top Five Regrets of the Dying« – »Die Top Fünf des Bedauerns von Sterbenden« heißt das Buch der Australierin, die jahrelang als Hauskrankenpflegerin Alte und Todkranke in ihren letzten Wochen betreute. Das Bedauern der Sterbenden soll vor allem die Lebenden dazu inspirieren, zu hinterfragen, was ihnen wirklich wichtig ist.

Besonders fünf Themen fielen Bronnie Ware auf, die am meisten bereut wurden.

1. *Ich wünschte, ich hätte mein wahres Ich mehr ausgelebt, nicht so gelebt, wie andere es von mir erwarteten.* – Viele Menschen hatten nicht einmal die Hälfte ihrer Träume gelebt.

2. *Ich wünschte, ich hätte nicht so viel gearbeitet.* – Dieses Bedauern äußerten Männer. Sie waren klassischerweise die Ernährer gewesen und bereuten, ihre Kinder nicht aufwachsen gesehen zu haben und zu wenig Zeit mit ihren Partnerinnen verbracht zu haben.

3. *Ich wünschte, ich hätte den Mut gehabt, meine wahren Gefühle zu zeigen.* – Viele hatten ihre wahren Gefühle unterdrückt, um keine Konflikte zu provozieren. Sie hatten zu oft nicht ehrlich ihre Meinung gesagt.

4. *Ich wünschte, ich hätte mehr Kontakt zu meinen Freunden gewahrt.* – Mit dem Lebensende konfrontiert, wollten viele Menschen noch einmal diejenigen sehen, die

ihnen im Leben wichtig waren. Oft hatten sie aber den Kontakt zu alten Freunden verloren und konnten sie nicht mehr ausfindig machen. Der Gedanke, die Freundschaften nicht genug gepflegt zu haben, schmerzte die Sterbenden sehr.

5. *Ich wünschte, ich hätte mir selbst mehr Glück zugestanden.* Am Lebensende erkennen die meisten Menschen, was sie glücklicher gemacht hätte. Sie erkennen, dass es ihnen zu wichtig war, was andere von ihnen denken, anstatt einfach öfter zu lachen und albern zu sein. Sie waren zu oft damit beschäftigt, nach außen zufrieden zu wirken, als sich tatsächlich damit auseinanderzusetzen, was sie glücklich macht.

Vielleicht kannst du, wenn du alt bist, einige Dinge, die du dir so sehr gewünscht hast, nicht mehr tun, weil es schlicht und einfach nicht mehr geht. Du musst Maßnahmen ergreifen, damit du dein Leben intensiver auskosten kannst. Gibt es ein neues Hobby auszuprobieren? Vielleicht mit einem Partner oder einem Freund mehr auf Reisen gehen? Gute Restaurants oder Kulturstätten besuchen? Dich neu inspirieren lassen?

Lebe selbst, lebe intensiver und nicht aus zweiter Hand.

Nutzt du jeden Tag optimal aus? Hast du deine Zeit mit Menschen verschwendet, die du gar nicht magst? Gib nie den Umständen die Schuld, wie du gerade lebst. Schuldzuweisungen bringen nicht viel ein. Raus aus dem Hamsterrad, raus aus der Tretmühle! Ein Hamsterrad sieht nur von innen aus wie eine Leiter.

Meine Mutter hat sich mit 67 ein iPad zugelegt. Sie kann hervorragend damit umgehen, und es macht ihr sehr viel Spaß. »Generation Silversurfer« heißen diese Oldies, die mit einem Computer hantieren. »Best Ager« nennt man sie im Marketing-Jargon. Mehr als zehn Millionen der über Fünfzigjährigen surfen täglich im Internet. Und du kannst das auch. So schwer ist das nicht.

Irgendwann wirst du dich fragen: »Warum habe ich das nicht schon alles viel früher getan?« Ich will nicht, dass du irgendwann bereust, es nicht getan zu haben. Mario Wilde sagt immer: »Die Zeit ist zu kurz, es nicht zu tun.« Oder: »Die Zeit ist zu kurz, es nicht zu besitzen.« Je bewusster du lebst, desto besser kannst du dein Leben steuern.

Aber wer tut das schon? Wir verlieren uns in unserer Gesellschaft in Hektik und Routine, und schon ist wieder ein Jahr rum. Die Zeit rennt. Eben war noch die Fußball-WM mit Deutschland als Fußballweltmeister, und nun haben wir schon wieder ein neues Ereignis, nur nicht für dich? Ärgere dich nicht über das, was du getan hast. Ärgere dich über Dinge, die du nicht getan hast.

Check-up: Wo gibt es ein bedingungsloses Ja?

Damit wir im Leben weiterkommen, müssen wir Entscheidungen treffen. Das ist nicht immer einfach, oftmals auch unbequem, aber es muss getan werden. Als einfachstes Mittel gibt es da nur einen einzigen Satz: »Gibt es für eine Sache ein bedingungsloses Ja?« Frage dich:

- *Habe ich für meine Partnerin oder meinen Partner ein bedingungsloses Ja?*
- *Habe ich zu meiner Wohnung, meinem Auto ein bedingungsloses Ja?*
- *Gibt es für meinen Job ein bedingungsloses Ja?*
- *Bin ich glücklich in meinem Beruf, ganz ohne jede Bedingung?*
- *Gibt es für meinen Arzt ein ungebremstes Ja?*

Wenn nicht, dann muss eine Änderung her, sonst helfen dauerhaft nur Psychopharmaka. Lass am besten alles, was dich in deinem Leben nervt, stört oder dir Energie raubt, so schnell wie möglich los und hinter dir.

Wie man das macht? Stell dir vor jeder Entscheidung ein paar Fragen:

- *Will ich das wirklich?*
- *Bringt es mich weiter?*
- *Hilft es mir in meiner derzeitigen Situation?*
- *Ist es gut für mich?*

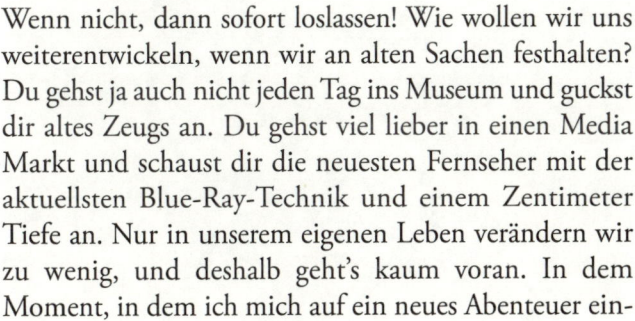

Wenn nicht, dann sofort loslassen! Wie wollen wir uns weiterentwickeln, wenn wir an alten Sachen festhalten? Du gehst ja auch nicht jeden Tag ins Museum und guckst dir altes Zeugs an. Du gehst viel lieber in einen Media Markt und schaust dir die neuesten Fernseher mit der aktuellsten Blue-Ray-Technik und einem Zentimeter Tiefe an. Nur in unserem eigenen Leben verändern wir zu wenig, und deshalb geht's kaum voran. In dem Moment, in dem ich mich auf ein neues Abenteuer einlasse und meinen Entscheidungen gelassen entgegensehe, ziehe ich die aufregendsten Dinge und Situationen an. Das Abenteuer Leben mit seinen spannenden und bestimmt auch ungewissen Ereignissen erfreut mich, und ich habe Spaß an meinen nächsten Fehlern. Wenn ich dann noch weiß, dass nichts wirklich falsch für mich läuft, werde ich immer frecher. Ich probiere mehr aus und mir gelingt mehr. Ich werde also immer mutiger, und den Mutigen gehört die Welt. Und nie vergessen: Was heute noch belächelt wird, ist morgen gängige Lehrmeinung. Erst verlacht man's, dann macht man's.

Die innere Haltung entrümpeln

Was tun wir nicht alles, um uns und anderen das Leben schwer zu machen! Wem nützt es, stundenlang über jeden kleinen Mist zu diskutieren und zu jammern, anstatt darüber nachzudenken, wie es besser laufen könnte? Wofür verballern wir unnütz unsere Energie und holen uns beim nächsten Tag Kredit, der dann irgendwann aufgebraucht ist?

Schuld sind immer die anderen?

Der Weihnachtsmann ist schuld, wenn der Osterhase zu spät kommt. Wenn ich nicht schwimmen kann, muss es an der Badehose liegen. Wir alle neigen dazu, die Schuld auf andere zu schieben, wenn etwas nicht funktioniert. Ist ja auch so schön bequem, da muss ich mir keine Gedanken über mich selbst machen.

Mit der Klärung der Schuldfrage kommen wir nicht weiter. Statt uns darin zu verzetteln, wechseln wir doch besser die Ebenen.

> Knüpfe einfach dort an, wo die Zusammenarbeit noch lief, an gemeinsame Interessen und Ziele.

Eine perfekte Welt muss erst noch geschaffen werden. Solange müssen wir uns mit Fehlern herumschlagen, aber wir müssen sie nicht gleich zu einem Schuldberg aufblasen. Erlass dem anderen seine Schuld, wie du sie dir selbst erlässt. Okay, du hast einen Fehler gemacht, vielleicht auch zwei oder drei. Diese Fehler haben dir die Möglichkeit gegeben, etwas zu lernen und dich selbst zu verbessern. Wenn du mit deinen eigenen Fehlern leben kannst, wird es dir auch leichter fallen, die Fehler von anderen zu akzeptieren. Am meisten hackt der auf anderen herum, der sich selbst am wenigsten leiden kann.

Wenn die Kacke so richtig am Dampfen ist und das Kind in den Brunnen gefallen, dann wünsche ich anderen Menschen etwas Negatives. Das ist doch normal. Denn die sind schuld – ich doch nicht! Tust du das etwa nie?

So entsteht ein Streit, aus dem Streit wird ein Konflikt, aus dem Konflikt wird ein Krieg. Beim Krieg gibt es Verlierer, und es gibt Gewinner. Diese haben mehr Geld, sie können sich besser artikulieren, sie haben den pfiffigeren Rechtsanwalt. Sie gewinnen einen Krieg – und wenn sie einen Krieg gewinnen, lassen sie einen Verlierer zurück. Was wird der Verlierer mit ihnen machen, sobald er die Möglichkeit dazu hat? Er wird sich an ihnen rächen. Sie wissen nicht, wann, sie wissen nicht, wo, und sie wissen nicht, wie. Sie haben sich gerade eine neue Baugrube aufgerissen, die sie nie wieder zukriegen.

Gib nie Energie in so etwas, beteilige dich nicht an Diskussionen, bei denen die Fetzen fliegen! Verwende deine Energie für das, was *du* willst, und lass dich nicht vor den Karren anderer Leute spannen, die diese Gesetzmäßigkeiten ganz genau kennen. Halte dich immer schön raus, denn die Ohrfeige, der Ordnungsgong kommt immer zurück. Und weißt du, wann? Wenn du nicht damit rechnest. Dann macht es plötzlich »Peng!«, und du rufst: »Womit habe ich das jetzt verdient?« Dabei hast du dich förmlich dahin gedacht – und jetzt wirkt ungebremst dieser Magnetismus, jetzt wirkt das Gesetz der Anziehung. Es gibt Leute, die sind immer auf der Siegerseite, und andere schlittern von der einen Katastrophe in die nächste. Gehörst du zu den Letzteren? Und waren es wieder die Umstände?

Nein! Das warst *du*!

Gut ist nicht gut genug

Warum neigen Menschen zu Perfektionismus? Sie *wollen* nicht alles perfekt haben, sie *müssen* es. Dinge, die nicht perfekt sind, machen ihnen Angst. Ihr Streben nach Perfektion ist ein Horror vor Fehlern. Denn sie fürchten nichts mehr, als sich vor anderen zu blamieren. Bevor einer mit dem Finger auf sie zeigt, richten sie ihn lieber auf andere und ihre Schwächen. Deshalb ist es auch so schwer, mit Perfektionisten zusammenzuleben, denn sie zeigen einem immer wieder, dass man irgendetwas falsch macht.

Solche Menschen haben vielleicht schon in der Jugend Verlassenheitserfahrungen gemacht, die sie nun mit Perfektionismus zu kompensieren versuchen. Waren deine Eltern emotional abwesend, haben dich geistig verlassen, dich geschnitten, tagelang nicht mit dir gesprochen oder dich ignoriert? Ein Kind von etwas auszuschließen oder zu schlagen, bedeutet für sein Gehirn das Gleiche. Der Schmerz ist derselbe.

Das permanente Streben nach Ordnung kann belastend sein, auch für andere. Und jetzt mal ehrlich: Gibt es irgendetwas auf dieser Welt, das wirklich perfekt und ohne Makel ist? In der Fantasie vielleicht, in der Realität sicher nicht. Wer also die Dinge perfekt haben will und dauernd das Haar in der Suppe findet – bei sich und anderen –, wie soll der zufrieden und glücklich werden? Hinzu kommt: Je mehr die Dinge sich dem perfekten Zustand annähern, desto deutlicher springen einem die kleinen Störungen in Auge! Immer kleinere Abweichungen von dem Ideal stören einen immer mehr – das ist der Perfektionist auf Hochtouren. Je mehr Erfolg, desto mehr zu bewältigen, was noch vor einem liegt. Besser kann man sich selbst kaum an der Nase herumführen!

Das Selbstwertgefühl des Perfektionisten ist in der Regel schwach. Kritik kann er sehr schlecht annehmen, da sie umgehend Schuldgefühle aktiviert. Der Perfektionist ist nicht in der Lage, sich so zu akzeptieren, wie er oder sie nun mal ist, und glaubt einem Idealbild entsprechen zu müssen. Wenn dieses durch Kritik von außen Kratzer bekommt, geht er entweder zum Gegenangriff über oder verfällt in Selbstvorwürfe, die seine Aktivitäten lähmen. Hinzu kommt, dass er oder sie sowieso viel mehr arbeiten muss als andere. Denn er oder sie macht ja alles ganz genau und braucht deshalb ewig, um einen Brief zu formulieren oder eine Fensterscheibe zu wischen.

Für den Perfektionisten ist gut nie gut genug. Er versucht, aus allem das Optimum herauszuholen. Das bringt ihn beruflich ziemlich schnell nach oben. So ein Mitarbeiter in einem Unternehmen ist für jeden Chef pures Gold und unbezahlbar. Er hat seinen Arbeitsplatz, sein Auto, seine Wohnung, seine Klamotten, seinen

Schreibtisch immer in Ordnung. Er weiß, wo alles ist, und findet auf Anhieb, was er sucht. Sein Energiesystem strebt wie jedes Energiesystem nach Ordnung.

Ab einem gewissen Level aber hält der Perfektionist zu viele Fäden in der Hand. Er muss lernen, ein paar Aufgaben abzugeben und andere weniger aufwendig durchzuführen. Dann ist er reif dafür, mehr Gelassenheit zu entwickeln, anderen mehr zu vertrauen und sich selbst weniger unter Druck zu setzen. Kurz und gut: Der Perfektionist sollte ab und zu ein bisschen scheitern, damit er privat glücklicher werden kann. Von den verwickelten persönlichen Energien in die Entwicklung der Harmonie gehen.

Nimm dir doch mal ein Beispiel an mir: Fehltritt für Fehltritt habe ich mich hochgearbeitet. Frage dich – wie ich – bei Rückschlägen:

- *Wozu war es gut?*
- *Was lässt sich Neues daraus machen?*
- *Was will es mir zeigen,*
  was soll ich daraus lernen?

Der Vorteil dabei ist die starke persönliche Widerstandkraft – du erhöhst deine Resilienz.

»Könntest du wohl bitte …?« – Die ewigen Helfer

Es gibt Menschen, die sind immer hilfsbereit, und nur selten wird es ihnen gedankt. Nie haben sie jemandem eine Bitte abgeschlagen, aber selbst würden sie gar nicht auf die Idee kommen, andere um etwas zu bitten. Sollten sie es dennoch mal tun, wird die Bitte ignoriert. Und wenn sie Lob einfordern, bekommen sie zu hören, dass ihre Hilfe nicht ausreichte. Kennst du solche Menschen? Bist du selbst so ein Mensch?

Manche fühlen sich gut dabei, anderen zu helfen. Die meisten aber tun es, weil sie sich einfach nicht trauen, auch mal nein zu sagen. Dabei ist nein sagen zu können die Grundlage für das Jasagen-Können. Das haben Kognitionsforscher wie Jean Piaget schon vor 50 Jahren bei der Untersuchung der kindlichen Sprachentwicklung festgestellt. Wer aber nun schlecht nein sagen kann, wenn er mal nett gefragt wird, der wird schnell zum Opfer für alle die gerissenen Arbeitsvermeider, die sich durch Delegation bequem von unangenehmen Aufgaben entlasten.

Ähnlich wie der Perfektionist sitzt der ewige Helfer in einer selbst gebauten Falle: Um Anerkennung zu bekommen, setzt der eine auf Fehlervermeidung und sieht dabei immer mehr Fehler, der andere setzt auf Unterstützung und muss immer mehr andere unterstützen, bis er gar nicht mehr zu seinen Aufgaben kommt. Beide schaffen sich jede Menge Stress an den Hals und bekommen doch nicht, was sie wollen. Stattdessen kriegen sie dann Burn-out.

Wer also dazu neigt, sich mit seinem Helfersyndrom von seiner Umwelt gnadenlos ausbeuten zu lassen, sollte unbedingt lernen, nein zu sagen. Auch das kann man üben, zuerst in harmlosen Alltagssituationen, dann mal im Kontakt mit dem Chef oder dem Lebenspartner. Wenn es dazu eines Burn-outs bedurfte: na und? Die Krankheiten und Störungen meinen es ja nicht böse. Die wollen uns nur unterstützen, ehrlich!

Wie kann ich einem Freund helfen, der alles negativ sieht? Die Antwort ist: Gar nicht, muss er allein machen. Sag mal zu einem Depressiven: »Lach doch mal wieder!« Gleiches kuriert man mit Gleichem, heißt es nicht nur in der Homöopathie. Wenn du von einer Schlange gebissen wirst, was bekommst du als Gegenserum? Schlangengift. Also, wenn einer heult, sage: »Flenn weiter, steck dir den Finger in die Nase.« Er muss von allein sagen: »Ich muss was ändern.«

In meinen Seminaren sitzen oft Leute, die einen Freund, einen Mitarbeiter, den Partner oder die Partnerin oder ihr ganzes Team mitgebracht haben. »Der oder die müssen dich unbedingt mal hören, Frank«, sagen sie zu mir. Manchmal haben sie für ihre Begleiter auch noch bezahlt, das ist dann doppelt schlimm. Denn was nichts kostet, ist nichts wert, das taugt nichts. Die Leute müssen selbst für so ein Seminar-Wochenende die 400 Euro aufs Brett gelegt haben, es muss ihnen wehtun, erst dann werden sie sagen: »So, jetzt muss ich was ändern!«

Du siehst es schon vorab in jedem Seminar, wer Erfolg haben wird und wer nicht, wer so weiter wurschtelt wie bisher und wer lichterloh brennt. Du erkennst einige Energieräuber schon an deren Ausstrahlung, an ihrer Sitzhaltung im Saal. Wenn jemand mit verschränkten Armen und Beinen ablehnend dasitzt, brauchst du gar nicht mit ihm reden, es hat keinen Sinn. Es sei denn, er drückt irgendwann selbst den Knopf im Kopf. Solche Energieräuber oder Schwarzmaler können wir in unserem Umfeld nicht gebrauchen.

Katastrophe! – Schwarzmaler und Energievampire

Wie oft schon hatte ich mit Leuten zu tun, deren herausragendste Fähigkeit die Schwarzseherei war! Am besten befreit man sich schleunigst konsequent von solchen Zeit- und Energiefressern. Wir ziehen nicht Menschen in unser Leben, die wir mögen oder nicht mögen, sondern die geeignet sind, uns an dieser Stelle weiterzubringen.

Von Menschen, die dir nur auf die Nerven gehen, solltest du dich zurückziehen. Sie zapfen dich an, und dadurch wirst du lustlos und mutlos. Deshalb solltest du Telefonate mit Familienangehörigen, die dich gleich am Anfang des Gesprächs mit Vorwürfen überhäufen, reduzieren. Am besten führen wir diese unvermeidlichen Telefonate, die uns ärgern, nerven und uns aussaugen, nur dann, wenn unser Nervenkostüm gerade in bester Verfassung ist. Dann tut es nicht so weh. Aber es raubt uns dennoch Energie.

Die allergrößten Energiefresser lauern in den zwischenmenschlichen Beziehungen, wie Spannungen in der Partnerschaft, in der angeheirateten Familie und im Beruf.

Im Berufsleben spricht Jörg Knoblauch von den berüchtigten C-Mitarbeitern (von denen man beispielsweise in Behörden leider sehr viele findet):

- A-Mitarbeiter sind Muntermacher und sprechen über Ideen. Ein A-Mitarbeiter zieht den Karren.
- B-Mitarbeiter sind Mitmacher und sprechen über Vorgänge. Der B-Mitarbeiter geht neben dem Karren her.

- C-Mitarbeiter sind Miesmacher und sprechen über ihre Kollegen. Sie setzen sich auf den Karren obendrauf und bremsen sogar noch.

Von diesen Energievampiren, die uns zu viel Kraft kosten, müssen wir uns distanzieren.

Das sogenannte Pareto-Prinzip 20/80 kennt ohnehin jeder gute Personalchef: 20 Prozent der Mitarbeiter generieren 80 Prozent vom Umsatz, und 80 Prozent der Mitarbeiter erwirtschaften 20 Prozent vom Umsatz.

Aber wie kannst du dieses Verhältnis auf wenigstens 50/50 verändern? Was hättest du als Chef für ein Gefühl, wenn du nur in lachende und strahlende Gesichter in deiner Firma schautest? Wenn du also nur Leute um dich hättest, die gerne arbeiten, die loyal zum Unternehmen stehen und nicht nur auf ihre Rechte pochen, sondern auch ihren Pflichten nachkommen?

Schicke bitte alle Mitarbeiter – auch die, die es vermeintlich nicht nötig haben –, unbedingt in ein Motivationsseminar mit einem Coach, der ordentlich Tacheles mit ihnen redet. Nimm dafür keinen weichgespülten Trainer, sondern einen, der negative Energien aushält, weil er selbst darauf trainiert ist.

In diesem Zusammenhang bin ich auf eine sehr interessante Studie gestoßen, die viele Dinge in ein neues Licht rückt und einige Leute aus ihrer schläfrigen Komfortzone herausholen dürfte.

Im Jahr 1921 startete der Stanford-Psychologe Lewis Terman eine später nach ihm benannte Studie. Dabei wurden rund 1 500 überdurchschnittlich intelligente, um 1910 geborene Jungen und Mädchen regelmäßig über

80 Jahre lang zu verschiedenen Lebensbereichen befragt. Als Terman 1956 starb, führten weitere Forscher die Studie fort, zuletzt Howard Friedman und Leslie Martin. Die beiden veröffentlichten ihre Erkenntnisse in einem Buch, das 2012 unter dem Titel »Die Long-Life-Formel« auch auf Deutsch erschien.

Der Kern der Aussage: Stressvermeidung ist ein Mythos. Tipps zur Stressvermeidung sind überflüssig. Laut Friedman und Martin gibt es so gut wie keine wissenschaftlichen Beweise, dass uns die Herausforderungen des täglichen Berufslebens krank machen. Es zeigte sich vielmehr, dass diejenigen, die beruflich die größten Erfolge erzielten, am seltensten früh starben – sie lebten durchschnittlich fünf Jahre länger als die Erfolglosesten. Als beruflich erfolgreich galt allerdings nicht nur, wer sehr viel Geld verdiente, sondern auch, wer in seinem Bereich großes Ansehen genoss. Allen erfolgreichen Menschen gemeinsam war eine besondere Gewissenhaftigkeit und Disziplin.

Was die Forscher sonst noch herausfanden:

- Steigende Verantwortung bedeutet zwar größere Herausforderungen und mehr Arbeit, ist jedoch langfristig gesehen besser für die Gesundheit.
- Ein wichtiger Aspekt: Streit vermeiden und nicht immer seinen Kopf durchsetzen wollen. Wer sich daran hält, bleibt gesünder und lebt länger.
- Als das Wichtigste in ihrem Leben bezeichneten die vitalen Männer über 60 Jahre Arbeit und Familie. Arbeit war für sie kein Stress, sondern ein wertvoller Aspekt ihres Lebens.

Auch nach Ansicht deutscher Forscher, zum Beispiel vom Leibniz-Institut für Arbeitsforschung an der TU Dortmund, bieten Lebens- und Arbeitszufriedenheit gute Voraussetzungen für die Gesundheit im Alter. Die von Friedman und Martin beschriebenen Persönlichkeitsmerkmale Ausdauer, Disziplin und Motivation nennen sie »Selbstkontrollfähigkeit«: Wer sich nicht ablenken lässt, eine hohe Frusttoleranzgrenze hat und in der Lage ist, sich gut zu kontrollieren, erlebt beruflich wie privat seltener Konflikte. Disziplin, so erklären die Forscher, wirkt unter anderem vorbeugend gegen Burn-out.

Wer viel arbeitet, lebt länger. Man denke nur an den 2015 mit 96 Jahren verstorbenen, äußerst klugen Mahner Helmut Schmidt, Bundeskanzler a. D., oder Queen Elizabeth II. von Großbritannien. Disziplin ist das Zauberwort für vieles.

Dies alles vermitteln natürlich nur hochkarätige Trainer, die nicht nur für ein Unternehmen tätig sind, sondern als externe Trainer langjährige Erfahrungen und Qualifikationen nachweisen können: »Wie machen es denn die anderen?« Dieser Einblick in viele unterschiedliche Unternehmen und Branchen gibt auch jedem Unternehmen einen Mehrwert, der sich direkt beim Umsatz widerspiegelt.

Ich glaube, hier kann unsere Gesellschaft noch viel Neues lernen und den Geist auch für innovative Trainingsmethoden öffnen, statt weiter an den alten Glaubenssätzen zu hängen.

»Das und das haben wir noch nie so gemacht, und das und das haben wir schon immer so gemacht.«

»Warum?«
»Weil es immer schon so war.«
Ach so.

Die Sensibelchen

Ein Mensch, der sich gerade noch bester Laune wähnte, ist innerhalb weniger Sekunden schlecht drauf, weil ein Gesprächspartner das Falsche gesagt hat oder weil etwas falsch verstanden wurde. Leider schaffen es die wenigsten, den Schalter von negativ wieder auf positiv umzulegen. Das Einzige, was sie brauchen, sind Bilder in ihrem Gehirn, die sie sofort wieder positiv stimmen, da sich dann schlagartig ihre Stimmungslage verändert und damit verbunden auch ihre Gefühle wechseln. Jemand, der sich aufgrund des Wetters schlecht fühlt, gibt nicht nur dem Wetter die Macht über seine Gefühle, sondern ist sich auch nicht der Macht seiner Gedanken bewusst.

Kleiner Tipp: Männer sind ruppiger, meinen es aber nicht böse. Vermutet nicht immer gleich etwas Schlimmes hinter einer Aussage, Mädels. Frauen nehmen sich viel mehr zu Herzen als ein Mann. Männer untereinander tun sich nichts, Konflikte von Frauen untereinander können böse enden. Wenn sich zwei Rüden beißen, ist der Kampf schnell vorbei, sobald die Fronten geklärt sind. Wenn sich zwei Hündinnen beißen, fließt Blut. Und das muss nicht sein. Sensibel zu reagieren, mag in manchen Fällen richtig sein, in vielen Fällen ist es eher hinderlich, da zu viel Persönliches hineininterpretiert wird, was gar nicht da ist.

> Im Zweifel im richtigen Moment den Mund
> zu halten, ist eine Kunst, die nicht jeder beherrscht,
> die aber hilft, Konflikte zu vermeiden.

Und noch eines, wo wir gerade dabei sind, liebe Mädels. Männer wollen nur spielen. Ein Mann will nicht weniger, er will mehr. Nehmt einem Mann nie weg, was er schon mal von euch bekommen hat. Er wird und will es nicht verstehen. Sexentzug treibt ihn zu seiner zweiten Frau, zu *Youporn Hamster*. Dort bekommt ein Mann alles für seine Fantasien.

Manch ein Sensibelchen ist nur mit sich selbst unzufrieden und geht deshalb auf den Partner los. Das sind oftmals reine Missverständnisse, und bei Streitereien geht mehr kaputt, als man hinterher leicht kitten kann. Ausgesprochene böse Worte sind nicht »nur« Worte – sie wiegen schwer und sind nicht zurückzuholen.

Lass also deinen Frust nicht an deinem Partner aus. Solltest du einen so weit guten Partner haben, nimm ihn lieber in den Arm und sag ihm, wie toll er ist. Wenn du das nicht kannst, beende am besten diese Beziehung, dann sind beide frei für etwas Neues. Und nie vergessen: Wenn du etwas nicht machst, kommt ein anderer oder eine andere, und der oder die macht es gut. Entziehe deinem Mann niemals seinen so dringend benötigten Sex. Sonst gibt es ihm eine andere, und dann bist du ihn im Zweifel los. Sex ist für einen Mann Entspannung.

Rechthaber und Pessimisten

Es gibt Menschen, und zwar gar nicht so wenige, die sagen sich: *Egal, was ich denke, es passiert sowieso.* Sie sind sich gar nicht bewusst, dass sie mit ihren Überzeugungen ihr Leben steuern. Stattdessen denken sie: *Jeden Tag ist Lottoziehung, und wann hat man da schon mal Glück.* Genau diese Leute sind es, die niemals Erfolg haben werden. Denn sie kümmern sich nicht um die Wirkungen, die sie unbewusst ausstrahlen.

Deine Überzeugungen sind mächtig, im Positiven wie im Negativen. Wenn du der Meinung bist, dass sie bisher vor allem im Negativen gewirkt haben, dann hast du von dieser Macht zumindest schon eine Ahnung bekommen. Jetzt musst du nur noch die Inhalte deines Denkens austauschen!

Jede Überzeugung neigt dazu, sich selbst zu erfüllen – *self-fulfilling prophecy* eben. Deshalb hat jeder subjektiv recht, der denkt: *Mentales Training, alles Humbug, alles Quatsch, wirkt sowieso nicht!* Na, dann kann es eben nicht wirken! Wenn ich alles an Unterstützung nehme, was ich bekommen kann, alles umsetze, was mir einleuchtend erscheint, und mich nicht beirren lasse auf meinen Weg – na, dann wirkt es eben ganz phänomenal.

Oft, wenn wir allgemeine Aussagen über die Welt oder die anderen machen, meinen wir uns selbst. *Die Welt will betrogen werden, die anderen haben mich betrogen.* Dann frage dich doch mal: Wo hast du betrogen? Wie konntest du es zulassen, dass so viele Betrüger in deinem Leben aufgetaucht sind? Du hast ja sicher schon vom Gesetz der Resonanz gehört – was ich aussende, kehrt zu mir zurück. Laufe ich mit einem Lächeln durch die Welt, biegen sich sogar die nach unten hängenden Mundwinkel der missmutigsten Brötchenverkäuferin nach oben. Es passiert im Leben genau das, worauf du deinen Fokus ausrichtest.

Wenn du aber recht hast mit dem, was du glaubst, dann musst du dem anderen auch zugestehen, selbst recht zu haben. Dann glaubt ihr eben verschiedene Dinge und produziert verschiedene Ergebnisse.

»Aber es gibt doch ein objektives Recht!«, sagst du. »Was ist, wenn mir einer hinten ins Auto reinfährt und behauptet, ich hätte zurückgesetzt, obwohl das gar nicht stimmt?« Dann muss der Richter ein Urteil fällen. Das kann den Tatsachen entsprechend ausfallen oder im Einzelfall auch nicht – dann muss ein anderer Richter ran. Verschiedene Richter können zu verschiedenen Urteilen kommen, weil sie unterschiedliche Wertesysteme haben. Dennoch gibt es Tatsachen, die wir als gegeben hinnehmen können und sollten. Ob jemand recht hat, bezieht sich allein auf die Wertung von Tatsachen. Was denkst du von dir?

- *Glaubst du an dich?*
- *Glaubst du, dass du die Welt gestalten kannst?*
- *Dass du deine Kunden von deinem Angebot überzeugen kannst?*
- *Dass du ein Leben im Überfluss verdient hast?*
- *Oder glaubst du, ein kleines Arschloch zu sein, das sich bestenfalls mit ein paar billigen Tricks über Wasser halten kann?*

Wenn wir alle gleich sind und alle recht haben, gibt es immer doch einige, die glauben, mehr recht zu haben als andere. Das ist wie bei den Schweinen auf der Orwellschen »Animal Farm«, die alle gleich sind – nur einige sind eben noch gleicher.

Aus Rechthaberei entstehen Konflikte, aus Konflikten Kriege, und was das bedeutet, wissen wir ja. Dieser ganze Terror in der Welt ist nur ein Spiegel unserer Welt.

Wie kann ich nun von diesen Dingen runterkommen? Ganz einfach: indem ich die Ebene wechsle. Indem ich nach einer Lösung suche und mein Gegenüber an der Suche beteilige, unabhängig von den verschiedenen Meinungen, die wir uns gebildet haben. Es gibt immer eine naheliegende Lösung oder einen nahe liegenden Kompromiss. Der kann nur nicht mehr gesehen werden, sobald der Machtkampf mit der Rechthaberei losgeht.

Allein die Tatsache, dass wir die Ebene wechseln können, lässt uns in den Augen der anderen souveräner erscheinen. Wir machen etwas vor, den anderen fällt es leichter, uns zu folgen. Das können wir aber nur, wenn unsere inneren Überzeugungen darauf ausgerichtet sind, alles wegzulassen, was den Erfolg einer Sache behindert. Deshalb:

- *Pflege nicht nur deine Zähne regelmäßig, überprüfe mit der gleichen Hingabe deine eigenen Ansichten, Haltungen und Überzeugungen!*
- *Frage dich auch: Nach welchen Überzeugungen leben die Menschen, mit denen ich mich umgebe? Passen die zu meinen Überzeugungen?*

- *Falls nicht: Wo sind andere, bessere Menschen zu finden? Welche Menschen bewundere ich, die die Überzeugungen, die ich in mir stärken will, durch ihr Leben verkörpern?*

Achtung: Moralapostel!

Immer wieder werde ich gefragt: »Frank, wie hältst du es mit der Moral?« Um es kurz zu machen: Ich halte nicht sehr viel davon. Carl Bay sagte immer: »Moral ist Mangel an Gelegenheit.« Die, die sich am meisten aufregen, möchten auch gern mal, sind aber nicht angesagt und heben den Moralfinger zur Ordnung oder Unterdrückung. Es kotzt mich an, wie oft Frauen und Mädchen auf der Welt unterdrückt, sexuell benutzt oder für eigene Zwecke missbraucht werden. Mit welchem Recht werden sie zu irgendwelchen sexuellen Handlungen gezwungen und erniedrigt, weil sich irgendjemand auf Kosten anderer ausleben möchte? So etwas hat im 21. Jahrhundert nichts, aber auch gar nichts zu suchen. Hier stellt sich heraus, wes Geistes Kind jemand ist. Wie viele Jungen und Mädchen wurden in Heimen, Schulen, Internaten, psychiatrischen Anstalten oder Klöstern missbraucht? Unzucht mit Abhängigen, die sich kaum oder gar nicht wehren können. Was wurde alles vertuscht. Wo am meisten geschrien wird, geht es am schlimmsten zu. Getroffene Hunde bellen.

Wer versteckt oder verbirgt sich hinter dem Wort Moral? Moral und Ethik sind abhängig von Menschen, die sie predigen, und von den Zeiten, in denen sie gepredigt werden. Aus moralischen Gründen werden Dinge getan, die sich hinterher als schlecht und amoralisch erweisen. Umgekehrt können Handlungen, die zunächst als amoralisch wahrgenommen werden, durchaus positive Wirkungen erzielen. Was positiv und negativ ist, hängt vom Standpunkt des Betrachters ab – und vom Zeitpunkt.

Wenn ich in den Chor derer einstimme, die denken: *Es kehrt alles zu dir zurück. Du ziehst spiegelbildlich genau die Menschen an, die du brauchst, um innerlich zu wachsen,* dann liegt darin ja schon eine sehr einfache Moral, ohne dass sie als solche ausgesprochen ist. Ebenso in der Aufforderung: *Sei freundlich, ehrlich, nett und pünktlich.* Wenn meine schlechten Taten und bösen Absichten zu mir zurückkehren, wenn ich als Betrüger betrogen und als Mörder ermordet werde – wozu brauchen wir dann noch eine Moral mit ihren selbst ernannten Wächtern?

Moralische Menschen blockieren sich oft selbst und belügen andere, ohne es zu wissen. Sie glauben, andere mit ihrer Moral traktieren zu müssen, um davon abzulenken, dass sie es selbst auch nicht immer so genau nehmen mit der Moral.

Es sind Menschen, deren Hauptantrieb das schlechte Gewissen ist, und je stärker es sie selbst plagt, desto heftiger versuchen sie, es anderen einzuimpfen. Sie spalten sich selbst in einen Teil, der so sein soll, wie sie es gerne hätten, und einen anderen Teil, der so ist, wie er nun mal ist.

Das ist etwas ganz anderes, als sich zu fragen: *Was will ich wirklich?* Der eine Weg führt immer tiefer in die Spaltung, der andere immer mehr zur Einheit des Lebenswillens.

Ich erinnere mich an die Geschichte von einem bekannten amerikanischen Priester, der jahrelang gegen die Verlotterung der sexuellen Sitten predigte. Er wetterte wie wild gegen Abtreibung, Homosexualität und Sexshops, und was stellte sich später heraus? Missbrauch von kleinen Jungs. Daher:

> Vorsicht bei der Moralkeule. Am besten,
> du tauchst einfach unter ihr durch, wenn sie gegen
> dich geschwungen wird.

Ein Mensch kann nur seinen Weg gehen, wenn er sich auf seine innersten Lebenskräfte bezieht und von dort aus an seiner Wirkung in der Welt arbeitet. Mit Moral kommen wir da nicht viel weiter.

Komischerweise glauben die Moralapostel, dass die Moral nötig sei, um zu verhindern, dass sich alle die Köpfe einschlagen. Sie glauben mehr an das Schlechte im Menschen als an das Gute. Im Grund genommen sind sie da nicht viel anders als Leute, die meinen, einen Autounfall verhindern zu können, indem sie ständig daran denken.

Dass Menschen danach streben, sich gemäß ihren Fähigkeiten zu entfalten, weiß ich aus eigener Erfahrung, Hunderten von Gesprächen mit meinen Seminarteilnehmern und natürlich den Medienerzeugnissen von Menschen, die ähnlich dachten oder denken wie ich. Ich erinnere mich immer wieder an dieses Wissen, wenn ich Kinder beobachte, ihren natürlichen und alle Kulturen übergreifenden Entdeckungs- und Lerndrang. Dieser muss sich einfach nur entfalten dürfen, bei Kindern wie bei Erwachsenen, das reicht schon.

Moralische Menschen neigen auch ständig dazu, etwas für andere tun zu wollen, und leugnen dabei, dass sie es auch für sich selbst tun. Denn egoistische und altruistische Motive schließen sich keinesfalls aus. Dabei gibt es einen klugen und einen dummen Egoismus. Der dumme Egoismus funktioniert nur auf Kosten anderer. Der kluge Egoist hingegen sagt sich: *Wenn es dem anderen gut geht, geht es auch mir gut. Damit es mir gut geht, muss es den anderen auch gut gehen. Leben und leben lassen*

Die chronischen Nörgler und Neinsager

Jeder Mensch hat eine einzigartige Mission auf diesem Planeten – ist das nicht fantastisch? Jeder Mensch möchte in seiner Arbeit aufgehen, statt in ihr unterzugehen. Wie kommt es dann, dass so viele Menschen über ihre Arbeit jammern?

Vielleicht haben sie nicht den richtigen Arbeitsplatz, vielleicht werden sie von ihrem Chef oder ihren Kollegen gemobbt, vielleicht passen ihnen das ganze Klima und die ganze Betriebsphilosophie nicht. Oder sie haben nicht die passende Frau, den passenden Mann, die passenden Mitarbeiter. Dann entsteht schnell die Haltung des Nörgelns und der chronischen Unzufriedenheit. Die Arbeit wird nur soweit erledigt, wie es unbedingt nötig ist, man hält eine notdürftige Fassade aufrecht und ist innerlich schon gar nicht mehr an Bord. Offenbar ist die Arbeit erst dann befriedigend, wenn sie als Berufung erlebt wird. Egal, welchen Beruf wir haben – wenn es nicht zugleich auch unsere Berufung ist, in diesem Beruf zu arbeiten, werden wir darin unglücklich.

Wenn du anfängst, deine Ziele als Aufgaben im Sinne einer Berufung zu suchen, dann suchst du nach einer Tätigkeit, bei der du einzigartige Spuren in der Welt hinterlässt – genau die, die deinen Wünschen und Fähigkeiten entsprechen. Dazu musst du aber herausfinden, was du wirklich willst, und die Sache dann angehen.

Nur: Solange du mit Nörgeln beschäftigt bist, wirst du keine Kraft mehr für Geistesblitze übrig haben, um auf dem Weg zu deinen Zielen voranzukommen. Nörgeln strengt nämlich ganz schön an. Zumal ein Nörgler mit aller Kraft andere Nörgler anzieht. Und was machen die? Es ist nicht nur anstrengend, ihnen zuzuhören – sobald du damit aufhörst, fangen sie an, an dir herumzunörgeln. Und das kannst du am Allerwenigsten gebrauchen. Ein Braucher zieht einen Braucher an, und die verbrauchen sich dann.

Deshalb: Hör einfach auf damit. Finde dich mit den Umständen ab und mach das Beste daraus oder kündige oder lass dich scheiden. Du musst die Sache nur in die Hand nehmen und den Sprung wagen.

Als Tipp hätte ich da: »das bedingungslose Ja«. Einer der wichtigsten Sätze in meinem Leben ist der Satz geworden:

»Gibt es ein bedingungsloses Ja?«

Diese Frage stelle ich mir in allen Bereichen stets und ständig.

Gibt es für deinen Job ein bedingungsloses Ja? Wenn nicht, sofort kündigen oder aufhören zu nörgeln, das geht auch. Wenn der Job, oder die Firma, so furchtbar ist, warum ändern wir dann nichts? Oder ist der Leidensdruck überhaupt gar nicht so schlimm? Stöhne und nörgele ich nur um des Nörgelns willens?

Mache Schritte über deine Komfortzone heraus. Du hast das doch in der Geschichte von Mario alles gelesen. Als volljährige Person kannst du tun, was du wirklich willst. Aber tust du es auch? Für Jugendliche ist es da schon schwerer. »Solange du deine Füße unter meinen Tisch stellst, tust du, was wir dir sagen!« Dieser Satz ist allseits hinlänglich bekannt.

Dennoch: In Deutschland kann sich jede und jeder zu jeder Zeit frei entfalten, wann, wo und wie er oder sie will. Wenn man alte Menschen am Ende ihres Lebens befragt, was sie gerne anders gemacht hätten, antworten diese, dass sie sich wünschten, mehr Risiken eingegangen zu sein. Weniger fernsehen und das Leben mehr genießen. Sonst ist es vielleicht irgendwann zu spät. Diese Menschen ärgern sich nicht über das, was sie getan haben, sondern meist über das, was sie nicht getan haben.

Das ideale Opfer

Vor einigen Jahren hatte ich einmal die Gelegenheit, mit der Berliner Polizei zusammenzuarbeiten. In einem Gespräch mit einem Kriminalpolizisten erfuhr ich, dass sich ein Täter (zum Beispiel bei einer geplanten Vergewaltigung) dadurch ankündigt, dass er mit etwas raschelt oder eine Cola-Dose über den Fußboden kickt. Dann beobachtet er, wie sein ausgewähltes Opfer darauf reagiert. Ist es selbstbewusst und strahlt den Gedanken aus: *Was will der denn?* Dann haut der Täter meist ab. Ist das potenzielle Opfer jedoch verschüchtert, dann könnte es sein, dass es Ärger gibt.

Bist du ein selbstbewusster Mensch, der weiß, was er will, oder eher ängstlich und zurückhaltend? In meinen Seminaren rege ich immer aufs Neue an: »Bisschen mehr Selbstbewusstsein, bisschen mehr Selbstvertrauen, und du kommst gar nicht erst in so eine Situation.«

Egal, wie du konditioniert bist, du ziehst das an. Es gibt Leute, die schlittern von einer Katastrophe in die andere. Wenn da eine Pfütze ist, treten sie rein, wenn ein Auto durch den Regen fährt, kriegen sie die ganze Ladung auf die Jacke. Es gibt Menschen, die sind geradezu dafür prädestiniert. Sie ziehen den Mist regelrecht an. In Paulo Coelhos Buch *Der Alchimist* heißt es: »Alles, was dir einmal passiert, passiert dir möglicherweise nie wieder. Aber alles, was zweimal passiert, wird sicher auch ein drittes Mal passieren.« Also muss ich raus aus der Opferhaltung und mich umprogrammieren. Dabei hilft enormes Selbstvertrauen: »Was soll mir schon passieren?«

Doch so hart das ist: Es gibt natürlich auch Dinge, die kann man einfach nicht ändern. Die geschehen einfach, wie zum Beispiel der Stromunfall von Mario. Er hat ihn überlebt. Es hätte für ihn auch schiefgehen können. Natürlich darf und muss man trauern. Aber gewisse, auch furchtbare Dinge muss man akzeptieren. Wenn ich ohnehin weiß, dass ich nichts mehr an dem Zustand ändern kann, bewältige ich die Trauer am besten, indem ich das Geschehene akzeptiere. Ich kann natürlich auch lange nach dem Warum und Wieso fragen und mit dem Schicksal hadern.

Im letzten Jahr, es war irgendwo im südchinesischen Meer, setzte sich morgens ein fremder Gast an Bord des Kreuzfahrtschiffes zu mir an den Frühstückstisch.

»Sie sind doch hier der Gastkünstler an Bord«, begann er das Gespräch.

Wir waren beide allein an diesem Tisch.

»Das bin ich«, erwiderte ich.

»Wussten Sie«, fragte er, »dass jeder Schmerz 90 Tage dauert?«

»Wie bitte?« Ich wusste nicht, worauf er mit diesen Worten hinauswollte.

»Ja«, sagte er, »nur 90 Tage, keinen Tag länger. Und dann wird es besser. Ist doch toll, wie unser Gehirn alles verarbeitet, oder?«

Morgens um halb neun beginnt der so ein schweres Thema? Ich war doch überhaupt noch nicht richtig wach.

»Sie sind doch hier der Mentaltrainer an Bord, oder?«

»Ja, ja das bin ich, aber wovon reden Sie eigentlich?«, fragte ich ihn verdutzt. Haben Sie Schmerzen?« Ich überlegte, ob ich irgendwie helfen konnte.

»Nein«, antwortete er, »aber Sie kennen sich doch so gut mit dem Gehirn aus, ich habe im Theatrium allen ihren Vorträgen gelauscht.«

Bei meinen Vorträgen im Theater sitzen bis zu 1 200 Gäste, da bemerke ich einzelne Gesichter kaum.

»Das ist toll«, fuhr er fort, »was Sie hier an Bord tun, Sie helfen den Leuten echt damit weiter.«

»Das freut mich.« Ich wusste immer noch nicht, was er für einen Gedanken verfolgte.

»Dann hören Sie mir mal genau zu, Frank. Jeder Schmerz, egal wie groß er ist, dauert nur 90 Tage, danach wird es dann schnell besser. Ich habe meine Frau im letzten Jahr an den Krebs verloren, und das war sehr schmerzlich für mich.«

Damals, als seine Mutter starb, fuhr er fort, war es für ihn auch so ein schlimmes Erlebnis. Aber als nun seine Frau starb, hatte er festgestellt, dass er nach etwa drei Monaten darüber hinweg war.

»Also«, sagte er, »es tut zwar noch weh, aber ich komme jetzt besser damit klar. Und mir ist aufgefallen – ich habe auch mit vielen Menschen schon darüber gesprochen –, dass exakt nach 90 Tagen der Schmerz deutlich erträglicher wird. Ich möchte, dass Sie das so vielen Menschen wie möglich weitererzählen, deswegen habe ich Sie gesucht und bin an Ihren Tisch gekommen. Sie haben so eine wunderbare Art, das anderen gut zu erklären.«

Er trank seinen Kaffee aus, schaute mich freundlich an, stand auf und ging. Ich sah ihm im Restaurant noch lange nach, und meine Gedanken kreisten um diese 90 Tage. Ich wusste natürlich aus der Resilienz-Forschung, dass wir alles, was das Gehirn beim ersten Mal schreckt, beim zweiten Mal schon nicht mehr ganz so schlimm empfinden und wir beim dritten und vierten Mal immer besser damit klar kommen.

Diese 90-Tage-Formel gefiel mir außerordentlich gut. Dann hat die Natur das echt so klug eingerichtet, damit Menschen an Schicksalsschlägen nicht zerbrechen? Endlich gab es eine Zahl, woran man etwas messen oder festmachen konnte. Warum war das so wenig bekannt? Ich habe bisher kaum etwas darüber gelesen oder davon gehört, will es aber gern beherzigen und weitergeben.

Es ist immer wieder interessant, wie man im Leben Antworten bekommt, wenn einen etwas beschäftigt. Erreichen einen diese Antworten jedoch oft in den Momenten, wo man es kaum erwartet. Jetzt heißt es, Augen auf und die Ohren spitzen. Smartphone raus und notieren. Später recherchieren und auswerten und für sich in seinem Bereich tragfähig machen.

Wenig später erklärte mir ein Internist, dass die Medizin das indirekt bestätigt habe, es aber auf 90 bis 180 Tage einschätze. So formulieren und kommunizieren es jedenfalls Neurologen an die Angehörigen.

Einmal sagte eine Frau zu mir: »Ich habe meine Mama verloren und mache mir solche Vorwürfe ...«

»Wie alt ist sie denn geworden?«

»92.«

»Mensch, das ist doch toll! 92, das müssen wir erst mal schaffen!«

»So hab ich das ja noch gar nicht gesehen. Danke, Frank, dass Sie mir das gesagt haben!«

Vielleicht muss es manchmal ein Fremder sein, der einem so etwas sagt. Wir kommen allein auf die Welt, und wir verlassen sie allein. Oft sagen die Leute, wenn jemand verstorben ist, sie hätten jemanden verloren. Nein! Du hast diesen Menschen nie besessen, wie kannst du ihn da verlieren? *Du* gehst in deinem Leben ein Stück weit gemeinsam mit einem Menschen, und irgendwann geht der eine links herum und der andere rechts.

Das Leben ist wie eine Reise im Zug oder auf einem Schiff. Mit all den Haltestellen und Häfen, einigen

Umwegen und Unfällen. Bei manchen Aufenthalten erleben wir angenehme Überraschungen oder Traurigkeiten. Wir steigen zu und treffen auf unsere Eltern, und denken uns, dass sie immer mit uns reisen werden. Aber an irgendeinem Ort werden sie aussteigen, und wir werden unsere Reise allein fortsetzen. Genauso werden andere Fahrgäste einsteigen, die für uns sehr wichtig werden – Geschwister, Freunde, Bekannte, sogar die Liebe unseres Lebens. Dieser »Formel-90-Tage-Gast« war auch so ein kurzer Reisebegleiter. Viele werden uns unterwegs verlassen, aussteigen und eventuell eine große Leere hinterlassen. Bei anderen werden wir gar nicht bemerken, dass sie ausgestiegen sind! Es ist eine Reise voller Freude, Leid, Begrüßungen und natürlich Abschiede.

Der Erfolg besteht darin, eine gute Beziehung zu allen Passagieren an Bord oder im Zug des Lebens zu haben. Das große Rätsel für uns alle ist, dass wir nie wissen werden, an welcher Haltestelle wer oder sogar wir selbst aussteigen müssen. Wenn ich ein Verkehrsmittel besteige, kann ich vorher nie wissen, ob dieses Verkehrsmittel seinen Bestimmungsort überhaupt erreicht. Es erstaunt uns, dass manche der Passagiere, die wir am liebsten haben, sich auf einen anderen Platz setzen und uns die Reise in diesem Abschnitt allein machen lassen. Leider können wir uns manchmal nicht zu ihnen setzen, da der Platz an ihrer Seite schon besetzt ist. Es sind alles nur Momentaufnahmen, und nichts ist von Dauer oder gar für die Ewigkeit.

Seit 1997 bin ich für große, namhafte Reiseveranstalter mit meinen Vorträgen auf der ganzen Welt unterwegs.

Ein Phänomen finde ich dabei immer wieder höchst erstaunlich: Ich lerne auf so einer Zwei-Wochen-Reise Leute kennen und schätzen und bin mit ihnen mehrere Tage, Abende oder auch Nächte zusammen. Wir glucken so rum, gehen essen, haben Spaß und verbringen diese meist 14 Tage mehr oder weniger gemeinsam. Die Reise neigt sich dem Ende, und man freut sich irgendwann auf ein Wiedersehen bei einer der nächsten Reisen und verabschiedet sich am Hafen oder Flughafen. Jeder geht seiner Wege. – Ein, zwei Jahre später trifft man sich irgendwo auf einer Reise wieder und stellt erstaunt fest, dass man sich kaum mehr etwas zu erzählen hat. Alle damaligen Gemeinsamkeiten sind wie weggewischt. Man tauscht zwar noch allgemeine Höflichkeiten aus, aber verbringt keine oder nur wenig Zeit mehr miteinander. Man sieht sich sogar kaum noch. Irgendwie geht man sich unverständlicherweise aus dem Weg. Die Magnete stoßen sich ab. Wie kann das sein? Jeder hat sich im Geiste weiterentwickelt und schmerzlich stellt man fest: »Wir passen einfach nicht mehr zusammen.«

Alles klar, akzeptieren, lernen, abhaken und weiter geht's. Nicht hinterhertrauern, sondern loslassen, ziehen lassen.

Das eigene Image aufpolieren

Der erste Schritt heißt, sich zu lieben. Liebe dich selbst abgöttisch. Finde dich unwiderstehlich, und bewundere dich vor dem Spiegel.

Wenn du dich nicht liebst, strahlst du das aus. Dann steht auf deiner Stirn: »Schlag mich.« Jetzt zieht dein Magnet aggressive Menschen an, die dich ungeil behandeln, und eventuell sogar misshandeln. Überall das Wort »handeln«. Das »Handeln« wird dir förmlich abgenommen und von anderen übernommen. Dein Frust wächst. Dicke Menschen sind meistens sehr gefühlvolle Menschen, aber kaum einer lebt diese Gefühle wirklich aus. Gibst du dich beim Sex hin, oder ist dir alles unangenehm, peinlich und schmutzig? *Das will ich nicht, und das tue ich nicht, und jenes will ich auch nicht.* Hast du einen Waschzwang, putzt du dauernd rum oder schrubbst dich unter der Dusche? – Alles Anzeichen, sich in seiner eigenen Haut unwohl zu fühlen.

Nimm dir Zeit für dich. Hab' dich lieb. Scham und Schuld müssen nicht mehr unterdrückt werden. Schon baut sich dein Panzer wie von ganz allein ab.

Bringe dein Äußeres in Schuss. Wenn eine Frau zu lange Haare hat – lange Haare machen immer alt –, dann runter die Fusseln. Und bei den Männern müssen mal die Haare aus dem Ohr und der Nase geholt und der Nacken ausrasiert werden. Wenn du dann auch noch ein bisschen braun gebrannt bist, hast du schon eine ganz andere Ausstrahlung.

Du schaust in den Spiegel und stellst erstaunt fest: »Das bin ja ich, was bin ich für ein geiler Kerl/ein tolles

Mädel!« Schon hast du ein neues Selbstbewusstsein, und das spüren auch die anderen: »Oh, hier weiß jemand, was er will, den kann ich nicht überrollen.«

Du achtest mehr auf dich, und das gefällt auch deinem Partner oder deiner Partnerin. Du strahlst Erotik aus. Du pflegst deinen Körper und deinen Geist. Lebst gesünder, weil du anders isst. Deine ganze Ausstrahlung ist anders. Dein Äußeres verändert sich. Haare, Gesicht, Augen. Alles strahlt. Du bist förmlich verstrahlt. Das zieht wie ein Magnet.

Jetzt spürst du, wie sich alles wandelt. Es wandelt sich endlich zum Besseren. Es verändert sich zu dem, was du willst, was du schon immer gewollt hast. Auf einmal fällt dir alles zu. Fremde Menschen lächeln dich im Vorbeigehen an und oder begrüßen dich mit einem leichten Kopfnicken. Irgendwer hebt auf, was dir heruntergefallen ist. Wie von allein fügen sich die Dinge.

Clustern heißt das Zauberwort. Es häufen sich die Synchronizitäten. Eins passt zum anderen. Erfolge über Erfolge. Wo wart ihr die ganze Zeit? Hattet ihr euch versteckt, oder was? Anrufe erreichen dich. Man reißt sich um deine Person. Beruflich ergeben sich unerwartete Chancen. Kunden kaufen deine Produkte. Jeder will etwas von dir, und man sucht deine Nähe. Du wirst mutiger, zufriedener, galanter und schöner. Klamotten werden aussortiert und durch neue ersetzt. Schuhe werden geputzt und auf Hochglanz getrimmt. Das Auftreten wird zum Auftritt. Der Sieger betritt die Bühne. Vorhang auf, jetzt komme ich. Du lernst und lernst und lernst. Bildest dich weiter und willst mehr. Viel mehr.

Körpersignale

Wenn du ein Pferd hättest, dass hunderttausend Euro wert wäre, würdest du dieses Pferd jeden Abend von einer Party zur nächsten Party mitnehmen? Würdest du es mit schlechter Nahrung füttern, ihm Alkohol einflößen? Würdest du es nur in dunkle Räume einsperren, keine frische Luft rein lassen?

Ist dein Körper nicht sogar Millionen wert?

Oft ist es unser Körper, der uns Hinweise darauf gibt, was wir im Leben falsch machen. Zugleich zeigt er uns Wege auf, wie wir es besser machen können.

Ich bin kein Arzt, Heilpraktiker, Schamane, Edelsteintherapeut oder Psychoanalytiker, sondern nur ein Mentaltrainer mit seiner schlichten Botschaft: Es kommt auf deine Einstellung an, wie du die Dinge siehst, und auf deine Haltung, was du daraus machst, wenn du etwas siehst. Du musst wissen:

> Wohin auch immer du gehst, du bekommst dort das, was du bestellt hast.

Du hast die Wahl schon getroffen, wie du behandelt werden willst, bevor eine Diagnose erstellt und dir ein Heilmittel verabreicht wurde. Wenn du zum schulmedizinischen Arzt gehst, bekommst du dort Tabletten, Spritzen, Salben, eine Magnetresonanztomographie, eine DNA-Analyse, eine Magen-Blasen- und Darmspiegelung und schlimmstenfalls eine OP. Und alles geht ganz fix. Der Heilpraktiker nimmt sich jede Menge Zeit, und am Ende gibt's Globuli und Bachblüten. Der Schamane treibt dir die bösen Geister aus. Der Edelsteintherapeut schickt dich mit vielen bunten Steinchen zur Chakrenöffnung nach Hause, und der Psychoanalytiker lässt dich mehrmals wöchentlich frei über deine Kindheitstraumata assoziieren. Und jeder hat auf seine Weise recht.

Nun bist du bei mir gelandet, weil du glaubst, dass Mentaltraining hilft. Stimmt auch, aber nur, wenn du mithilfst. Ohne dich geht es nicht.

In Indien hatte ich mir einmal den Fuß verletzt. Daraufhin bin ich an Bord zu unserem Schiffsarzt gegangen, weil die Wunde sich entzündet hatte.

»Sie sind doch Mentaltrainer«, sagte er. »Sie können das doch allein.«

»Na klar« entgegnete ich, »ich bin Moses, ich kann das Meer teilen und auch wie Jesus über das Wasser laufen.«

Das ist doch Quatsch, ich bin ein Mensch wie jeder andere auch. Und wenn der Fuß verletzt ist, muss der Doktor sagen, ob ich ein Antibiotikum brauche oder ob man operieren muss. Denn das ist sein Spezialgebiet, da werde ich ihm doch nicht reinreden.

Pudding gegen Probleme – Bist du zu dick?

Bei meinen Reisen erzähle ich öfters in Seminaren, wie man abnimmt. Manchmal beobachte ich Leute beim Gang zum Büffet, einige sind für zwölf Personen zugelassen.

Würden Sie bitte Ihren Pudding sofort fallen lassen, denke ich manchmal. *Würden Sie bitte mit dem Gang*

eines südamerikanischen Kaffeesackträgers zum Salatbüffet
gehen? Dort können Sie alles aufessen, was da liegt.

Sind es nicht oft die Leute, die nichts am Süßspeisenbüffet zu suchen haben, die sich hier das Weiße aus den Augen fressen? Ich werde nie vergessen, wie in einem Robinson Club eine Frau von unserem Tisch aufstand, zu einem besonders üppigen Süßspeisenbüffet ging und mit einer ganzen Schüssel voll Ananas zurückkam. So weit, so gut. Nur: Auf der Ananas türmte sich ein gigantischer Berg Schlagsahne. Sie setzte sich, und wir alle am Tisch schauten uns fassungslos an, weil die Frau einfach unglaublich fett war.

Was sagte nun diese Frau zu uns? »Ich weiß, dass es schlecht ist für mich. Ich weiß genau, dass ich an Herzverfettung eingehe. Aber ich muss das jetzt auffressen.« Eine klassische Konditionierung. Über die Nahrung nimmt sie diese Programmierung auf und legt bei sich geistig die Ursache für etwas, das sie überhaupt nicht will. Das Unterbewusstsein hört nur: *Herzverfettung, alles klar, mach ich dir passend.* Und wenn sie irgendwann an Herzverfettung stirbt, wird sie denken: *Ich hab's ja gewusst.* Und das ist ja das Fatale.

Bewunderst du dich, oder gehst du ranzig mit dir um? Liebst du dich und deinen Körper? Dein Körper hört immer mit und reagiert auf alles, was du sagst und denkst. Unser Körper ist ein reiner Diener. Er kann nie ignorieren, was du in deinem Oberstübchen denkst und fühlst. Alles hängt mit allem zusammen. Über 50 Billionen Zellen – übrigens sehr intelligente Zellen – hören alles in deinem Energie-Körper mit. Egal, was du denkst, fühlst, sagst und tust. Die Zellen reagieren unweigerlich auf die Qualität dieser Energien, die jeder Mensch allein vor sich hin produziert. Also:

> Pass auf, was du so über dich und deinen
> Körper denkst oder drauflosplapperst!

Männer finden sich meist toll. Frauen können sich oft nicht ausstehen. Sie lieben nichts an sich. Frauen nehmen weniger Rat für ihr Äußeres an als Männer. Mehr darüber erfährst du demnächst in unserem »Beauty-Buch«. Sag einem Mann, er soll seinen Nacken ausrasieren, damit er geiler aussieht, und er wird es schneller tun, als eine Frau reagiert, der du den Rat gegeben hast, sich eine andere Frisur zuzulegen. Frauen zweifeln mehr an sich und verlieren dadurch kostbare Zeit, die ihnen später fehlt.

Selbstverurteilung ist eine der größten Ursachen für Enttäuschungen und kann zum Beispiel Fressattacken und anschließendes Kotzen auslösen. Diese aufkommende Gier nach fetten und süßen Speisen bei Fettleibigkeit wird, wie die Sucht nach Drogen, als *Craving* (auf deutsch: heftiges Verlangen, Begierde) bezeichnet. Im limbischen System, der Gefühlsfabrik des Körpers, sitzen die Rezeptoren dafür. Mentales Training wird hier in das Belohnungssystem eingreifen und die Ausschüttung von Dopamin nach dem Genuss von Süßem und Fettem verhindern. Das heißt, der Mensch programmiert sich tatsächlich um. Das *Craving* verschwindet.

Worüber wir hier sprechen ist Physik: Was in die eine Richtung schwingt, schwingt auch in die andere. Das Essen ist nicht schuld – aber wenn ich denke, dass es nicht gut für mich ist, dann ist es auch nicht gut. Das Unterbewusstsein weiß nicht, was du willst. Es hört den Befehl, viel zu essen, und führt ihn aus. Einige Leute haben mir erzählt, dass sie mit mentalen Techniken, die sie von mir hörten, über 25 Kilo losgeworden sind.

Es nützt wenig, wenn ein dicker Mensch sich einredet, Essen sei schädlich für ihn. Es geht mehr darum, anstelle des Essens Erfahrungen zu sammeln, die sich mindestens genauso gut anfühlen, beispielsweise Tanzen oder Sex. Manchmal hilft auch eine Psychotherapie.

Die Neurobiologie sagt: Wenn ein Mensch nicht aufhören kann zu essen, stimmt etwas nicht mit seiner Impulskontrolle. Diese kann nur funktionieren, wenn sie mit einem positiven Erlebnis verbunden ist. Etwa, dass alle in der Familie um einen Tisch sitzen und man noch wartet, bis alle gemeinsam zu essen anfangen. Das nennt man Esskultur, wenn es beim Essen um mehr als nur ums Futtern geht.

Wenn du anfängst, aus Frust etwas meist Süßes und Fettiges in dich hineinzustopfen, wird im Hirn mehr Serotonin ausgeschüttet – das heißt, es entsteht ein vorübergehender Beruhigungseffekt. Wenn du dich häufiger auf diese Weise beruhigst, löst du erstens keines deiner Probleme, und zweitens: Du wirst süchtig nach dieser Form der Ablenkung. Dein aufgeschwemmter Körper ist nur ein Nebeneffekt. Dann denkst du womöglich: *Wenn ich ein bisschen fett bin, na und?* Da die Sucht auf einer emotionalen Erfahrung beruht, ist sie im Frontallappen des Gehirns als neuronales Muster gespeichert und zu einer inneren Überzeugung geworden. Da müssen neue Erfahrungen her. Frage dich:

- *Kann ich meine Welt genügend gestalten?*
- *Habe ich den Platz in der Welt, der mir gefällt?*
- *Lebe ich in einer Welt, die für mich Sinn hat?*
- *Liebe ich mich?*

Welche Antworten du auf diese Fragen findest, ist ganz unabhängig davon, was du bisher schon erreicht hast. Die Antworten sind immer relativ zu dem Zustand, der vorher da war. Wenn deine Gestaltungsmöglichkeiten beschnitten werden oder sich alte Lebensperspektiven auflösen, besteht immer die Gefahr, diese Krise auf oralem Wege, also mit Essen, lösen zu wollen. Du bist, was du isst.

Was kannst du also tun, um wieder mehr Luft zum Gestalten zu haben? Das kann ich dir nicht sagen, das weiß nur ein Experte, der sich bestens in dir auskennt. Und wer könnte das sein – außer dir selbst?

Die vier »Hohen C«

Nehmen wir einmal an, du hättest dich und deine ganze Einstellung zum Leben verändert. Du bist dir bewusst, dass du einst allein gekommen bist und irgendwann wieder allein gehen wirst. Nur das zählt: dass du glücklich bist, denn es ist dein Leben, und es ist dein Plan. Und der war es immer.

Du fühlst, und dein Denken verändert die Gedanken. Wie Pfeile ballern deine Neuronen ins Universum und versenden Botschaften. Eine nach der anderen. Du bist ausdauernd und zäh. Du bist auf der Überholspur und ziehst durch, wie ein Athlet, von einem Sieg zum nächsten. Du beherrscht die vier »Hohen C«. Dein Bewusstsein, deine mentale Einstellung haben sich verändert. *Mental toughness* ist die geistige Zähigkeit, wie sie Spitzenathleten auszeichnet.

Die vier »Hohen C« bedeuten:

1. *Control*: Die Gewissheit, deine Gefühle und die Gegebenheiten des Lebens zu beeinflussen und zu kontrollieren.
2. *Commitment*: Die Bereitschaft, dich bei dem, was du tust, voll einzubringen und alles zu geben.
3. *Challenge*: Herausforderungen sind für dich keine Bedrohung, sondern die Chance zur Weiterentwicklung.
4. *Confidence*: Das unerschütterliche Vertrauen in deine Fähigkeiten, deine Selbstsicherheit und dein Selbstbewusstsein. Du kannst und willst mehr. Da geht noch was.

Dem Blackout vorbeugen

Blackout bedeutet, dass das Gehirn bei Stress offline geht, begleitet von einem vorübergehenden Gedächtnisverlust. Man nennt das auch »mentalen Blackout« oder Filmriss. In Prüfungen oder wie 2015 in Günther Jauchs Quiz »Wer wird Millionär?« kann sich jemand in einer Stresssituation plötzlich nicht mehr an sein im Gedächtniszentrum gespeichertes Wissen erinnern.

Das kann wirklich jedem passieren und ist nicht bedenklich. Es ist eine normale Reaktion des Gehirns auf eine ungewohnte Situation und muss auch nicht ins Lächerliche gezogen werden. Im Vorfeld einer solchen Herausforderung hilft jedoch eine gute mentale Vorbereitung durch einen Coach, der diese »mentale Lücke« erfolgreich schließt.

Über kurz oder lang kommt jeder von uns in eine ähnliche Situation, und nach einem guten Coaching weiß man sofort, was zu tun ist. Aufregung oder ungewöhnliche Situationen in den Griff zu bekommen kann man lernen. Hier ein paar Tipps:

- Ruhiges Atmen ist der erste Schritt.
- Vor großen Gruppen zu sprechen ist einfacher als vor kleinen, da sich das Auge in der Menge verliert. Das muss man wissen. Man sollte niemals irgendwo hinstarren, sonst beißt man sich fest, und es wird noch anstrengender.
- Wichtig ist es auch, sich vorher aufzulockern und an das fremde Umfeld zu gewöhnen. Ob TV-Studio oder Red Carpet ist dabei unerheblich.
- Einfach drauflosplappern – und wenn es der größte Blödsinn ist –, ist dabei erlaubt. Dadurch fädelt sich das Gehirn wieder neu ein, und man kommt unweigerlich auf den roten Faden zurück.
- Gelerntes kann man nicht vergessen, es ist ja im Gehirn, der größten Festplatte der Welt, abgespeichert, aber der Zugang dazu muss zügig wiederhergestellt werden. Das geht am schnellsten, wenn man einfach drauflosredet. Dann kehrt die Sicherheit von ganz allein zurück.

Wenn man das alles weiß, kommt es gar nicht zu einem Blackout, denn man ist ja gut vorbereitet.

Was wir von Selbstdarstellern lernen können

Was zeichnet Menschen aus, denen andere alles abnehmen, was sie sagen und tun? Warum verkaufen sich manche Leute so gut? Was beherrschen sie besser? Sie haben die Fähigkeit, sich wunderbar in Szene zu setzen und darzustellen.

Männer von dieser Sorte quatschen sich eine Frau förmlich ins Bett. Sie schlüpfen in eine Rolle, die sie nie ausfüllen können und werden und erfinden einfach Geschichten. Beim Karneval verkleidet sich mancher, um endlich einmal jemand zu sein. Beim Halloween und beim Karneval darf man sich wie eine Nutte oder Schlampe anziehen und schminken, ohne eine zu sein.

In einer weltweiten Studie ließ das Unternehmen IBM untersuchen, woran es liegt, dass Menschen Karriere machen. Das erstaunliche Ergebnis war die Formel 10-30-60. Die erste Zahl betrifft die Performance, also die Qualität der Arbeit; diese macht demnach nur 10 Prozent aus. Der Eindruck, den eine Person hinterlässt, also ihr Image, schlägt sich zu 30 Prozent nieder. Der Bekanntheitsgrad und die Selbstdarstellung eines Menschen jedoch zählen sage und schreibe zu 60 Prozent!

Was beeindruckt andere? Die Selbstdarstellung rangiert ganz oben. Das gelingt emotionalen Menschen besser als Rationalisten. Was müssen Selbstdarsteller für Eigenschaften haben?

Blumig erzählen können. Fantasie in allen Bereichen. »Der Gestiefelte Kater« ist das passende Märchen dazu. Selbstdarsteller sind Märchenerzähler vor dem Herrn.

Optisch overdressed daherzukommen, geschniegelt und gebügelt, ist dabei schon die halbe Miete: *So, wie du gehst, so geht's dir.* Meistens tragen sie gute und geputzte Schuhe. Diese Leute, auch Pfauen genannt, zeigen sich nicht nur, nein, sie präsentieren sich.

Ein massives Geltungsbedürfnis, verknüpft mit Redegewandtheit, ist enorm hilfreich. Selbst der Gang zur Kantine gleicht einem Auftritt. Sie zelebrieren alles und schwadronieren über ihre Erfolge und wen sie alles kennen. Sie schmücken sich gern mit Persönlichkeiten – Selfies mit Promis sind keine Seltenheit.

Sie wirken nach außen sehr stark, obwohl es innerlich vielleicht Mimosen und empfindsame Diven sind. Alles ist Theater, immer sind sie auf der Bühne, aber stets lustig und interessant. Langeweile kommt nicht auf, immer ist was los.

Wo können Selbstdarsteller ihre Eigenschaften am besten ausspielen? Das zieht sich durch alle gesellschaftlichen Bereiche. Wo immer sie sich profilieren können, werden sie es tun. Männer mehr als Frauen, da sie gern das Spiel spielen: »Wer hat den Längsten?« – Rüden pissen auch gern überall hin und markieren ihr Revier.

Selbstdarsteller nutzen jedes Terrain. Als Verkäufer im Vertrieb haben sie leichtes Spiel, weil sie fleißig sind. Fleißig sind sie, da sie Geld für ihre Statussymbole brauchen. Rolex, Porsche, Louis Vuitton – in dieser Reihenfolge – gehören zwingend zum Programm. Alles, was nach irgendetwas Großem ausschaut, ist ihre Bühne. Viel hilft viel. Bei Politikern ist es die Staatskarosse. Viel Blaulicht, Eskorte, Standarte am Wagen, Titel, Auftritt auf dem roten Teppich, Huldigungen, Kameras. Bambi-Verleihung oder die Auffahrt vor dem Weißen Haus in Washington. Da kommt das Glücksgefühl so richtig in Wallung. Betriebserektion ist angesagt. Ist die Ministerzeit jedoch irgendwann vorbei, muss eine Ersatzbefriedigung her. Damit das Ganze nicht im Alkohol ertrinkt, sollte man rechtzeitig vorsorgen, damit man nicht in ein tiefes Loch fällt. Solche Menschen arbeiten später als Redner, Speaker, Dozenten und Gastprofessoren an der Uni oder werden Lehrer. Ihre gesammelten Erfahrungen geben sie gern weiter, da sie auch hier wieder glänzen können.

In welchen konkreten Alltagssituationen können wir Selbstdarsteller beobachten?

Auf der Arbeit. Was ist im Büro? Einen Stromberg gibt es überall. Ist die Gruppe noch so klein, einer muss das Arschloch sein. In den Büroetagen herrscht oft Langeweile. Hier sind solche Menschen eine willkommene Abwechslung, damit es im sozialen Leben genügend Gesprächsstoff gibt.

In Konferenzen ist für den Selbstdarsteller jedoch Vorsicht angesagt, denn hier sitzen viele kluge Leute. Er wird sich in der Pause an den Meinungsträger heranpirschen und lauern, woher der Wind weht, um dann im richtigen Moment wortreich zu glänzen. Als Verbalakrobat ist er im Vorteil. Er saugt Wissen und Informationen auf wie ein Schwamm. Er sammelt Material, mit dem er gegebenenfalls später aufwarten kann. Manchmal kommt sogar das eine oder andere Gute und Intelligente dabei heraus.

Diese Menschen sind meistens sehr schlau – Bauernschläue ist eine billige Art von Intelligenz. Nicht selten findet man sie bei Abteilungsleitern in Kaufhäusern. Hier müssen die Mädels aus der Parfümerieabteilung beeindruckt werden. Das geht am besten, wenn man bei Firmenfeiern laut redend und mit einem vollen Tablett jonglierend durch die Tische tanzt. Tiefe Blicke zur Damenwelt sind dabei Pflicht. Bei Firmenfeiern kann sich der Schreihals so richtig in Positur werfen.

Weibliche Selbstdarsteller kennzeichnen sich durch lautes Lachen und ein besonders tiefes Dekolleté. Viel nackte Haut und ein tiefer, langer Augenaufschlag sorgen für ungebremste Aufmerksamkeit. Langsam, sehr langsam, wenn inzwischen alle beim Essen waren, fast gelangweilt, mit dem Po wackelnd zum Büffet zu schweben, zieht ebenfalls alle Blicke auf sich und lässt die Belegschaft tuscheln. Auf Feiern gibt es zwei Kategorien von Frauen: Die einen sind extrem laut, das kann durch Kleidung betont werden, die anderen sind geheimnisvoll leise und spielen mit ihrer sexy Ausstrahlung, indem sie einen Mann, mit einer Haarlocke zwischen den Fingern spielend, einen Moment zu lange ansehen. Der erfahrene Jäger checkt das sofort, da diese Art von Menschen alles um sich herum wahrnimmt.

Selbst in betrunkenem Zustand sind die Sinne von Selbstdarstellern aufs Äußerste geschärft. Deswegen dürfen sie nicht unterschätzt werden. Auch wenn du denkst, er oder sie hat etwas nicht mitbekommen, dann wurde auch diese Information inzwischen längst mental verarbeitet. Diese Menschen ignorieren nur das, was ihnen nichts bringt. Sie sind Meister ihrer Sinne und werden diese immer gewinnbringend einsetzen. Privat und im Business.

Auch im Kundengespräch? Da kann es allerdings gefährlich werden, wenn Gespräche am Telefon mitgeschnitten werden. Das entlarvt und zwingt zu einstudierten oder vorgegebenen Aussagen. Selbstdarsteller sind oft wunderbare Verkäufer und beeindrucken ihre Kunden.

Vielleicht haben sie als Autoverkäufer wenig Ahnung von der Technik, aber sie kompensieren das im Verkaufsgespräch über das schöne Gefühl, das sie den Kunden vermitteln. Hier fährt unser Darsteller alles auf, was er hat. Und er hat viel zu bieten. Seine Weltgewandtheit schlägt Purzelbäume: »Bitte setzen Sie sich doch einmal in unser wunderbares Automobil der Mercedes-Benz-Oberklasse, mit hochwertigen Materialien und glanzgedrehtem Reliefstern auf der Lenkradprallplatte. Hier rechts fühlen Sie die hautfreundlich haptisch geformte Automatik, Sie müssen nicht viel tun, nur darüber streicheln, sie leicht antippen und losfahren.« Seine meist sehr gepflegten Hände zeigen zu den Instrumenten. »Das Navi erkennt den Weg. Der Abstandshalter dieser Luxuskarosse und die vielen kleinen, unsichtbar verbauten Helferlein wie die 360-Grad-Kamera vermitteln die nötige Sicherheit.«

Verkäufer, die wenig Ahnung haben, verkaufen tatsächlich mehr. Warum? Sie verlieren sich nicht unnötig in technischen Fragen. Sie verkaufen nicht das Produkt, sie verkaufen und zelebrieren nur sich. Das Produkt wird zur Nebensache und verkauft sich fast von allein.

Im Privatleben. Der private Bereich ist der feinste Aben-
teuerspielplatz für Selbstdarsteller. Hier erzählen sie ihm
oder ihr am Telefon alles, was der andere hören will oder
hören muss. Jetzt kann alles an Schmalz aufgefahren werden, da der Augenkontakt fehlt. Es tropft und trieft.
Frauen sind dafür noch empfänglicher als Männer, da sie
mehr auditiv sind und das Gehörte in Gefühl umwan-
deln. Frauen nehmen anders wahr. Hören und Riechen
ist stärker ausgebildet als ihre anderen Sinne. Männer,
die das wissen, werden es klug einsetzen.

Bei Männern arbeitet ihr »Gefechtsauge«. Für den
Selbstdarsteller sind schöne Menschen ein Muss. Opti-
sche Reize, wie hübsche, gut gebaute Frauen, ein gepfleg-
ter Wagen und die weiß-goldene Rolex Pepsi GMT
Master II gehören zu ihm wie Atmen. Zu starke, selbst-
bewusste oder gar laute Frauen stoßen ihn daher eher ab.
Er mag auch keine maskulinen Frauen, weil er bei ihnen
kaum glänzen kann – sie sind ihm viel zu ähnlich und
durchschauen das Spiel.

Frauen wiederum können homosexuelle Männer
wenig beeindrucken, da auch hier das Gespielte sofort
auffliegt und durchschaut wird.

Dafür können Frauen am Telefon mehr schluchzen
oder stöhnen oder das »arme kleine Ich« besser vortäu-
schen. Das erzeugt und erweckt bei Männern unweigerlich den Beschützerinstinkt – jetzt macht Mann leider
alles. Und hier kommt es zu verheerendsten Fehlern.

Onkel Willis Geburtstag. Ein Selbstdarsteller nutzt
sogar Familienfeiern, um sich an »Schwächeren« in der
Gruppe abzuarbeiten. Er führt das Wort und hat zu

allem und jedem eine Meinung. Diese Meinung kann sich allerdings ziemlich schnell um 180 Grad wie der Wind drehen, wenn es angebracht ist und der Druck zu stark wird.

Lustig wird es, wenn zwei Männer vom gleichen Kaliber aufeinandertreffen. Entweder gehen sie sich aus dem Weg, oder sie verbrüdern sich lautstark und teilen die weiblichen »Opfer« unter sich auf. Viele Frauen fühlen sich von solchen Schreihälsen magnetisch angezogen. Je lauter und lustiger solche Männer sind, desto mehr Frauen haben sie im Schlepptau.

Wie werde ich zum Star des Abends?
Zehn Regeln für jeden Anlass

Erfolgreiche Menschen müssen und wollen sich professionell inszenieren. Ihre Bedeutung und ihr Marktwert steigen mit jedem einzelnen Auftritt. Wie wirst du zum Star eines jeden Events?

1. Recherchiere und analysiere, wer an dem Event teilnimmt.
2. Stelle fest, wie groß dein persönlicher Aufwand ist.
3. Informiere dich über den Dresscode.
   Besser overdressed als underdressed.
4. Tritt selbstbewusst auf. Bleibe kurz am Eingang des Saales stehen und lass den Blick über die Szene schweifen.
5. Verweile nie in dunklen Ecken, sondern bleibe im Licht und bewegen dich selbstbewusst durch den Raum.

6. Lächle exklusiv. Schenke nur ausgewählten Gästen dein persönliches herzliches Lächeln. Bewahre andere Gäste vor einem aufgesetzten Dauergrinsen.
7. Kontaktiere andere Gäste. Versteck dich nicht hinter oder unter dem Büffet. Verfolge konsequent deine Kontakt-Mission. Bitte andere Gäste oder den Gastgeber, dich deinen Wunschpartnern vorzustellen.
8. Verblüffe die Leute. Bring das Gespräch ungezwungen auf einen für sie wichtigen Punkt.
9. Hab Spaß! Nutze die Flucht aus dem normalen Alltag auch dazu, um dich bei einem farbenfrohen Event zu vergnügen.
10. Stecke dein Umfeld mit deiner Freude an.

Den Humor trainieren

Ab und zu schaue ich mir schon mal ganz gern Comedy-Sendungen an und überlege, wie das auf mich wirkt. Lustig und ein bisschen schlüpfrig ist keine schlechte Mischung, sagen sogar die Neurobiologen. Laut der Hirnforschung passiert in unserem Gehirn etwas sehr Spannendes, wenn wir einen schlüpfrigen Witz hören: Ah, Weiterentwicklung, Fortpflanzung, da geht noch was!

Und auf einmal hast du als Trainer mit so einem Witz die ganze Gruppe wieder voll auf deiner Seite, aber nicht, weil die Menschen das bewusst wollen, sondern weil ihr Hirn wieder angesprungen ist, ohne dass es ihnen bewusst ist: *Der Trainer hat was Schmutziges gesagt, da geht's zur Fortpflanzung, da höre ich wieder hin.*

Dabei spielt allerdings eine Rolle, ob der Mensch, der auf der Bühne steht, männlich oder weiblich ist. Der kleine Unterschied macht den Unterschied. Ein Trainer kann sich mehr rausnehmen als eine Trainerin. (Übrigens lachen Frauen nach meiner Erfahrung lauter, länger und öfter, wenn es ums Thema Sex geht.)

Zwischen Beruf und Familie –
Hängepartie oder Entscheidung?

Was waren das noch für Zeiten, als die Männer wussten, was sie als Männer zu tun hatten, und die Frauen wussten, was sie als Frauen zu tun hatten. Der Mann ernährte die Frau, sie richtete das Heim. Heute herrscht auf beiden Seiten enormer Erfolgsdruck: Die Männer sollen im Haushalt anpacken, und die Frauen müssen dafür auch Kohle ranschaffen.

Umso wichtiger wird die Frage nach den Prioritäten: Worauf will ich meine Energie fokussieren? Denn wenn ich alles gleichzeitig will und überall meine Energien verteile, kann ich nirgendwo richtig gut sein.

Inzwischen pfeifen es die Spatzen von den Dächern: Frauen können besser mit der Vielfalt von Anforderungen umgehen als Männer. Sie sind von ihrer geschlechtlichen Grundkompetenz her besser geeignet, die neuen drei Ks – Kinder, Küche und Karriere (früher Kirche) – unter einen Hut zu bringen.

Und wenn ein Mann heutzutage glaubt, noch mit den männlichen Eigenschaften trumpfen zu können, die seinen Vater oder Großvater nach vorne gebracht haben, bläst ihm eisiger Wind ins Gesicht. Typisch männliche Tugenden gelten in einer Welt, die zunehmend von weiblichen Werten bestimmt wird, als Stigma. Frauen bestimmen die Norm, Männer können sie nur erfüllen oder davon abweichen. »Von den Männern werden zunehmend typisch weibliche Eigenschaften verlangt, sie sollen mehr kommunizieren, mehr Gefühle zeigen«, sagt

Walter Hollstein, Geschlechterforscher an der Universität Bremen und Autor des Buches »Was vom Manne übrigblieb«.

Okay, wenn es so ist, müssen wir da durch, Männer. Das heißt noch lange nicht, dass wir den Kopf in den Sand stecken müssen. Wir müssen eben nur das lernen, was Frauen schon können, und dabei dennoch als Männer zu uns stehen. Nur weil ein Mann lernt, sich besser in andere hineinzufühlen, muss er ja nicht gleich zum Weichei werden und immer nur *Ja, Ja* sagen und *Nein, Nein* tun. Damit geht man Problemen mit dem anderen Geschlecht oder mit dem Chef zwar kurzfristig aus dem Weg, aber langfristig werden sie nur größer. Ich glaube, dass Männer wieder mehr Männer sein sollten und Frauen sich wieder erlauben müssen, mehr Frau zu sein. Sonst wirst du zwar beruflich sehr erfolgreich, aber privat bist du höchst unglücklich.

Immer mehr Singles strömen in die Städte. Es gibt kaum kleine Wohnungen, und die Mieten explodieren. Woran liegt das? Die Beziehungen funktionieren nicht mehr wie früher. Unsere Eltern und Großeltern rauften sich zusammen – wir laufen weg. Bloß keine Verantwortung mehr übernehmen. Und manchen, die heiraten wollen, wird es verwehrt, weil sie gleichgeschlechtlich sind. Was für eine paradoxe Welt! Diese Einmischung, was man tut und was man nicht tut, sollte im 21. Jahrhundert endlich vom Gesetzgeber angepasst werden. Auch wenn es die Kirchen noch mehr von ihrer Macht kostet. Fortschritt ist nun mal durch nichts aufzuhalten. Niemand sollte einem anderen hineinreden, was er zu tun oder zu lassen hat oder mit wem er ins Bett gehen darf. Liebe und Sex gehen nur zwei Menschen etwas an.

Wir leben in einer polaren Welt. Meistens bekomme ich das so mit: Es läuft privat gigantisch, dann läuft es geschäftlich nicht so gut. Und bist du geschäftlich erfolgreich, dann hast du meistens private Probleme und mutierst zum Kleinkind und kuschst vor deinem Partner zu Hause.

Warum ist das so? Weil der Mensch seinen Fokus dementsprechend ausrichtet. Von ganz vielen Leuten höre ich: »Meine Kraft bekomme ich ja dann durch meine Kinder, meine Frau und mein privates Umfeld.« Das glaube ich nicht. Es ginge nur dann, wenn sie ihren Fokus auf beides ausgerichtet hätten. Aber beides gleichzeitig in die Waagschale zu werfen, ist meiner Meinung nach fast unmöglich. Man muss sich also sagen: *Wenn ich meine Energie ins Private stecke, dann läuft es vielleicht geschäftlich nicht mehr so gut. Wenn ich aber geschäftlich erfolgreich bin, könnte das Privatleben darunter leiden.* Das muss man vorher wissen. Wenn man sich auf das eine einlässt, muss man anderswo Abstriche machen.

> Konzentriere dich am besten immer nur auf eins! Wenn du zwei Firmen betreibst, zwei Jobs oder zwei Beziehungen hast oder zwei Tätigkeiten ausübst, wird es erst so richtig gut laufen, wenn du deinen Fokus stabilisierst und zielorientiert neu auf nur eins ausrichtest.

Als Trainer wie ich lebst du 200 Tage im Jahr in Hotels, du bist ständig mit dem Auto, Flieger oder Kreuzfahrtschiff unterwegs, und die Frage ist, ob deine Partnerin das mitmacht und mitmachen möchte. Die Frau hat ja auch ihr eignen Vorstellungen vom Leben, die sich dabei kaum oder weniger erfüllen. Dann gehen die Reibereien unweigerlich los, der Mann sagt: »Schatz, ich will Geld verdienen. Ich will, dass es der Firma gut geht, wir wollen wachsen und gedeihen.« Was soll man in diesem Fall machen? Männer sind im Allgemeinen mehr auf die Karriere fixiert, Frauen mehr auf die Beziehung, auf die Familie, auf das Zuhause. Hauptsache, man findet einen Menschen, mit dem man zusammenpasst – und das ist nicht leicht. Der oder die ist aber eben auch anders als man selbst.

Hängen Frauen die Männer ab?

Mädchen schneiden besser in der Schule ab, sogar in den »klassischen« Jungs-Fächern wie Physik und Mathematik. Mädchen machen häufiger Abitur und nehmen ein Studium auf, Jungs schmeißen häufiger die Schule und lassen sich hängen. Im Zweifelsfall gilt: Frauen gehen auf die Uni, und Männer gehen in den Knast. Frauen rauchen weniger als Männer, nehmen nicht so häufig Drogen, leiden weniger oft unter Herz-Kreislauf-Erkrankungen, und sie leben länger. Frauen sind seltener kriminell.

Das sind die aktuellen Fakten, erhärtet durch Kinder- und Jugendstudien wie der KiGGS-Studie zur Gesundheit von Kindern und Jugendlichen in Deutschland, der Shell-Jugendstudie 2006 und der World Vision Kinderstudie 2007.

Frauen sind auch die besseren Strategen. Das zeigt sich schon bei den Mädchen in der Schule und lässt sich anhand von Kinder- und Jugendstudien belegen. Mädchen programmieren sich von Anfang an darauf, Kinder *und* Karriere zu wollen. Sie sind auch weniger einseitig in ihrem Freizeitverhalten. Während Jungs sich in die Festplatte eingraben, finden Mädchen eher den Weg, sich neben der Beschäftigung mit dem Computer auch mal zu verabreden, zu basteln und zu musizieren, also das ganz normale Freizeitprogramm in der analogen Welt durchzuziehen. Das ist das Ergebnis der größten deutschen Jugendstudie zur Nutzung von Computerspielen, kürzlich durchgeführt vom Kriminologischen Forschungsinstitut Niedersachsen. »Neue Männer braucht das Land«, sang Ina Deter im Jahr 1982. Brauchen wir jetzt eine Männerförderung?

Klaus Hurrelmann, Sozial- und Bildungswissenschaftler an der Universität Bielefeld, meint: Unbedingt. Denn wenn es Siegerinnen und Verlierer gebe, hätten auch die Siegerinnen ein Problem: Sie fänden einfach keine passenden Männer mehr. Aus ihrer Sicht muss das ein verlässlicher Mann sein, der genügend Geld nach Hause trägt und dabei so wenig Zeit und Energie investiert, dass er auch noch den Kinderwagen schieben und den Herd anwerfen kann, wenn frau mal gerade eine Fortbildung macht oder zur Vorstandssitzung muss.

Nun gibt es Männer, die daraus den Schluss ziehen, sie müssten die besseren Frauen werden. Sie geben immer nach, halten die Knie zusammengedrückt und hoffen, dass sie nicht ausgeschimpft werden. Das ist das Modell Wickelvolontariat. Männer wickeln neuerdings die Kinder und gucken gemeinsam in der Männergruppe die Sportschau. Wie niedlich.

Das kann nicht gut gehen. Ein Mann, der sich als Mann verleugnet, wird immer die Arschkarte haben und das Gegenteil von dem erreichen, was er wollte. Der Mann wird als Weichei verspottet, obwohl er doch nur alles richtig machen wollte. Natürlich kann und sollte ein Mann in der heutigen Zeit auch mal Dinge tun, die traditionell zur Frauenrolle gehören, aber er sollte sich nicht einreden lassen, er müsse die bessere Mama sein oder die Dinge genauso abarbeiten, wie Mama sich das vorstellt. Es sei denn, er will es selbst so.

Frau denkt und fühlt anders als Mann

»Männer und Frauen passen eigentlich nicht zueinander«, hat der kürzlich verstorbene Loriot einmal gesagt. Später erschienen dann Bücher wie: »Männer sind vom Mars, Frauen sind von der Venus«. Warum Frauen nicht einparken können und Männer keine Schulbrote schmieren. Oder so ähnlich.

> Muss immer gleich der Notarzt kommen, wenn Mann und Frau nun mal die Dinge anders sehen, oder geht es auch mit etwas humorvoller Distanz?

Der Unterschied zwischen Männern und Frauen beschäftigt jede Generation aufs Neue, und immer wieder gibt es die gleiche Verwunderung darüber, wie verschieden Menschen sein können, die auf engstem Raum miteinander leben oder sich für die wichtigsten Partner im Leben halten. Männer und Frauen sind aufgrund ihrer Verschiedenheit ständig auf dem besten Wege, sich übel misszuverstehen. Aber muss man aus diesem Missverstehen ein Lebensdrama machen? Muss immer gleich der Notarzt kommen, wenn Mann und Frau nun mal die Dinge anders sehen, oder geht es auch mit etwas humorvoller Distanz?

Frauen haben zwar im Durchschnitt ein etwas kleineres Gehirn, dieses ist aber besser vernetzt. Bei Frauen muss es immer im Detail stimmen, sie achten auf die kleinsten Kleinigkeiten. Hast du das schon mal erlebt?

Du kommst nach Hause und sagst: »Hör mal, Schatz, ich hab ein neues Auto gekauft.«

»Und welche Farbe hat es?«

Wenn es für die Frau die falsche Farbe hat, dann brauchst du ihr mit Sonderausstattungen und anderen technischen Highlights gar nicht erst zu kommen. Dann kannst du den Wagen gleich wieder zurückbringen — oder Dauerknatsch riskieren.

Mit ihrem ach so genial vernetzten Gehirn kriegen Frauen natürlich auch viel mehr mit. Warum können Männer schlechter Gemüse einkaufen? Weil sie nicht so genau hinschauen. Sie sehen nur ein Preisschild und greifen dann in den Berg Äpfel oder Birnen, den der Händler genau so drapiert hat, dass man die faulen Stellen nicht sieht.

Und kein Mann ist so klug wie eine Frau, wenn es um das Verstehen des Anderen geht. Frauen können sich besser einfühlen, haben mehr soziale Kompetenz, denn als Mütter haben sie gelernt, dass eine Familie nur funktionieren kann, wenn alle zufrieden sind.

Mitunter neigen aber Frauen auch dazu, ihre Macht

zu überschätzen. Manche bestrafen ihre Männer mit Sexentzug. Es gibt eine Geschichte aus dem alten Griechenland, wo die Frauen sich den Männern verweigerten, weil sie nicht wollten, dass diese in den Krieg zogen und sie dann ohne Männer dagesessen hätten. Hat aber schon damals nicht geklappt.

Einer Frau, die ein Schild raushängt: »Vorübergehend geschlossen«, muss damit rechnen, dass der Mann sich sagt: *Wenn du es nicht machst, macht es eine eben andere. Und die macht es gut.*

Wenn man sich etwas nicht vorstellen kann, dann wird es auch nicht gehen. Frauen können sich alles vorstellen, deswegen müssen wir Männer auch nicht schön sein. Eine Frau schiebt sich eine DVD auf ihre Festplatte namens Gehirn, und dann läuft ein Film in ihrem Kopf ab. Als Mann musst du nur sauber sein und gut riechen, dann macht sich die Frau alles passend – keine Sorge, die kriegt das hin. Da sind Frauen vom Gehirn viel weiter als jeder Mann. Weißt du, warum Frauen uns Jungs haushoch überlegen sind? Sie gebären Jungen und Mädchen. Frauen gebären Prinzen und Könige.

Lieber Mann, wenn du versuchst, deine Frau zu verstehen: Es wird dir niemals gelingen, du tappst immer im Dunkeln. Du denkst dir: *Mal sehen, ob ich sie gerade glücklich mache.* Wenn du das Reden anfängst, geht sowieso alles schief.

Nimm zum Beispiel die Situation in der Boutique: Deine Partnerin kommt aus der Umkleidekabine und fragt: »Na, wie sitzt die neue Hose?«

Alles, was du jetzt sagst, ist definitiv falsch:

»Toll.«

»Hab ich in der Hose keinen fetten Arsch?«

»Nee, Schatz, in *der* Hose nicht.«

»Wie? Ich hab einen?«

»Nee, hast du nicht!«

»Das hast du aber gesagt!«

Eine Frau denkt immer etwas anderes als ein Mann. Die beiden Gehirnhälften sind bei den Frauen durch den Balken stärker verbunden. Obwohl eine Frau 150 Gramm weniger Gehirnmasse hat als ein Mann, ist sie dennoch viel besser vernetzt als dieser. Frauen hören immer die Flöhe husten.

Wenn du eine Entscheidung treffen willst und bist dir nicht ganz sicher, frage deine Mutter, frage deine Frau, deine Freundin, deine Schwester: »Du, was soll ich denn machen? Was habe ich je zu wollen behauptet, und wenn's im Suff war?«

Für Männer ist das eine schwere Übung, Frauen haben es da leichter. Eine Frau weiß ziemlich genau, was sie will. Sie will Sekt im Glas, sie will Champagner, sie will wunderbare Kleider tragen, sie will toll wohnen, sie will Spaß haben, sie will Freude und an ihrer Seite möglichst einen Entertainer haben, der sie zum Lachen bringt.

Eine Frau sieht viele Sachen ganz anders als ein Mann. Wer bestimmt, wo das Geld hingeht? Als du das letzte Mal in Urlaub gefahren bist: Wer hat die Reise gebucht, wer hat das Ziel ausgesucht, und wer hat sie bezahlt? Kennst du den Startschuss zum Heiraten? »Schatz, ich will immer bezahlen.« Und wenn du's nicht machst, macht es ein anderer.

Gerhard und Susanne

Welche Männer und welche Frauen sich am Ende finden, wer weiß das schon. Auf alle Fälle gibt es vorher jede Menge Missverständnisse zu klären. Davon handelt die folgende Geschichte, die im Internet auf diversen Websites kursiert. Dank an den unbekannten Autor, die unbekannte Autorin!

Susanne gefällt Gerhard. Er fragt sie, ob sie ins Kino gehen will, sie sagt ja, und beide verbringen einen lustigen Abend. Ein paar Tage später lädt er sie zum Abendessen ein, und sie haben wieder viel Spaß. Fortan treffen sie sich regelmäßig, und nach einiger Zeit trifft sich keiner von beiden mehr mit irgendjemand anderem.

Eines Abends, als sie nach Hause fahren, schießt ein Gedanke durch Susannes Kopf, und, ohne richtig drüber nachzudenken, spricht sie ihn aus:

»Ist dir klar, dass wir uns mit dem heutigen Abend seit genau sechs Monaten treffen?«

Stille. Susanne kommt die Stille sehr laut vor.

Oje, denkt sie, *ob es ihn nervt, dass ich das gesagt habe? Vielleicht fühlt er sich durch unsere Beziehung eingeschränkt, oder er fühlt sich von mir in eine Pflichtrolle gedrängt.*

Gerhard denkt: *Wow, sechs Monate!*

Susanne: *Moment mal, ich bin gar nicht sicher, ob ich so eine Art Beziehung will. Manchmal hätte ich lieber mehr Freiraum, ich werde Zeit brauchen, mir zu überlegen, ob ich so weitermachen will. Ich meine, wo führt uns das hin? Wird es immer so weitergehen, oder schreiten wir auf eine Ehe zu? Vielleicht sogar auf Kinder? Darauf, unser restli-*

ches Leben miteinander zu verbringen? Bin ich bereit, diese Verpflichtung einzugehen? Kenne ich diesen Menschen überhaupt?

Gerhard: *Hm, das heißt, es war ... mal sehen ... Februar ... als wir anfingen, uns zu treffen, das war gleich, nachdem ich das Auto beim Service hatte, das heißt ... wie ist der Kilometerstand? Au weia! Die Karre ist überfällig für einen Ölwechsel!*

Susanne: *Er ist besorgt. Ich sehe es in seinem Gesicht. Vielleicht war mir nicht ganz klar, wie er die Sache sieht. Vielleicht will er mehr von unserer Beziehung, mehr Intimität, eine tiefere Bindung, vielleicht hat er, sogar schon vor mir, gespürt, dass ich mich zu sehr zurückhalte. Ja, das ist es. Deswegen spricht er so selten über seine Gefühle. Er hat Angst, zurückgewiesen zu werden.*

Gerhard: *Die sollen sich auf jeden Fall noch einmal das Getriebe ansehen. Ist mir völlig egal, was diese Deppen sagen, die Schaltung funktioniert noch immer nicht richtig. Und diesmal können sie es auch nicht aufs kalte Wetter schieben. Wir haben 30 Grad, und das Ding hier schaltet sich wie ein Lastwagen von der Müllabfuhr. Und ich habe diesen inkompetenten Gaunern 1 200 Takken bezahlt.*

Susanne: *Er ist sauer. Ich kann's ihm nicht übel nehmen, ich wär's auch. Ich fühle mich so schuldig, ihm das anzutun, aber ich kann nichts für meine Gefühle, ich bin einfach unsicher.*

Gerhard: *Wahrscheinlich werden sie sagen, es gibt nur 90 Tage Garantie, diese Säcke!*

Susanne: *Wahrscheinlich bin ich viel zu idealistisch, und warte auf einen Ritter auf einem weißen Pferd, während ich hier neben einem superlieben Menschen sitze, einem*

Menschen, mit dem ich gern zusammen bin, um den ich mich wirklich sorge und der sich wirklich um mich sorgt. Einem Menschen, der wegen meiner selbstherrlichen Schulmädchenfantasien leiden muss.

Gerhard: *Garantie? Die reden von Garantie? Können sie haben, ich nehme ihre Garantie und stecke sie ihnen in ...*

»Gerhard«, sagt Susanne laut.

»Was?«

»Bitte quäl dich nicht so«, sagt sie, während sich ihre Augen mit Tränen füllen. »Vielleicht hätte ich niemals ... Oh Gott, ich fühle mich so ...« Sie verstummt und schluchzt.

»Was?«

»Ich bin so dumm ... ich weiß, dass es nie einen Ritter geben wird. Es ist so dumm. Weder einen Ritter noch ein Pferd.«

»Es gibt kein Pferd?«

»Du denkst auch, dass ich dumm bin, oder?«

»Nein!«, sagt Gerhard erleichtert, endlich eine richtige Antwort zu haben.

»Die Sache ist die ... es ist einfach so ... ich brauche ein wenig Zeit«, sagt Susanne.

(Es entsteht eine 15-sekündige Pause, in der Gerhard angestrengt darüber nachdenkt, wie er das sicher und schnellstmöglich parieren kann. Endlich fällt ihm etwas ein, das funktionieren sollte.)

»Ja, das verstehe ich.«

(Susanne, tief bewegt, berührt seine Hand)

»Oh, Gerhard, denkst du wirklich so darüber?

»Worüber?«

»Über ein wenig mehr Zeit.«

»Oh ... ja.«

(Susanne dreht sich zu ihm und sieht ihm tief in die Augen, wodurch er schrecklich nervös bei der Vorstellung wird, was sie als Nächstes sagen wird, besonders, wenn darin ein Pferd vorkommen sollte.)

»Danke, Gerhard.«

»Ich danke dir.«

Dann bringt er sie nach Hause, wo sie sich auf ihr Bett legt und bis in den Morgen weint. Gerhard fährt nach Hause, holt sich eine Tüte Chips, dreht den Fernseher auf und wird schnell von der Wiederholung eines Tennismatchs zwischen zwei Neuseeländern, von denen er noch nie etwas gehört hat, in den Bann gezogen. Eine leise Stimme irgendwo in seinem Kopf sagt ihm, dass heute im Auto höchstwahrscheinlich etwas wirklich Wichtiges passiert ist, aber er ist sicher, dass er niemals verstehen würde, was das war, also beschließt er, nicht weiter darüber nachzudenken.

Am nächsten Tag wird Susanne ihre beste Freundin anrufen, vielleicht sogar noch eine, und mit ihr sechs Stunden lang über die ganze Sache reden. In sorgfältiger Detailarbeit werden sie alles, was sie gesagt hat, und auch alles, was er gesagt hat, analysieren – jedes Wort, jeden Ausdruck, jede Geste –, um Nuancen in der Bedeutung des Gesagten zu finden. Das Ganze wird sich wochenlang, wenn nicht monatelang hinziehen, ohne jemals in einer plausiblen Schlussfolgerung zu enden, aber auch, ohne jemals langweilig zu werden.

Irgendwann in dieser Zeit wird Gerhard, während eines Squashmatchs mit einem Freund, der sie beide kennt, kurz innehalten und fragen:

»Sag mal, Peter, hat Susanne mal ein Pferd gehabt?«

Und das ist der Unterschied zwischen Männern und Frauen. Denke immer daran: Wenn du dich für einen Mann oder eine Frau entschieden hast, dann lasse nicht los – bloß wegen ein paar Missverständnissen. Und wenn diese sich häufen und du feststellst, dass es einfach nicht geht, dann lass eben los.

Warum wir Vorbilder brauchen

Bin ich ein Vorbild? Bist du ein Vorbild? Vorbild – für was? Wärst du zu dem geworden, was du heute bist, ohne Vorbilder? Ich jedenfalls nicht.

Wer selbst Vorbild für andere ist, hat auch Vorbilder gehabt. Für gute Leistungen braucht man Vorbilder – Menschen, die durch ihr bloßes Dasein beweisen, dass es möglich ist, solche Leistungen zu erbringen. Vorbilder können das sein, was der Anlasser am Auto ist. Du kannst noch so starke Fähigkeiten haben – wenn niemand sie sieht, werden sie nicht zu Geltung kommen.

Als Junge war ich ein Fan von Elvis, aber warum? War es die Musik? Die sicher auch, aber viel mehr war es das Aufbegehren, die Rebellion, die er verkörperte. So wollte ich auch sein: gegen die Regeln und frei. Auf NDR 2 hörte ich manchmal Interviews mit seinem Manager Colonel Tom Parker. »Erst wenn sie nicht mehr über Elvis reden, fange ich an, mich aufzuregen«, sagte er einmal. Dieser Satz saß bei mir und hinterließ Spuren.

Gerade heute leiden Kinder unter einem Mangel an Vorbildern. Wie sollen sie wichtige Entscheidungen treffen, wenn niemand da ist, an dem sie sich orientieren können? Wie sollen sie selbstständig ihre Welt nach eigenen Vorstellungen gestalten, wenn sie in ihrem Umfeld niemanden antreffen, dem oder der das gelingt? Wenn es immer nur darum geht, kurzfristig Spaß zu haben? Wenn sie lernen, dass Spaß vor allem in passivem Medienkonsum besteht? Und sich niemand um sie und ihre emotionalen Bedürfnisse kümmert, sondern ihnen höchstens mal Geld in die Hand drückt: »Hol dir mal ne Pizza.« Wenn sie dann älter geworden sind und mal richtig Einfluss nehmen wollen auf die Welt – was tun die dann? Na klar, Autos anzünden!

Kinder lernen durch Versuch und Irrtum

Ein Mensch wird nur dann weiterkommen und sich entwickeln, wenn er Erfahrungen gemacht hat. Du kannst einem Kind zehnmal sagen: »Lang nicht auf die Herdplatte.«

»Warum?«

»Weil das wehtut.«

Dann langt das Kind irgendwann doch darauf: »Ah, Mama, ist heiß!«

Lernen durch Schmerzen – kommt dir das aus deinem Leben bekannt vor? Das Kind wird nie wieder, jedenfalls nicht freiwillig, auf eine Herdplatte langen. Der Mensch muss also gewisse Erfahrungen selbst machen, um zu sagen: Dies ist toll, und das ist weniger toll. Deshalb sage ich zu meinen Seminarteilnehmern: »Egal, was du im Kopf hast, probiere es doch erst mal aus. Und wenn es dir nicht gefällt, dann kannst du nachher sagen:

Ich habe diese Erkenntnis gewonnen, jetzt kann ich darauf aufbauen.« Da sind wir wieder beim Versuch und Irrtum.

Wir müssen unsere Kinder einladen, eine Erfahrung machen zu wollen. Ein Beispiel: Eine Mutter stellt ihrem Kind einen Teller mit Essen hin.

»Schmeckt mir nicht«, sagt das Kind.

»Aber du hast doch noch gar nicht probiert.«

»Schmeckt mir nicht!«

Und dann führt die Mutter den Löffel zum Mund des Kleinen …

»Mmh, Mama. Lecker!«

Kinder interessieren sich immer dafür, ob auf Worte auch Taten folgen und welche Macht sie mit ihren Worten haben. Genau wie Eltern. Diese sollten zuhören, aber dem Kind auch das Gefühl geben, dass ihre Worte im Zweifelsfall mehr wiegen. Natürlich kann man ein Kind nicht gegen seinen heftigen Widerstand zwingen, etwas zu essen, das es nicht mag. Aber man sollte darauf bestehen, dass die Ablehnung auf einer Erfahrung – und damit auf dem Probieren – beruht.

Manche Eltern sind in Bezug auf das, was ihr Kind in welchem Alter schon alles können soll, sehr ehrgeizig und erleben viele Enttäuschungen. Wenn ein Kind nur etwas leisten soll, um den Ehrgeiz seiner Eltern zu befriedigen, geht es natürlich in den Widerstand. Dann denken diese Eltern womöglich: *Aus meinem Kind wird sowieso nichts, und das gelingt ihm von Tag zu Tag besser.* Misserfolg ist auch eine Art von Erfolg, und wenn das seine hauptsächliche Form ist, dann sollten wir uns mit den Ursachen beschäftigen.

An Schulen habe ich in dieser Hinsicht viele Beobachtungen gemacht. Wenn man einem Kind sagt: »Du musst das jetzt lernen, du musst das jetzt tun!«, dann wird das Kind das nie übernehmen, weil es nicht weiß, warum es das tut. Es nützt aber nichts, wenn du ihm daraufhin einen Haufen logischer Gründe vor den Kopf knallst – du musst es auch durch deine eigene Haltung dazu animieren.

Jungen haben es in unserem Schulsystem oft schwerer als Mädchen, weil es so viel weibliches Personal an Schulen und in Kindertagesstätten gibt. Diese Frauen sorgen vor allem dafür, dass alle gut versorgt sind, ihre Mützen aufhaben und sich brav die Hand geben. Aber sie schaffen es nicht, den Kindern einen Entfaltungsraum zu geben, der Wildheit, Risiko und Abenteuer unterstützt. Genau das aber brauchen Jungs viel mehr als Mädchen. Die müssen toben und kämpfen und werden ständig auf Sparflamme gehalten. Bis sie dann ausrasten und die Aggression an einem winzigen Punkt zum Ausbruch kommt. Oder in den Rückzug vor die Glotze gehen, egal, wie groß die ist, und den digitalen Figuren das überlassen, was ihnen im analogen Leben fehlt.

Wenn mir früher mal jemand gesagt hätte: »Pass auf Frank, du wirst später auf Kreuzfahrtschiffen Vorträge halten und auf der ganzen Welt unterwegs sein«, dann hätte ich gewusst: *Ah, deshalb muss ich in der Schule besser beim Unterricht aufpassen! Weil ich es dann brauche. Wenn ich in Indien bin, wenn ich in Amerika bin: Ich muss besser Englisch sprechen können.* Das hat mir aber kein Lehrer so vermittelt, sondern nur: »Englisch lernen, das musst du, weil es im Lehrplan steht.« Und dann habe ich kaum einen Sinn darin gesehen.

Das heißt, du musst das Kind einladen, diese Erfahrung machen zu wollen. Und wenn das Kind mitzieht, musst du es gar nicht in Vereine stecken, weil es von allein sagen wird: »Papa, ich möchte gerne Fußball spielen.« Weil es Bock darauf hat. Oder es will ein Instrument spielen, weil es die Fähigkeiten dazu hat. Wenn du dem Kind sagst, es muss das Instrument lernen, und es hat keine Lust darauf, dann wird es nie gut darin werden.

Schauen wir einmal auf die heutige Generation, und schauen wir die Generation an, die in den 1960er-, 1970er-Jahren geboren wurde. In den letzten zehn Jahren ist im Bezug auf die Technik und das Alltagsleben mehr auf der Welt passiert als in den letzten 50 Jahren davor. In den letzten 50 Jahren ist mehr passiert, als in den letzten 500 Jahren. Die Zeit ist heute eine ganz andere.

Heute schauen die Kinder und Jugendlichen Fernsehen, sie surfen im Internet und nutzen die ganzen anderen Medien. Dann sagen sie: »Haaaaben wollen!« Wir sind vom Industrie- ins Kommunikations- ins Konsumzeitalter gerutscht. Und sie schnuppern hier rein und schnuppern dort rein und werden letztendlich das tun, was sie begeistert. Also müssen wir das, was ein Kind gut kann, unbedingt fördern. Wenn du merkst: Dein Kind kann etwas, wenn du Stärken siehst, musst du noch einen obendrauf legen, dann wird es Quantensprünge machen. Und lass dich nicht dadurch irritieren, dass ein Kind heute dieses und morgen etwas ganz anderes will. Das ist ganz normal, ein Kind muss eben viel ausprobieren, bevor es sich für eine Sache entscheidet.

Macht. Arbeit. Spaß?

Wir leben in Deutschland in einer Komfortzone. Betreutes Wohnen, wohin man sieht. Aber langsam wird es ungemütlicher – Globalisierung, Finanzkrise, Staatsinsolvenzen, Flüchtlinge, Terror – was mag da noch alles kommen? Dennoch gibt es eine ganz Reihe von Unternehmen, die unheimlich erfolgreich arbeiten, weil sie wach sind, nicht jammern und in jedem Nachteil auch den Vorteil sehen. Das gilt auch für deren Mitarbeiter.

Wenn du in Verhältnissen lebst, wo du heute schon weißt, was du dir in 20 Jahren für deine Rente kaufen kannst – warum musst du dann heute richtig gut werden? Wenn du nie gelernt hast, selbstständig Entscheidungen zu treffen, weil du immer irgendeinen Besserwisser vor dir hattest, der dir Anweisungen gegeben hat – wie hätte sich da deine Kreativität entfalten sollen? Wie hättest du zu dem tollen Kerl oder der tollen Frau werden können, der oder die als Potenzial in dir steckt? Sicherheit hat eben auch ihren Preis, und der heißt: Beschränktheit.

> »Ihr Bestes? Versager jammern immer von wegen ihr Bestes, aber Sieger gehen nach Hause und vögeln die Ballkönigin.«
> (*Mason in dem Film* The Rock)

Dabei kommt es heute darauf an, dass wir in Deutschland neue Stärken entwickeln – zusätzlich zu denen, die wir schon haben. Wenn die Massenfertigung in die Billiglohnländer abwandert, müssen wir eben die individuellen Dinge herstellen. Wir haben ja zum Glück in jedem zweiten Dorf in Baden-Württemberg einen Weltmarktführer sitzen, der irgendetwas herstellt, von dem die meisten Menschen gar nicht wissen, dass man so etwas braucht, und doch wird es überall auf der Welt benötigt. Warum? Weil wir in der Vergangenheit nicht nur große Dichter und Denker hervorgebracht haben, sondern auch pfiffige Bastler, Erfinder und unternehmerisch denkende Ingenieure. Die haben ihre Visionen verwirklicht und dabei nicht an ihre Rente gedacht. Wer bei seiner Arbeit kreativ sein darf, der ist schon allein deshalb motiviert. Und fragt nicht dauernd: »Habe ich jetzt noch dieses Recht oder jenes?«

Damit sich die kreativen Potenziale in einem Unternehmen entfalten können, braucht es eine neue Unternehmenskultur. Sonst können wir auf Dauer keine qualitativ hochwertigen Produkte mehr herstellen. Wir sollten also nicht auf den Preis setzen, sondern auf die Qualität. Denn billiger kann es immer irgendwer.

Arbeit und Zufriedenheit – (k)ein Widerspruch

Ich beobachte mich gern selbst und frage mich: *Frank, hast du dich anständig verhalten? Hast du gelogen? Hast du einen anderen übervorteilt? Wolltest du etwas für dich haben, oder wolltest du für jemand anderes etwas haben?* Dann weiß ich ganz genau, ob ich mich anständig verhalten habe oder ob ich ein Arschloch war. Natürlich kann man sich darüber hinwegsetzen, aber in seinem Herzen weiß man ganz genau, ob etwas richtig ist oder falsch. Ich versuche jedenfalls immer, mein Bestes zu geben.

Man sieht sofort, ob einer etwas kann oder nicht. Ich könnte ausrasten, wenn Leute ihren verdammten Job nicht beherrschen, aber so tun, als wären sie ganz toll. Zu denen sage ich: »Gib doch zu, dass du es nicht kannst, sei doch wenigstens ehrlich!« Wenn du zum Beispiel in ein Kaufhaus gehst und zu dem Verkäufer sagst: »Ich wurde gestern so gut beraten, wo ist denn der nette Kollege?«, wird der Verkäufer antworten: »Keine Ahnung. Aber ich bin auch nett.« Nie wird er sagen: »Ah, ich weiß, wen sie meinen! Der hat heute seinen wirklich wohlverdienten freien Tag, kann ich Ihnen vielleicht helfen?« – Sobald man jemanden lobt, reagiert ein anderer immer gleich angepisst, weil er das nicht vertragen kann und neidisch ist. Dabei haben doch in einer Firma alle etwas davon, wenn jemand gut über einen Kollegen spricht.

Zudem beobachte ich in den letzten Jahren eine zunehmende Weiterbildungsverdrossenheit. Gerade die Mitarbeiter, für die vonseiten der Firmenleitung am meisten getan wird, zeigen die geringste Lust, etwas für das Unternehmen zu tun. Eine Umfrage bei den Löwen im Zoo ergab: Die lehnen den Käfig strikt ab, wünschen aber weiterhin eine gute Verpflegung.

Es ist merkwürdig: Wo noch gute und hohe Gehälter und Sozialleistungen gezahlt werden, sind die Mitarbeiter immer weniger bereit, mehr aus sich herauszuholen, um sich gewinnbringend für das Unternehmen einzusetzen. Beispiel Lufthansa: Dort erhalten die Mitarbeiter nach 15 Jahren Betriebszugehörigkeit einen Passus in ihren Arbeitsverträgen, der sie unkündbar macht. Was passiert? Ab dem 16. Jahr der Betriebszugehörigkeit steigt die Krankenrate massiv an. Offenbar hat sich in unserem Land eine gewisse Sättigung breitgemacht. Kein Wunder, dass die großen Airlines immer mehr Billigfluggesellschaften gründen, um den Umklammerungen der Gewerkschaften zu entfliehen.

Um in der derzeitigen Weltwirtschaftslage den Anschluss nicht zu verlieren, bedarf es jedoch zu jeder Zeit hoch motivierter und engagierter Mitarbeiter.

In mancher Hinsicht könnten die Firmenleitungen auch mehr Führungsqualitäten zeigen und Ansprüche anmelden. Es wird zu oft gefragt, ob es den Leuten gerade passt, an einem Seminar teilzunehmen oder etwas für ihre Weiterbildung zu tun. »Wir können so was doch nicht anordnen«, heißt es dann zögerlich »von oben«. Warum nicht? Wollen wir erst warten, bis es nicht mehr angeordnet werden kann? Wollen wir warten, bis es auch dafür zu spät ist? Vor zwei, drei Jahren wusste unser Bundesfinanzminister nicht, wohin er die in Massen sprudelnden Steuereinnahmen verteilen sollte. Wir badeten sozusagen im Geld. Der Bär war erlegt, und das Bärenfell sollte für die Begehrlichkeiten Einzelner zerlegt werden. Doch das Blatt wendete sich in kürzester Zeit.

»Der einzige Weg, großartige Arbeit abzuliefern, ist, das zu lieben, was man tut. «
Steve Jobs

Zu viele Menschen sind andauernd gegen etwas, anstatt für etwas zu sein. Wir müssten unsere Energie bündeln, um unsere Firmen, Unternehmen, Betriebe und Konzerne wieder mehr zu unterstützen. Aber was machen die normalen Mitarbeiter? Sie demonstrieren seit Jahren für immer weniger Arbeit und immer mehr Rechte. Das Resultat ist da: Wir haben ungeheuer viele Rechte, aber leider auch immer weniger Arbeit für alle.

Und nun trennt sich die Spreu vom Weizen. Es findet eine Sondierung statt. Aufgepasst auf unser Denken. Wohin lenken Zigtausende von Mitarbeitern, angestachelt von einigen wenigen Interessengruppen wie den Gewerkschaften, ihre Energien? Erinnern wir uns an den Satz: Was du denkst, das kommt. Die Geister, die wir gerufen haben, werden wir dann aber auch nicht mehr los.

Was ist zu tun? Störrisches Verhalten ist zu keiner Zeit angebracht. Meckern, jaulen, innere Kündigungen sind fehl am Platz. Wenn alles so unerträglich ist, dann kündigen wir doch wenigstens konsequent und stehen denen, die Einsatz zeigen wollen, nicht mehr im Weg. Dann brauchen wir uns auch nicht mehr über die Mehdorns und Zumwinkels dieser Welt aufzuregen.

Steve Jobs, der Gründer von Apple, der heute wertvollsten Technologiefirma der Welt, sagte einmal: »Ihr müsst herausfinden, was ihr liebt. Eure Arbeit macht einen großen Teil eures Lebens aus, und der einzige Weg, wirklich zufrieden zu sein, ist das zu tun, was ihr für großartige Arbeit haltet. Der einzige Weg, großartige Arbeit abzuliefern, ist, das zu lieben, was man tut.«

Nun ist klar: Die wenigsten lieben das, was sie tun. Jedes Jahr erscheinen Studien zur Arbeitszufriedenheit, die besagen, dass nur ein Bruchteil aller Arbeitnehmer mit ihrer Arbeit zufrieden ist. Die überwältigende Mehrheit befindet sich in der inneren Emigration und würde lieber gestern als heute die Arbeit hinschmeißen. – Zum Glück habe ich es meistens mit den Wenigen zu tun, die noch Ziele mit ihrer Arbeit verbinden.

Wie oft bist du im Flow?

Was passiert, wenn eine Arbeit dir Spaß macht? Du merkst gar nicht, dass du arbeitest, aber du erzielst unentwegt befriedigende oder begeisternde Ergebnisse und lässt dich von Hindernissen nur noch mehr anspornen. Du bist ganz bei der Sache, alle Sorgen sind wie weggewischt. Die Zeit vergeht wie im Flug. Der Zustand des Hochgefühls entsteht, weil beide Gehirnhälften miteinander verbunden sind und synchron arbeiten.

Der amerikanische Psychologe Mihaly Csikszentmihaly nennt diese Zustand *flow*. Er befragte 25 Jahre lang Tausende von Menschen aus allen möglichen Berufen und sozialen Schichten, unter welchen Bedingungen sie bei ihren Tätigkeiten Glücksgefühle entwickeln.

In den Zustand des Flow können wir nur gelangen, wenn wir das sichere Gefühl haben, dass die Herausforderung zu unseren Fähigkeiten passt und wir uns weder unter- noch überfordern. Frage dich doch mal: *Bei welchen Tätigkeiten bin ich schon mal im Flow-Zustand gewesen?* Es muss ja keine geistige Tätigkeit sein. Vielleicht kannst du die Welt praktisch mit deinen Händen begreifen, und nicht theoretisch im Kopf. Auch wenn Kopfarbeit in der Regel besser bezahlt wird – wenn dein Glück in einer manuellen Tätigkeit liegt, warum solltest du dir das nicht gönnen? Arbeitest du im Handwerk oder mit dem Mundwerk?

Auf der falschen Stelle ist niemand gut!

Oft fragen Unternehmen bei mir an: »Können Sie mal kommen und unsere Leute motivieren?« Darauf antworte ich in der Regel so: »Wie viel Zeit habe ich, und wie lange soll es anhalten?«

Ich kann Leute nicht einfach so motivieren, denn jemanden zu motivieren bedeutet, seine Motivation zu wecken. Wenn ich in einen Betrieb komme, in dem die Menschen falsch eingesetzt sind, dann kann ich lange versuchen, sie zu motivieren, ohne eine erkennbare Wirkung zu erzielen. Als Erstes muss ich schauen, ob sich die Menschen ihren Fähigkeiten entsprechend in der für sie richtigen Position befinden. Denn dann ist die Grundmotivation gleich viel, viel höher.

In solchen Fällen ist in erster Linie Menschenkenntnis gefragt und nicht Motivation. Wenn die Menschen an der richtigen Stelle eingesetzt sind, kann ich natürlich ihre Motivation fördern. Aber Leute auf falschen Positionen auf ein Motivationsseminar zu schicken, führt nur zur Frustration. Das gibt vielleicht ein Strohfeuer für ein paar Tage, aber das verändert nichts.

Also sage ich zu den Führungskräften: »Ihr müsst eure Leute richtig einsetzen.« Das Problem ist nur: Die meisten Führungskräfte sind selbst nicht richtig eingesetzt.

Die meisten sind Führungskraft geworden, weil sie über irgendein Fachwissen verfügen, und nicht, weil sie in der Lage sind, Menschen zu führen. Darum sind viele von ihnen, auch wenn das jetzt böse klingt, in ihrer Position überfordert. Fakt ist: 80 Prozent der unternehmerischen Probleme sind Personalprobleme. Und wiederum

80 Prozent der Personalprobleme sind darauf zurückzuführen, dass die Menschen falsch eingesetzt sind. Weil sie nicht an ihren Fähigkeiten gemessen werden, sondern an ihren fachlichen Leistungen.

Das ist ein Riesenproblem. Dieses System müsste man in Griff kriegen. Das ist aber nicht einfach, weil auch die Leute, die an den Unis unterrichten, keine Ahnung davon haben. Das Wichtigste, was eine Führungskraft braucht, sind Sensibilität und vor allen Dingen eine professionelle Menschenkenntnis. Jeder Mensch trägt ja eine soziale Maske mit sich herum. Keiner will sich gleich mit seinen Problemen darstellen. Und je schneller es mir gelingt, hinter diese soziale Maske zu schauen, zu erkennen, was für ein Mensch sich dahinter verbirgt, je schneller ich seine wirklichen Bedürfnisse erkenne, desto einfacher habe ich Zugang zu ihm, desto besser kann ich den Kontakt aufnehmen und desto mehr Frust kann ich vermeiden.

Häufig hört man: »Dieser oder jener hat mich enttäuscht.« Aber kein Mensch kann mich wirklich enttäuschen. Eine Ent-Täuschung funktioniert nur, wenn ich eine falsche Erwartungshaltung hatte. Genau deshalb werden so viele falsche Mitarbeiter eingestellt. Weil sie anhand ihrer Zeugnisse bewertet werden und schlussendlich aufgrund eines Gefühls, aber nicht aufgrund von fundierter Menschenkenntnis.

Als Führungskraft muss ich etwas von Kommunikation verstehen. Ich muss meine rhetorischen Fähigkeiten ausbauen. Ich muss präsentieren können. Wenn ich rhetorisch stark bin, und nicht nur einzelne Personen überzeugen kann, sondern ganze Gruppen, dann multipliziere ich meinen Erfolg.

Genau dies funktioniert auch im Falle von Mobbing an Arbeitsplätzen. Ein rhetorisches Eingreifen und Unterbinden selbst leisester Anflüge von Mobbing, den Prozess also mit Autorität im Keim zu ersticken, ist in vielen Fällen tatsächlich der einzige Weg, Mobbing dauerhaft zu beenden. Dafür bedarf es natürlich charakterfester und durchsetzungsfähiger Führungskräfte. Und diese Fähigkeiten kann man erwerben.

Mobbing in Firmen kann nur gedeihen, wenn Chefs oder Führungskräfte es zulassen, oder nicht hinsehen wollen. Menschen, die gemobbt werden, sind weder übersensibel, konfliktscheu, introvertiert noch besonders schwach.

Ganz im Gegenteil: Meist sind sie jünger, besser ausgebildet, erfolgreicher, klüger und attraktiver als ihre Kollegen. Und jetzt kommen der verdammte Neid und die eigene Unfähigkeit dazu. Gefragt ist dann eine starke verbale Hand, die dazwischen fährt und den Firmenfrieden wieder herstellt. Aber wer hat jetzt dazu den Arsch in der Hose und zeigt Courage?

Persönlichkeit zeigen, statt Druck zu machen

Egal, ob deine Mitarbeiter es dir offen ins Gesicht sagen – das trauen sich ohnehin die wenigsten, weil sie dann ganz schnell weg vom Fenster wären –, sie bewerten dich als Vorgesetzten dennoch. Das können sie selbst ebenso wenig verhindern wie du. Ob sie Vertrauen haben oder nicht, ob sie dich für ein Arschloch halten oder für ein Vorbild – das liegt an der Art und Weise, wie du ihnen gegenüber auftrittst, wie überzeugend du als Persönlichkeit bist. Und du bist umso überzeugender, je echter du bist, je weniger Lebenslügen du mit dir herumschleppst und je mehr du die Begeisterung ausstrahlst, die du von ihnen erwartest.

Wenn es mit der Persönlichkeit schwach aussieht, bleibt nur noch der Druck. Es ist ja grundsätzlich gegen Druck nichts einzuwenden, solange er nicht permanent ausgeübt wird. Wenn du ab und zu sagst: »Mach mal hinne!«, wird dir das keiner übel nehmen. Aber wenn du nichts anderes drauf hast, wenn du dich nur groß machen kannst, indem du die anderen kleinmachst, dann wirst du höchstens kurzfristige Erfolge erzielen. Dann gehen deine Mitarbeiter in die innere Kündigung, sagen: »Ja, ja, mach ich, Chef«, und sobald du den Raum verlassen hast, kotzen sie sich über dich aus.

Macht hast du nur, wenn du sie nicht brauchst. In dem Moment, in dem du deine Macht einsetzt, hast du sie verloren. Dann bist du als Führungskraft gescheitert, weil es dir nicht gelungen ist, dass deine Mitarbeiter ihre Potenziale entfalten. Um das zu erreichen, musst du sie auch mal loben.

Lob ist eine Vitaminspritze für den Antrieb,
leider wird sie nur viel zu wenig angewandt!

Aber vor allem solltest du dich auf den Weg machen, um deine eigenen Potenziale zu entfalten. Dann wirst du nämlich ganz anders wahrgenommen und brauchst nicht mehr so viel Druck zu machen.

Die ganze Welt ist nur ein Spiegel: Deine Freunde, dein Partner, deine Mitarbeiter – alle sind nur deine Spiegelbilder. Hast du in deinem Unternehmen eine hohe Fluktuation, oder sind die Leute alle seit 20, 30, 40 Jahren dabei? Sagen sie: »Mein Chef ist ein geiler Typ, einfach Weltklasse.« Oder sagen sie: »Mein Chef? Den sperren wir ein und legen noch einen Querbalken vor die Tür, damit er nicht mehr rauskommt.« Lieben dich deine Mitarbeiter? Bist du so ein Hammertyp? Wenn das nicht der Fall ist, dann solltest du dich dringend einmal infrage stellen. Wenn du ein richtig Guter wärst, dann müsstest du gar nicht da sein. Denn wenn der Chef kommt, macht er sowieso nur Scheiß.

Also, was machst du da überhaupt in der Firma? Geh raus, mache Geschäfte, geh anschaffen da draußen wie eine Hafennutte, aber lass deine Leute in Ruhe! Wenn du deine Mitarbeiter mit Erdnüssen bezahlst, darfst du dich nicht wundern, wenn du Schimpansen um dich herum hast.

Sechs Regeln zur Mitarbeiterführung

Das wichtigste Potenzial eines Unternehmens sind Führungskräfte, die Mitarbeiter zur Entfaltung ihrer persönlichen Potenziale einladen. Das sorgt dafür, dass eine Firma richtig durchstartet.

1. Führung als Unterstützung verstehen
Es gibt noch immer Chefs, die der Ansicht sind, sie müssten nur die richtigen Anweisungen geben, und schon liefe der Laden wie geschmiert. Diese Leute haben

die Rechnung ohne den Wirt gemacht. Unternehmen, die von der Kreativität ihrer Mitarbeiter abhängen, können nur mit zufriedenen Mitarbeitern arbeiten. Zufriedenheit entsteht dort, wo sich die eigenen Potenziale entfalten können. Kreativität lässt sich nicht anordnen, es lässt sich nur ein Rahmen schaffen, in dem sie sich verwirklichen kann. Wenn ein Mitarbeiter erst einmal schlecht motiviert ist, haben es Führungskräfte schwer. Denn, wie wir wissen: Schlechte Erfahrungen brennen sich ins Gehirn ein.

Hat ein Mitarbeiter erst einmal eine negative Haltung zu seiner Arbeit entwickelt, helfen keine Argumente, keine Belehrungen und oft auch keine Weiterbildungen. Gerade ich, der schon viele Weiterbildungen in Firmen durchgeführt hat, erfahre es immer wieder: Wenn oben der Wurm drin ist, ist er unten schwer herauszubekommen. Sogar Belohnungen sind kontraproduktiv, wenn der Teamgeist verloren gegangen ist.

2. Die Mitarbeiter an ihren Aufgaben wachsen lassen

Wie viel Motivation geht in manchen Unternehmen verloren, weil Mitarbeiter sich langweilen und unterfordert sind! Wie oft verlässt ein Mitarbeiter seine Firma, weil sich niemand die Mühe gemacht hat, herauszufinden, was er wirklich gut kann. Die Burn-out-Forschung hat herausgefunden, dass Unterforderung genauso ein Stressfaktor ist wie Überforderung. Unterforderung gibt dem Menschen das Gefühl, mit seinen Fähigkeiten nicht gesehen zu werden und am falschen Platz zu sein.

Damit das Gehirn nicht in Routine erstickt, müssen ständig neue Herausforderungen her. Nur sie verschaffen dem Gehirn die nötige emotionale Erregung. Um diese auf ein erträgliches Maß herunterzufahren, beginnt das Gehirn mit der Suche nach einer Lösung. Wenn jemand eine Aufgabe bekommt, die optimal zu seinen Fähigkeiten passt, setzt sich das Gehirn von ganz allein in Bewegung, die Nerven wollen arbeiten, sie wollen nicht einfach nur schlaff vor sich hinwelken.

3. Den Wissensaustausch im Unternehmen fördern

Stell dir vor, das ganze Unternehmen sei ein riesiges Gehirn. In einem normalen biologischen Gehirn verläuft die Lösungssuche optimal, wenn mehrere und weit entfernte neuronale Netzwerke gleichzeitig zum Einsatz kommen und neu miteinander verknüpft werden. Kreative Lösungen beruhen oft nicht auf gänzlich neuen Ideen, sondern auf einer neuartigen Verbindung bereits vorhandener Wissensbestände.

Das lässt sich auch auf ein Unternehmen übertragen. Je mehr die Mitarbeiter im Unternehmen Gelegenheit bekommen, ihr Wissen untereinander auszutauschen, desto eher können neue Lösungen gefunden werden. Natürlich gibt es noch immer das Phänomen, dass Mitarbeiter eifersüchtig ihr Wissen für sich behalten – aus Angst, sie könnten sich dadurch überflüssig machen. Diese Haltung war früher im betrieblichen Umfeld gang und gäbe. Von dort aus ist es nur ein kleiner Schritt zu dem Punkt, wo ganze Abteilungen gegeneinander arbeiten und für den Kunden nur noch ein klitzekleiner Energierest übrig bleibt.

Du als Führungskraft hast Einfluss darauf, wie mit dem Wissen in deiner Firma umgegangen wird. Ob es als Ressource begriffen wird, die die innerbetriebliche Kooperation fördert, oder als Mittel im Konkurrenzkampf aller gegen alle.

4. Fehler zulassen

Oft zeigt jemand mit dem Finger auf einen Fehler, und die hundert Dinge, die jemand gut und richtig gemacht hat, werden nicht beachtet. Dass man sich für Fehler schämen sollte, ist häufig leider noch immer Bestandteil der Unternehmenskultur. Das führt dazu, dass Fehler vertuscht werden und erst viel später als solche erkannt werden, wenn die Folgen der Patzer nicht mehr zu übersehen sind. Deshalb ist es so wichtig, eine positive Fehlerkultur im Unternehmen zu etablieren.

Das heißt nicht, dass alle ruhig so viele Fehler machen können, wie sie wollen, denn diese würden nicht bestraft. Aber für jemanden, dem ein Fehler unterläuft, fühlt sich dieser Missgriff selbst schon schlimm genug an – da bedarf es keiner weiteren Strafmaßnahmen, die Angst schüren. Neben den Fehlern, die damit verhindert werden sollen, wirkt diese Angst selbst als Fehler im System. Sie löst im Gehirn ein archaisches Notfallprogramm aus, das nur noch drei Verhaltensweisen zulässt: Angriff, Flucht oder Erstarrung.

Wer kreative Mitarbeiter haben will, sollte ihnen erlauben, Lösungen anzudenken, die sich als Irrtümer erweisen. Wer sich schon vor Angst in die Hose macht, als Versager dazustehen, wenn mal ein Fehler passiert – wie soll der kreativ sein? Deine Mitarbeiter machen Fehler? Na klar machen sie Fehler, daran merkt man ja, dass sie überhaupt etwas tun! Solange sie nicht nur Fehler machen – lasse sie doch dabei etwas lernen. Wenn man immer schon alles können muss, bevor man die Chance hatte, es mal falsch zu machen – wie soll man es da lernen? Fehler sind eben auch Lernchancen!

»Das Geheimnis meines Erfolgs liegt darin, dass ich wenig Fehler mache«, sagte Henry Ford einmal in einem Interview.

»Warum machen Sie wenig Fehler?«, fragte der Journalist.

»Weil ich viel Erfahrung habe.«

»Wieso haben sie derart viel Erfahrung gesammelt?«

»Weil ich viele Fehler gemacht habe.«

5. Die Kooperation im Unternehmen unterstützen

Nichts ist schlimmer für das zukünftige Überleben eines Unternehmens als der Kampf aller gegen alle. Wenn die Abteilungen aufgrund persönlicher Querelen mehr gegeneinander als miteinander arbeiten, ist es höchste Zeit, Maßnahmen zur Verbesserung des Betriebsklimas zu ergreifen. Eine anregende Atmosphäre, in der alle gerne und freundlich miteinander kooperieren, ist nicht etwa ein Luxus für die Mitarbeiter, es ist die Grundlage des Unternehmenserfolgs. Denn wie wollen Menschen, die sich untereinander die Köpfe einschlagen, nach außen zum Kunden eine gute Leistung erbringen?

Natürlich heißt das nicht, dass man den Konkurrenzgedanken völlig ausschalten sollte. Wettbewerb ist positiv und spornt an. Aber Konkurrenz funktioniert eben nur, wenn es auch Kooperation gibt. Das ist wie mit den beiden Gehirnhälften: Jede für sich allein ist nicht arbeitsfähig, es geht nur zusammen. Wer nicht gut kooperieren kann, wird auch langfristig den Wettbewerb verlieren.

6. Für gute Stimmung bei den Mitarbeitern sorgen

Führungskräfte sollten dafür sorgen, dass ihre Mitarbeiter sich freuen, wenn sie ihnen begegnen. Da hilft Lob ebenso wie persönliche Ansprache und guter Rat auf Nachfrage.

> Positive Erlebnisse bringen positive Ergebnisse.

Wenn du ein Chef bist, an den sich ein Mitarbeiter gerne erinnert, passiert in dessen Hirn folgendes: Das gute Gefühl, das er in der Vergangenheit zu dir aufgebaut hat, verbindet sich mit der neuen Botschaft, die du ihm bringst. Selbst wenn es für den Mitarbeiter mit neuen Aufgaben verbunden ist oder auch mit Kritik – entscheidend ist, ob zwischen ihnen beiden eine positive Grundstimmung herrscht. Dann können der neue Input positiv verarbeitet und die Kritik als Hilfestellung angenommen werden. Wenn dagegen das Beziehungsverhältnis gestört ist, steigt die Gefahr, dass das Gesagte nicht gehört, das Gehörte nicht umgesetzt und die Kritik als Angriff verstanden wird.

Fünf Regeln für gute Verkäufer

Als Erstes musst du verstehen: Du verkaufst vor allen Dingen durch deine persönliche Ausstrahlung, das Produkt kommt erst an zweiter Stelle. Und dazu brauchst du Selbstbewusstsein und Leidenschaft. Selbstbewusstsein – das kommt von »Wissen«: Ich weiß, dass ich das kann.

1. Verkaufe nie etwas, von dem du persönlich nicht überzeugt bist.

Wenn du als Verkäuferpersönlichkeit glaubhaft und ehrlich überzeugt von dem Produkt wirkst, überträgt sich das auf den Kunden.

2. Nimm deinen Kunden als menschliches Gegenüber ernst.

Höre dir seine Bedenken geduldig an, und seien sie noch so abwegig. Aktives Zuhören ist gefragt – das ist etwas ganz anders als bloßes Abwarten, bis man selbst wieder dran ist mit Reden. Also nimm dir bloß kein Vorbild an der Art, wie sich die Menschen bei Talkshows in der Regel zuhören.

Aktiv sein beim Zuhören heißt, die Lauscher aufmerksam aufzustellen und immer daran zu denken: *Der andere hat auf seine Weise auch recht.* Wenn in einem Verkaufsgespräch das Thema auf persönliche Dinge kommt, lass den Kunden vor allem erzählen. Denn je mehr ein Mensch über sich selbst reden kann, desto eher glaubt er, ein gutes Gespräch zu führen – auch wenn er die ganze Zeit nur monologisiert. Fast alle Menschen hören am liebsten sich selbst sprechen – das musst du wissen.

3. Achte auf deine Stimmungslage.

Hier kommt das Gesetz der Resonanz ins Spiel: Wenn du morgens aufstehst und schon daran denkst, was alles schiefgehen könnte, wie willst du in einer solchen Verfassung etwas verkaufen?

Ein Bekannter von mir, ein Vertriebsprofi, hat mir mal gebeichtet, dass er, wenn er nicht so gut drauf ist, auch mal den Tag im Bett verbringt, statt an die Front zu gehen. Denn er weiß genau: Er würde sich bei der Kundschaft ohnehin nur Ohrfeigen abholen. Hat er sich morgens schon selbst ein paar an die Waffel gegeben, zieht er genau die Menschen an, die das gleiche Programm weiter mit ihm durchziehen. Der Ton macht die Musik. Kommst du nicht glaubhaft rüber, hört dein Kunde nicht hin.

4. Immer freundlich bleiben, egal was passiert.

Die Menschen in Thailand sind nett, die sind in allererster Linie einfach nett. Und wir in Deutschland sind leider pampig! Stell dir mal vor, wir in Deutschland würden auch nett werden – oh Gott, das wäre ja furchtbar! Die Menschen würden dir die Bude einrennen. Die Leute kaufen nie, weil etwas teuer oder billig ist. Sie kaufen immer da, wo sie sich subjektiv wohlfühlen.

5. Quatsche dein Gegenüber nicht voll

Die schlimmsten Verkäufer sind die, die zu viel Ahnung haben. Die quatschen den Kunden das Ohr ab. Wer zuerst redet, hat verloren und stirbt den Verkäufertod. Das heißt, der Kunde kauft, oder kauft nicht, also bei dir jedenfalls nicht.

Martin Limbeck hat dazu wohl den besten Buchtitel erdacht: »Nicht gekauft hat er schon«. Ein Titel, der es in sich hat.

Die, die zu viel Ahnung haben. Ein Beispiel: die Bestellung von Bildern:

»Welche nehmen Sie?«

»Die sechs.«

»Haben Sie das noch gesehen, und meinen Sie den Abzug, wenn Sie von der Seite gucken und sehen den Glanz auf dem Foto ...«

»Mensch, red mir doch keine Klinke ans Ohr – pack ein die Fotos!«

Viele Leute zerreden immer alles. Und dann heißt es: »Frank, bei dir ist das ganz anders.« Es ist anders, weil sie die Denke nicht haben! Das Ziel musst du dir bildhaft als bereits erreicht vorstellen. Und da machen die meisten Menschen die meisten Fehler, weil sie immer sagen: »Na ja, Junge, ob das so geht?« Wir sabotieren uns selbst, und wir boykottieren uns selbst. Das muss nicht sein.

Wenn ich ein Ziel habe, erwarte ich, dass es umgesetzt wird und nicht: mal sehen. So ein Quatsch, da könnte ich ausrasten. Zerrede es nicht, mach es einfach, und wenn es schiefgeht – ist doch egal! Dann hast du es wenigstens mal probiert. Hätte, müsste, könnte, sollte. Das kannst du vergessen. Du gehst jetzt nach oben und überlegst schon mal, wie du deinen Keller umschichtest, und in den nächsten zwei bis drei Wochen werden bei dir die tollsten Sachen passieren.

Kennst du das Wort Rabatt? Dann geh mal zu Luis Vuitton. In der Orchard Road in Singapur gibt es zwei Louis-Vuitton-Stores, fast nebeneinander, und die Leute stehen davor Schlange. Gehe dort mal hinein und verlange Rabatt: Der Verkäufer wird ein Beatmungszelt brauchen und hyperventilieren: »Raus! Gehen Sie!« Das ist diese Denke von wegen »billig« und »Rabatt« – Nein! Das ist für den Arsch.

Mach es teuer, zieh die Preise nach oben, und automatisch ziehst du genau die richtigen Leute an, die du brauchst, ist doch klar!

Ich werde hier kein Verkaufstraining starten, dass machen meine Kollegen bestens. Topleute wie zum Beispiel Robert Betz, Martin Limbeck, Klaus Kobjoll, Martin Betschart, Gereon Jörn und der von mir sehr geschätzte und ziemlich kluge Bernhard P. Wirth – um hier nur einige namhafte Kollegen zu nennen –, sind richtig gute Leute. Ich mag diese Art von Trainerkollegen, weil sie ihren Zuhörern einen erheblichen Mehrwert vermitteln. Es gibt bestimmt noch mehr großartige Coaches, die sich für ihre Firmen aufreiben und immer zwischen den Fronten stehen. Inhouse-Trainer haben, glaube ich, die schwierigsten Jobs. Diese Kollegen müssen echt ran und werden förmlich verheizt.

Kein Freund bin ich allerdings von Hardcore-Verkaufstrainern, die auf der Bühne nur amerikanisches Zeugs nachplappern und sich damit selbst beweihräuchern, wie toll sie angeblich sind. Das ist für die gesamte Trainerbranche nicht förderlich und bringt uns nur unnötig in Verruf. Das mag in den oberflächlichen USA funktionieren, aber in einer Kultur, wie wir sie in Deutschland pflegen, empfinde ich es als unangenehm.

Ich selbst habe nie aggressiv verkauft. Aggressives Verkaufen erzeugt meiner Meinung nach mehr Stornos und Verdruss. Vielleicht erzielen einige Trainerkollegen damit große finanzielle Erfolge, wenn sie aufreißerisch auf der Bühne performen; sie werden aber nicht wirklich von der Gesellschaft geachtet und geschätzt – geliebt schon gleich gar nicht. Im Gegenteil, sie werden eher belächelt, da helfen auch der Sportwagen und die fette Uhr ums Gelenk nichts.

Ich mag ehrliche Trainer, die einen echten menschlichen Mehrwert bieten, Dinge mit denen man tatsächlich etwas anfangen kann und die jeden Menschen persönlich weiterbringen.

Aufgesetzte, nachgeplapperte Verkaufssprüche mögen für den Moment schlagfertig und lustig klingen, nur verhallen sie genauso schnell wieder, wie ein Strohfeuer verbrennt. Das Gehirn nimmt hohle Phrasen ohnehin nicht auf. Kann es ja nicht, da sie wenig bis keine Bedeutung enthalten. Du kannst ein guter Verkäufer sein, du kannst aber auch ein exzellenter Verkäufer werden, denn letztendlich verkaufst du nur eines, und das bist du selbst. Du verkaufst deine eigene Persönlichkeit, deine Authentizität, dein wahres Ich. Wenn du nach 10 oder 20 Jahren bei deinem Kunden immer noch gern gesehen wirst, darfst du stolz auf dich sein. Alles andere ist aufgesetztes Gelaber und Geschwätz.

Als ich in der 1980er-Jahren meinen Ausbilder und Coach Andreas Ackermann kennenlernte, habe ich sofort gewusst: Das ist genau das Richtige, was Menschen wirklich hilft, sich selbst zu helfen. Das wollte ich auch.

Daraufhin sagte er immer wieder zu mir: »Frank, ein Trainer ist nicht wichtig, die Leute sind wichtig! Der Trainer ist ein Niemand, du bist gar nicht da. Was zählt, sind nur die Leute. Sie sind wichtig. Gib ihnen stets ein gutes Gefühl, wenn sie bei dir rausgehen, dass du ihnen alles mit auf den Weg gegeben hast, was sie brauchen, um erfolgreich zu sein.«

Mentales Training ist dazu das Tool, ein echtes Werkzeug. Diese Lösung heißt: »Gehirn«! Nutze dein eigenes Gehirn klug. Mentales Training ist in Zukunft der Schlüssel für den persönlichen Erfolg. Es nutzt am meisten, um schnell erfolgreich zu sein oder zu werden. Es bleibt – wie kaum eine andere Weiterbildung – permanent haften und ist gewinnbringender als jede andere Art von Training.

Ich mache diesen Job jetzt seit über 25 Jahren, und ich muss immer wieder an die mahnenden Worte von Andreas Ackermann denken. Diesen Mehrwert will ich meinen Zuhörern auch geben. Das ist es, was meinen Bruder Mario Wilde und mich anmacht. Für die Leute da zu sein, in Erinnerung zu bleiben und so oft wie möglich von ihnen zitiert zu werden. Ich liebe meinen Job, und ich könnte mir – außer später im Alter vielleicht Schriftsteller und Buchautor – gar nichts anderes vorstellen, als Coach zu sein. Durch das Nahtod-Erlebnis meines Bruders und durch meine Trainertätigkeit als Mentaltrainer geben wir unseren Seminarteilnehmern und Lesern diesen Halt, den ohnehin niemand so vermitteln kann wie wir. Das ist in unserer Trainingsbranche unser USP, unser *Unique Selling Point*, unser Alleinstellungsmerkmal, das vielleicht noch ein Rüdiger Gamm mit uns teilt.

Mut und Widerstandskraft

Als mein Bekannter Franz in Pattaya mit seinem Rollstuhl die Beachroad zum Strand überquerte, stockte mir fast der Atem.

»Wie kommst du jetzt auf die andere Seite?«, fragte ich ihn ungläubig, als er seinen Rollstuhl geschickt von der hohen Bordkante auf die Straße gleiten ließ.

Franz, ein sehr gut aussehender, braun gebrannter Mittfünfziger, lachte mir verschmitzt zu und rollte mit eigener Muskelkraft elegant zwischen den auf knatternden Mopeds Heranrasenden über die Straße. Wohlbehalten und unbeschadet kam er auf der anderen Seite an. Wie konnte er diesen Verkehr sitzend überhaupt einschätzen? Hatte er einen Schutzengel? Haben Betrunkene einen Schutzengel?

Nein, das ist ein Mythos. Diese Menschen machen einfach. Sie haben sich mit ihrer Situation langfristig oder kurzfristig arrangiert. Sie denken nicht so viel nach. Sie tun es einfach. Ihre Sinne sind geschärft und trainiert. Unterschätze auch angetrunkene Leute nie. Sie bekommen alles mit und können sich an alles erinnern, auch wenn sie manchmal so tun, als wüssten sie von nichts.

Dieses Verhalten ist oft hilfreich. Es geht hier im Übrigen nicht darum, sich in Gefahr zu begeben. Es geht darum, mal wieder etwas zu wagen. Körperbehinderte Menschen sind den alltäglichen Gefahren im Straßenverkehr wohl mehr ausgesetzt als wir, die wir laufen können, nur ahnen. Nur wir, die angeblich »Normalen« denken zu viel und probieren zu wenig aus. Andere haben weniger Zweifel und legen einfach los.

Mein Respekt gilt Franz, der mich an diesem Abend wieder etwas gelehrt hatte. »*Never, never, never give up*«, forderte schon Winston Churchill. Dir, Franz, und deiner wunderschönen thailändischen Freundin, die inzwischen aus Liebe zu dir am Goethe-Institut fließend Deutsch gelernt hat, weiterhin alles Gute. Ihr seid so liebevoll miteinander umgegangen, wie ich es in dieser Form lange nicht mehr gesehen habe.

Das Peter-Prinzip

Wer als Ingenieur eine klasse Nummer ist, kann als Manager kläglich scheitern. Nichts anderes besagt das Peter-Prinzip, benannt nach dem US-amerikanischen Lehrer Laurence Peter, der es in den 60er-Jahren des letzten Jahrhunderts so formulierte: »In einer beruflichen Hierarchie neigt jeder Beschäftigte dazu, bis zu seiner Stufe der Unfähigkeit aufzusteigen.« Der Überforderte steht demnach auf jener Sprosse der Karriereleiter, die mehr oder anderes von ihm verlangt, als seine professionellen Fähigkeiten hergeben. Vieles kostet ihn mehr Zeit als andere. Das weiß er, und häufig setzt es ihn nur noch mehr unter Druck. Er bleibt länger, investiert seine Energie in die Arbeit und kämpft jeden Tag. Von da ist es nicht mehr weit bis zur Erschöpfung.

Auch wenn du als Leistungsträger mit den Anforderungen deines Jobs ein paar Jahre gut zurechtkommst, kann es sein, dass du irgendwann überfordert bist von Aufgaben, die du früher mit links erledigt hast. Oder man vertraut dir aufgrund deiner Leistungsfähigkeit Aufgaben an, denen du definitiv nicht gewachsen bist. Dann ist irgendwann der Punkt erreicht, an dem du an deine Leistungsgrenzen stößt – und dann langt ein kleines, für sich ohne Weiteres verkraftbares unvorhergesehenes Negativereignis, um das ganze Gebäude deines Lebens zum Einsturz zu bringen.

Nichts im Leben ist völlig verkehrt. Auch wenn du eine schwierige Phase im Leben durchläufst, kann sich das später positiv für dich auswirken. Udo, Vertriebsleiter bei einem Reifenhersteller, Mitte fünfzig, schilderte mir eines Tages nach einem Seminar seine Erfahrung mit Burn-out.

Vor ungefähr zehn Jahren wollte er sich von seiner zweiten Frau scheiden lassen, mit der er 18 Jahre zusammen gewesen war. Kurz vor dem Scheidungstermin entschieden die beiden, es doch noch einmal miteinander zu versuchen, obwohl sie schon in getrennten Wohnungen lebten. Dann wurde Udo krank, seine Frau kümmerte sich aber nicht um ihn, also kam es doch zur Scheidung. Udo stürzte sich wieder mehr in die Arbeit, um sich nicht einsam fühlen zu müssen. Er bekam neue, verantwortungsvollere Aufgaben. Eines Tages merkte er, dass seine Leistungsfähigkeit rapide nachließ. Nachts hatte er Schweißausbrüche mit Panikattacken, fühlte sich tagsüber erschöpft und depressiv. Er ging zu seinem Hausarzt.

»Junge, wenn du so weitermachst, bist du in einem halben Jahr weg vom Fenster«, sagte der Arzt.

Das gab Udo zu denken.

»Ich weise dich jetzt mal ein«, erklärte der Hausarzt beim nächsten Besuch.

»Was? Ich bin doch nicht bekloppt. Ich gehe doch nicht in eine Klinik!«, wehrte Udo ab.

»In diese Klinik schon«, sagte der Arzt und drückte Udo einen Prospekt in die Hand.

Zu Hause sah er sich die Website der Klinik an: anspruchsvolles Therapieprogramm, schön am See gelegen. *Okay, einen Versuch ist es wert!*

In den nächsten Wochen verbrachte Udo seine Tage mit Therapiesitzungen aller Art und lernte erstmals, was es heißt, sich mit sich selbst zu beschäftigen. Nach zwei Monaten wurde er entlassen.

»Ich hätte nie gedacht, dass mir das was bringt«, sagte er mir am Ende des Gesprächs. »Zum ersten Mal habe ich gelernt, die Signale meines Körpers überhaupt wahrzunehmen.«

Resilienz – wie man die seelische Balance hält

Immer noch das Glück im Unglück sehen können, das heißt neuerdings *Resilienz*. Es meint: die Ereignisse akzeptieren, optimistisch sein, kreativ und lösungsorientiert damit umgehen, zuversichtlich und hoffnungsvoll bleiben, Hilfe suchen.

Diese seelische Widerstandsfähigkeit ist angeboren, kann aber auch erlernt werden. Ebenso wie das körperliche Immunsystem durch Bewegung und gesunde Ernährung kann auch das seelische Immunsystem durch mentale Verabreichungen auf Trab gebracht werden.

Das Wort Resilienz, vom lateinischen *resilire* (abprallen, zurückspringen) abgeleitet, bezeichnet in der Materialforschung die Eigenschaft hochelastischer Werkstoffe. Wenn ein Spielzeug nicht kaputt zu kriegen ist, obwohl du wie ein Irrer darauf herumtrampelst, dann ist es resilient. Verhaltensforscher haben den Begriff auf die seelische Widerstandskraft der Menschen übertragen. Wenn man auf dir herumtrampelt und du bist nicht kaputt zu kriegen, dann bist du resilient.

Vielleicht merkst du aber: Mit meiner Resilienz ist es nicht so weit her, mich bläst jeder Windhauch um, und wenn es gar zu Krieg, Flucht und Vertreibung käme, wäre ich der Erste, der zunächst sein Gepäck und dann sich selbst im Graben liegen lassen würde. Statt womöglich darüber zu jammern, dass deine Lebensumstände dich so wenig resilient gemacht haben, solltest du dir zum Ziel setzen, seelische Widerstandskraft zu entwickeln.

> Lass den Elefanten zur Mücke schrumpfen,
> statt die Mücke zum Elefanten aufzublasen.

Such dir Vorbilder der Resilienz: berühmte Leute, die einen tollen Beruf hatten, den sie aufgrund eines Unfalls aufgeben mussten, Menschen, die nach Schicksalsschlägen zu ihrer eigentlichen Lebensaufgabe fanden – wen auch immer.

Kennst du diese Geschichte? Eine sechzehnjährige Frau bekommt eine Tochter. Diese Tochter wird sexuell missbraucht und ist schon mit 13 ungewollt schwanger. Nach der Geburt stirbt das Kind. Das Mädchen wird öfters von der Polizei aufgegriffen, nimmt Drogen und schaufelt jede Menge Essbares in sich hinein. Wer kann das sein? Dieses Mädchen heißt Oprah Winfrey und ist heute eine der reichsten Frauen Amerikas. Sie moderiert die quotenstärkste Talkshow in den USA. Und auch sie ist der festen Überzeugung, dass alles, was passiert, einen bestimmten Grund hat: ihre positive Einstellung zum Leben.

Durchforste doch einmal dein persönliches Umfeld:

- *Bei wem ist die Resilienz besonders gut entwickelt?*
- *Was machen diese Menschen anders als andere – wie kannst du von ihnen lernen?*

Der Burn-out-Falle entgehen

Immer mehr Klagen höre ich über Burn-out. Aktuelle Studien belegen, dass zwischen 30 und 55 Prozent der Menschen körperlich oder psychisch erkranken. Fast die Hälfte von ihnen ist länger als sechs Wochen krankgeschrieben. Das ist für die Volkswirtschaft in den westlichen Ländern eine Katastrophe. Die Frage muss allerdings gestattet sein, was sich wirklich hinter dem Modewort Burn-out verbirgt: eine schwere Depression oder eine harmlose Befindlichkeitsstörung oder vorübergehende Lebenskrise? Nach außen klingt es allerdings besser, Letzteres Burn-out zu nennen, weil das Wort Depression in der Gesellschaft negativ besetzt ist und eine erhebliche Schwäche signalisiert. Und schwach will ja nun wirklich keiner sein. Habe ich aber ein Burn-out-Syndrom vom Arzt bestätigt bekommen, dann stehe ich als fleißiger, uneigennütziger Held da. Da hat sich jemand für das Unternehmen aufgeopfert!

Der guten Ordnung halber möchte ich hier erwähnen, dass Burn-out tatsächlich keine faulen Schweine bekommen. Es trifft die Fleißigen, die Guten, die Zielorientierten. Ausbrennen kann nur der, der wirklich für etwas brennt. Wer brennt, kann gut zündeln, sagte ein früherer Verkaufsleiter immer zu mir. Das heißt, seine Leute mitzureißen und zu begeistern. Das kostet allerdings viel Kraft, weil andere Menschen dir deine Energie klauen und dich dabei anzapfen. Energieräuber saugen dich aus.

Um nicht in diese Falle zu laufen, gibt es einen ganz einfachen Trick. Dieser Trick besteht darin, zwischendurch mal nein zu sagen. Eine Entscheidung zu treffen. Das Stoppschild hochzuhalten, wenn dir etwas nicht guttut.

Ich empfehle hier unbedingt das Buch von Christina Berndt mit dem Titel »Resilienz«. Die Autorin beschreibt anhand von Einzelfällen, wie man am besten seine persönliche Widerstandskraft erhöht und Burn-out vermeidet. Auch, wie man, wenn man schon in der Falle sitzt, schnell wieder herauskommt, sobald man begriffen hat, was zu tun ist.

Genauso müssen wir wissen, dass es Burn-out schon immer gegeben hat. Dieses Etikett wird häufig auf vieles angewandt wird, was es nicht ist, und einige verstecken sich auch gern dahinter, weil es gerade so herrlich bequem und in aller Munde ist, schreibt Manfred Lütz in seinem Buch »Bluff, die Fälschung der Welt«. Burn-out ist chic, und es entwickelt sich gerade zu einem lukrativen Geschäft. Auch gesunde Menschen nehmen neuerdings eine vorübergehende Auszeit und verlängern geschickt ihren Jahresurlaub.

Burn-out oder auch das Gegenteil Bore-out kommt auch bei Unterforderung oder Langeweile (engl.: *to bore* – langweilen) auf. Frustration und Lustlosigkeit füllen einen Menschen nicht aus. Auch hier hilft es, eine Entscheidung zu treffen und zum Beispiel den Job zu wechseln, oder sich bei Unterforderung einen Ausgleich zu suchen, der einen ausfüllt und fordert. Langeweile ist viel schlimmer als der härteste Job. Wenn ein Chef einen Mitarbeiter loswerden will, gibt er ihm mit Absicht nichts zu tun. Das wird den Mitarbeiter mürbe machen, und er wird über kurz oder lang das Unternehmen verlassen.

Was sind die Symptome?

Woher weißt du, ob du ein wirklicher Burn-out-Fall bist? Fragen wir den New Yorker Psychologen Herbert Freudenberger, der 1974 erstmalig die Symptome des Burnouts beschrieben hat und seitdem als Koryphäe auf diesem Gebiet gilt:

Überwältigende Erschöpfung. Alles, was vorher leicht von der Hand ging, wird zur unüberwindlichen Hürde. Du liegst im Bett, stehst mal kurz auf und legst dich gleich wieder hin. Du schreibst einen Brief, eine Mail, führst ein Telefonat, bist danach erschöpft und weißt nicht, warum.

Soziales Desinteresse. Du pflegst keine sozialen Kontakte mehr, selbst das Jammern erscheint dir zu anstrengend. Schon der Gedanke an die Arbeit sorgt für Übelkeit. Du fährst nur noch ein Notprogramm und ziehst dich von deiner Umwelt zurück. Das Verhältnis zu deinen Mitmenschen ist von Zynismus geprägt.

Schlechtes Selbstbild. Du fängst an, dein positives Bild von dir selbst infrage zu stellen. Warst du vorher selbstbewusst, wirst du plötzlich von Selbstzweifeln zerfressen. Was auch immer du tust, es erscheint dir vergeblich. Du hast das Gefühl, alle deine Anstrengungen verpuffen wirkungslos.

So lautet, vereinfacht und in Kürze zusammengefasst, die wissenschaftliche Definition. Es sind besonders Menschen aus helfenden Berufen, die von Burn-out betroffen sind. Also Menschen, die viel mit anderen Menschen zu tun haben. Warum ausgerechnet sie? Das hängt mit dem Energieaustausch zwischen Menschen zusammen. Menschen geben sich gegenseitig Energie, aber sie holen sich auch Energie von anderen Menschen. Ein Lehrer zum Beispiel, der vor einer Klasse steht und Unterricht macht, wird – ohne böse Absichten – von seinen Schüler ausgesaugt. Das geschieht gerade deshalb, weil er ein guter Lehrer ist und die Schüler von ihm etwas bekommen können, was sie womöglich von ihren Eltern nicht kriegen. Genauso kann es einer Krankenschwester ergehen, die Patienten betreut. Die Energie zwischen Menschen versucht immer, sich auszugleichen. Immer mehr Ärzte sind zunehmend selbst platt, leer und ausgebrannt.

Was sind die Ursachen?

Wenn jemand nicht gelernt hat, seine Tanks wieder auf-zufüllen, die er im professionellen Umgang mit anderen verloren hat, kann es über viele Jahre zur energetischen Auszehrung kommen, gerade wenn dieser Mensch sehr erfolgreich in seinem Beruf war und rückblickend von sich sagt: *Eigentlich stand ich als fleischgewordene Maschine fast immer unter Stress und unter Leistungsdruck, den ich mir selbst geschaffen habe.*

Schätzungen besagen, dass bereits 15 Prozent aller Berufstätigen einmal ein Burn-out durchlitten haben – Tendenz steigend. Burn-out scheint sich zu einer regel-rechten Volkskrankheit zu entwickeln. Immer mehr Burn-out-Fälle werden öffentlich bekannt. Mathias Platzeck, der 2007 von seinem SPD-Vorsitz zurücktrat, und kürzlich der Fußballtrainer Ralf Rangnick, der mutig und ehrlich in der Presse bekannte: »Mein derzei-tiger Energielevel reicht nicht aus, um erfolgreich zu sein und insbesondere die Mannschaft und den Verein in ihrer sportlichen Entwicklung voranzubringen.« Ausge-rechnet dafür, seine Schwäche so öffentlich zu bekennen, hat er viel Lob und Anerkennung bekommen. Es ist also genau das Gegenteil von dem eingetreten, was dieser Trainer womöglich und auch zu Recht befürchtet hatte.

Freudenberger benennt drei Hauptursachen für Burn-out:

1. Unerreichbare Zielvorstellungen
2. Fremdinduzierte Ziele
3. Ausbleibender Lohn

Unerreichbare Zielvorstellungen. In diesem Fall stellt ein Mensch zu hohe Ansprüche an sich selbst. Er legt die Messlatte für das, was er unter Erfolg versteht, immer höher und entfernt sich trotz guter Leistung immer weiter von seinen Zielen. Deshalb empfehle ich bei der Bildung von Zielen auch immer die Frage: *Ist das Ziel realistisch?* Denn nur realistische Ziele können uns anspornen und uns Kraft geben. Unrealistische Ziele vermögen nur kurzfristig, Energie zu mobilisieren, und schwächen uns langfristig. Manchmal kommt es vor, dass ein Ziel zunächst realistisch erschien und dann aufgrund von Ereignissen, die man selbst nicht kontrollieren konnte, unrealistisch wurde. Wenn man nicht rechtzeitig eine Zielkorrektur vornimmt, droht die Gefahr des Burn-outs. »Destruktive Ideale« nennt der Psychologe Wolfgang Schmidbauer diese unrealistischen Ziele, weil sie dazu führen, dass wir mit uns selbst immer unzufriedener werden, je mehr wir ihnen folgen.

Fremdinduzierte Ziele. Bis Menschen erwachsen werden und Ziele im Leben verfolgen, die auf ihrem eigenen Mist gewachsen sind, kann einige Zeit vergehen. Wie viele Menschen laufen Zielen nach, für die sie sich niemals bewusst selbst entschieden haben!

Das ist so, wie wenn man in der Kirche ist und Kirchensteuern bezahlt, weil die Eltern einen zur Taufe geschickt haben, bevor man auf eigenen Füßen stand. Und nun stellt man als Erwachsener fest, dass man mit dem christlichen Glauben wenig am Hut hat. Oder der Vater war schon Arzt, und der Sohn soll nun auch Arzt werden. Oder der Mann arbeitet die Raten für ein Haus ab, das vor allem seiner Frau wichtig ist.

Selbst wenn ein Mensch die fremdinduzierten Ziele erreicht, ist er dennoch nicht zufrieden, weil die Anerkennung, die er bekommt, keine ausreichende Entschädigung für die geleisteten Anstrengungen bildet. Um Burn-out aufgrund von fremdinduzierten Zielen zu vermeiden, empfehle ich die Frage: *Gibt es ein unbedingtes Ja für die Sache oder den Menschen?*

Ausbleibender Lohn. In diesem Fall gibt es zwar ein unbedingtes Ja zu dem Ziel, und das Ziel wird auch erreicht – aber die Anerkennung, die man sich durch die Zielerreichung versprochen hat, fällt geringer aus als erwartet. Die eigene Leistung wird von der Umwelt zu wenig gewürdigt, der Dank bleibt aus. Die Zielerreichung wird als Verlustgeschäft empfunden, da der Aufwand höher war als der Ertrag. Die Menschen fühlen sich ausgesaugt und verlieren deshalb ihre Motivation für neue Aktivitäten. Jeder wird für das, was er tut gerne gelobt. Loben sie selbst auch einmal andere.

Was tun?

Wenn du erste Anzeichen eines Burn-outs bei dir erkennst, was machst du dann? Im Grunde genommen hast du von deiner Seele – der tiefsten inneren Instanz, die genau weiß, was du wirklich willst –, die Aufforderung bekommen: »Tu was, damit ich wieder glücklich werde!«

Und das Erste, was dir dazu einfällt, ist: *Ich muss noch härter für meine Ziele kämpfen. Ich muss mich einfach noch mehr anstrengen, dann wird das schon wieder gut.* Du versuchst also, das Problem nach derselben Logik zu lösen, die es hervorgebracht hat. Mit sich selbst und anderen noch härter und aggressiver umzugehen, damit das geschieht, was man selber will – das funktioniert nur ein kleines Weilchen, und dann ist es wieder vorbei mit der Kraft.

Wenn dein übertriebener Ehrgeiz dazu geführt hat, dass du dich erschöpft, entwertet und ausgesaugt fühlst, dann kannst du mit noch mehr von diesem Ehrgeiz nicht erzwingen, dass du kraftvoll bist und dich wertgeschätzt fühlst. Nun sitzt du in der Falle.

Stufe zwei beginnt: die Resignation. Plötzlich werden einem die eigenen Grenzen und die beschränkten Möglichkeiten bewusst, an seiner eigenen Lage etwas zu ändern. Ziele wie Selbstbestimmung, Wertbestimmung und Anerkennung rücken in weite Ferne. Ohnmachtsgefühle übernehmen das Kommando. In der Endphase des Burn-outs, die von totaler Apathie und Hoffnungslosigkeit gekennzeichnet ist, merkst du vielleicht, dass fremde Hilfe dir guttut, um wieder Fuß zu fassen im Leben.

Unterstützung von außen zu akzeptieren, bedeutet eine Art Kapitulation, die jedoch hilfreich ist, um genau die eigenen inneren Haltungen zu korrigieren, die das Burn-out hervorgebracht haben. Oder du steigst aus eigener Kraft wie Phönix aus der Asche, entwickelst eine neue gelassenere Haltung zum Leben, nimmst dein Scheitern nicht mehr so tragisch, überwindest Ängste und Abhängigkeit, findest neue Wege, dein geistiges und körperliches Immunsystem zu stärken.

Summary

Du brauchst im Leben nur einen einzigen Hit. Und der reicht für dein ganzes Leben. Wie ein Popstar kannst du damit durchs Leben tingeln. Die Welt bietet dafür genügend Beispiele. Irgendwas kannst du besonders gut, und darauf musst du deinen Fokus ausrichten. Auf irgendeinem Gebiet bist du Weltklasse. Das kannst nur du, und dort bist du unschlagbar.

> Von allen Menschen, die du kennenlernst, bist du der Einzige, den du nie verlierst. Für deine Probleme bist du die großartigste Lösung!

Dein nötiges Selbstvertrauen habe ich dir in diesem Buch vermittelt. Ohne ein bisschen Gier und Selbstbewusstsein wird es schwierig. Also drehe ruhig ein bisschen mehr an der Uhr. Sage, dass es dich gibt. Wer sich nicht meldet, ist nicht da.

Kann man lernen, Charisma auszustrahlen, Frank? Ja, man kann. Kann das jeder? Ja, jeder! Ist es schwer? Nein, es ist einfacher, als du bisher geglaubt hast!

Was ist als Nächstes zu tun?
1. Arbeite ständig an dir, nimm Rat an, am besten von Fremden. Tu nicht so, als wüsstest du immer alles besser. Sag nicht immer gleich zu allem nein. Suche dir einen für dich passenden Coach, der dir dieses gewisse Etwas überhaupt vermitteln kann.
2. Trainiere und pflege deinen Körper, vor allem deinen Geist und deine Denke.

3. Bilde dich weiter. Lasse dich nur von den Besten der Besten inspirieren. Probiere einfach mal etwas Neues aus, auch wenn es nicht immer gleich gelingt.

4. Entwickele dich weiter. Sei anders, und höre auf deine Intuition, deine innere Stimme. Sie sagt dir immer das Richtige. Sei einzigartig, sei mutig.

5. Schau auf dein Umfeld. Mit wem umgibst du dich? Die sechs engsten Menschen in deinem Umfeld spiegeln nur dich wider. Lerne daraus. Umgib dich nur mit **Topleuten** und keinen Dummschwätzern oder »Nichtsnutzen«.

6. Lass dich von deinem Weg niemals abbringen.

7. Werde zum Matchwinner deiner eigenen Karriere.

8. Triff **Entscheidungen** mit Herz und Verstand, und zwar noch *heute* und *jetzt!* Anschließend wirst du dich fragen: »Warum habe ich das nicht schon viel eher gemacht? Und dann war es auch noch so leicht!« Es geht im Leben nicht um Vernunft. Es geht auch nicht um Unvernunft. Es geht nur um ein schönes Gefühl. Ich lasse mir meine Träume nicht ausreden, ich will sie erleben.

9. Pass auf, was du unterschreibst. Stürze dich nicht in unnütze finanzielle Abenteuer, die du nicht überblicken kannst. Es muss nicht immer eine Eigentumswohnung oder ein eigenes Häuschen sein, nur weil andere es auch haben. Benutzen statt Besitzen ist der neue Trend. Aus der Griechenland-Krise haben wir wohl alle vor allem eines gelernt: Morgen könnte auch dein Konto bei deiner Bank geschlossen sein. Das heißt, du kommst nicht mehr an dein Erspartes heran.

10. Achte auf Liquidität. Deponiere immer irgendwo Bargeld, an das du im Zweifel schnell herankommst. Eine Prepaid-Kreditkarte, die du mit Geld aufgefüllt hast, kann irgendwo deponiert sein. Sie nimmt keinen Platz ein und kann unterwegs auch in einem Gürtel mit Kreditkartenfach eng am Körper getragen werden. Du musst permanent flüssig sein und irgendwo ein Jahresgehalt oder noch besser zwei Jahresgehälter liegen haben. Horte irgendwo ein Häufchen US-Dollars, Britisches Pfund und Schweizer Franken, für Essen und Miete. Damit kannst du überall auf der Welt bezahlen, egal, wie gut der Dollar auch steht.

11. Achte vermehrt auf »Fügungen«, »Synchronizitäten«, »Synchronismen«, »Gleichzeitigkeit der Ereignisse«, »Zeichen« oder nenne es vereinfacht »Zufälle«. Dinge, die im Außen passieren, wollen dir nur zeigen, was bei dir so läuft. Du liest gerade etwas in einem Buch oder in einer Zeitung, während im Hintergrund ein Radio oder TV läuft. In genau dem Moment, als du ein ganz bestimmtes Wort liest, spricht der Sprecher haargenau das gleiche Wort aus. Was bedeutet das? Dieses Ereignis will dir nur zeigen, dass du auf dem richtigen Weg bist und das Richtige tust. Wenn sich in Zukunft also etwas *clustert«,* nimm es ernst. Ab heute wirst du vermehrt darauf achten, ob du es willst oder nicht, und es nie mehr vergessen.

Wir wollten dich mit diesem Buch auf Dinge hinweisen, über die du vielleicht noch nie so intensiv nachgedacht hast. Es sind Einschätzungen, Erlebnisse und Geistesblitze, die mal traurig, nachdenklich und mal lustig daherkommen. Immer aber mit einem Augenzwinkern.

Das Gesetz der Gelassenheit lehrt nur eines: »Na und?« Nach diesem Buch wirst du viele Dinge ruhiger, gelassener und souveräner sehen.

Öffne deinen Geist mit Blitzen, Ideen und kreativen Eindrücken.

Lebe so, wie du es schon immer wolltest, und versuche nicht, es allen recht zu machen. Sieh zu, dass du geschmeidig, so angenehm wie möglich, von A nach B kommst, und lasse es dir immer gut gehen.

Herzlichst,
Frank Wilde

Statt eines Nachworts

Und als ich meinte, ich hätte alles Korrektur gelesen und könnte das Buch jetzt in den Druck geben, geschah mein eigener Geistesblitz.

Am 17. Januar 2016 besuchte ich mit einem Freund die Neueröffnung des Hooters Store im thailändischen Pattaya. Trank ein Bier, machte von den Mädels ein paar Fotos, war guter Dinge und ging am Abend noch etwas essen.

Später kehrte ich in mein Hotel zurück, um zu schlafen. Nachts wachte ich auf, weil mein Bauch so merkwürdig grummelte. Ich beschloss im Halbschlaf, nun doch mal die Toilette aufzusuchen, um das Grummeln irgendwie zu beenden. Auf dem Weg ins halbdunkle Bad überkam mich beim Laufen auf einmal ein Donnerwetter. Ich schwitzte und fror gleichzeitig, und aus allen meinen Körperöffnungen schoss das Wasser aus mir heraus und lief mir an Oberkörper und Rücken hinunter. Was war denn nun?

Irgendwie hockte ich mich noch aufs Porzellan – ich trage nachts untenrum nichts –, entleerte mich in einem Rutsch wie mit einem aufgedrehten Wasserstrahl. Ein C-Rohr der Feuerwehr ist nichts dagegen, Wasser marsch. Ich hatte mich etwas beruhigt, da überkam mich eine plötzliche Übelkeit. Eben noch so schön geschlafen und jetzt dieses Chaos? Ich drehte mich um, zog die Toilette ab, damit es wieder sauberer war, und nun schoss es mir gleichzeitig aus Mund und Nase heraus. *Na wunderbar, Frank. Was hast du gegessen, was war da drin?* Nach mächtigem Würgen und allgemeinem Unwohlsein, meldete sich noch einmal mein Darm, er wäre jetzt erneut an der Reihe. Ich spülte die Toilette sauber, drehte mich um, und nun kam anscheinend der Rest in meinem Körper gleich noch mit heraus. Boah, war ich auf einmal matt. Ich weiß nicht, wie lange das so ging, aber es fühlte sich gar nicht so gut an. Ich hockte auf dem Klo und krümmte meinen von Krämpfen geschüttelten Körper, als mein Magen meinte: *Frank, es geht jetzt weiter mit uns zwei!* Ich erhob diesmal meinen nackten, braun gebrannten Body Richtung Waschbecken, nur um hier weiter zu kotzen. Denn pfiffig, wie ich zu sein meinte, wäre der Weg vom Waschbecken rückwärts zum Klo dann nicht mehr so weit. Außerdem lässt sich ein Waschbecken ja auch ganz gut reinigen. Reinlich wie ich bin, bedachte ich die kommende Sauerei gleich mit.

Keine gute Idee, ich könnte auch sagen, das war eine Scheißidee. Ich erhob mich völlig angeschlagen wie ein Boxer nach dem Knock-out vom Klo, kotzte ins Waschbecken, und dann wurde mir schwarz vor Augen. Schwindel, Dunkelheit, und ich sauste mit dem Kopf, wohl haarscharf am Klo vorbei auf die Erde und blieb bewusstlos auf den Fliesen liegen. Klassischer K. o., nach allen Regeln der Kunst. Keinen Schimmer, wie lange ich so dalag. Irgendwann erwachte ich klitschnass in halb aufgeklappter Taschenmesserhaltung und wunderte mich über diesen Abflug.

Ich fasste mich an den Kopf, der dröhnte wie bekloppt. Ich bemerkte im Mund einen merkwürdigen eisenhaltigen Geschmack und leckte mir mit der Zunge über die Lippen. Welche Zunge? *Oh nein, hab ich mir bei dem*

Sturz etwa meine Zunge abgebissen? Hellwach wühlte ich mit meinen Fingern, nach meinen Lippen suchend, in meinem Mund hinein. Ah, da war sie ja, aber es musste irgendetwas fehlen. Egal, die Zunge war noch da. Ich erhob mich langsam, betrachtete ganz ungläubig mein eben noch sauberes Bad, griff nach dem nächsten großen Badelaken und legte es mir um meine klitschnassen Schultern. Was für ein Schlachtfest! Irgendwie gelang es mir dann, mich zu meinem Bett zu schleppen. *Na klasse, Frank,* schoss es mir durch den Kopf, *du lässt ja nix aus.*

Ich suchte mein Handy, um meinen Freund Jürgen, der zwei Stockwerke im gleichen Zimmer über mir wohnte, anzurufen. Ein wenig Fürsorge war jetzt angebracht. Doch er nahm nicht ab. Na klar, wir hatten ja vereinbart, die Handys nachts grundsätzlich abzuschalten. Nachts wird nirgendwo angerufen, lautete der Deal. O. k., egal, hauseigenes Telefon geht auch. Zweimal klingeln, er war sofort schlaftrunken dran.

»Komm mal bitte runter«, hauchte ich.

»Ist was passiert?«

»Komm mal runter«, sagte ich erneut.

Wenig später war er da.

»Was ist denn los?«, stammelte Jürgen und blinzelte mich ohne seine Brille an. Die hatte er in der Eile wohl nicht aufgesetzt und vergessen.

»Keine Ahnung«, meinte ich, völlig erledigt im Bett.

»Was ist denn mit deinem Kopf?«, fragte er und zeigte auf einen blutigen Kratzer auf meiner Stirn.

»Schau lieber nach meiner Zunge«, lispelte ich.

Ich erzählte ihm kurz, was geschehen war, und er betrachte dabei mein kleines Bad.

»Was hast du mit dem Waschbecken gemacht, Frank?«

»Wieso ich? Das Waschbecken mit mir. Wir haben gekämpft. Aber das Becken hat gewonnen«, scherzte ich schon wieder.

Er schaute im Bad nach dem Rechten, drehte den Wasserhahn auf, um die Schweinerei zu beseitigen, deckte mich freundschaftlich zu und meinte im Hinausgehen, dass er sein Handy einschalten würde, falls etwas sei, und dass ich jetzt schlafen solle. Ich nickte brav, er verließ mein Zimmer, zog die Tür hinter sich zu, und ich fiel in einen tiefen Schlaf.

Am nächsten Morgen meinte Jürgen, dass die Pattaya Bangkok Klinik einen sehr guten Ruf genieße und wir ihr jetzt einen Besuch abstatten sollten.

»Dort sind Top-Ärzte, Frank, und du bist ja wohl hoffentlich vernünftig versichert?«

»Selbstverständlich«, erwiderte ich. Das ist ja wohl klar, wenn man sich so viel im Ausland aufhält wie ich, spart man nicht an einer Auslandsreisekrankenversicherung. Konnte ich zu diesem Zeitpunkt noch nicht ahnen, was noch auf mich zukommen sollte.

Wir fuhren also gemeinsam zu der Klinik, von der ich von Freunden, die hier in Pattaya lebten, gehört hatte und über die alle sehr Gutes berichteten. Im Eingangsbereich dieses großen Krankenhauses herrschte eine sehr angenehme Ruhe. Überall standen in hellblau gekleidete junge Frauen herum und lächelten einen verzaubernd an.

»Was ist denn das?«, fragte ich Jürgen.

»Ja«, sagte er, »das wird noch besser.«

Jürgen kannte sich gut aus, und ruckzuck waren wir am richtigen Schalter. Da er fließend Thai spricht, wusste er gleich, wo wir hin mussten, und dirigierte mich zügig auf die ihm von den blaugekleideten Schönheiten gewiesene zuständige Station. Mein Gott, waren die hier alle nett und so hübsch. Das habe ich in einem deutschen Krankenhaus noch nie erlebt. Dort wird man als Allererstes angeherrscht, wo die Krankenversicherungskarte sei. Hier nicht. Hier stand der Patient an erster Stelle und dann erst die Kostenstelle. Ich wurde relativ zügig einem Arzt vorgeführt, der mich ausgiebig befragte und untersuchte. Ich erzählte ihm von meinem Sturz und der nächtlichen Wasserschlacht im Bad, und er fragte mich, ob ich zur Beobachtung lieber in der Klinik bleiben wolle. Ich bejahte, da ich mich ziemlich beschissen fühlte.

»Das ist eine gute Idee, Frank«, meinte mein Freund Jürgen. »Du bekommst hier alles, was nötig ist, und bist in den allerbesten Händen.«

Jetzt erst wurde ich sehr freundlich von einer dieser hellblau gekleideten Schwester nach meiner Versicherung befragt. Ich nestelte meine Karte heraus und gab ihr sicherheitshalber noch eine Kreditkarte, um die Aufnahme zu beschleunigen. Ganz leise schwebte sie aus dem Behandlungszimmer, und wenig später saß ich in der Verwaltung. Ruhig und freundlich nahm die dortige Frau meinen Pass, kontrollierte mein Visum und belastete vorab meine Kreditkarte mit 50 000 Baht, etwa 1300 Euro.

»Das wird später rückgängig gemacht«, versprach Jürgen, was auch geschah.

Ab jetzt durfte ich nicht mehr laufen, sondern wurde überall hingerollt, da mir immer noch permanent schwindelig war.

»Ihr Zimmer ist jetzt bereit, Frank, Sie können in Ihr Bett, bis Sie am Nachmittag in den Scanner kommen. Und dann schauen wir mal, was bei Ihnen los ist«, sagte die wunderschöne Nurse.

Überall diese hübschen Schwestern, in diesen perfekt sitzenden hellblauen Kostümen. Nicht so schlabberig sitzenden, grünen oder weißem Outfit wie in deutschen Krankenhäusern.

»Wo haben die alle diese Granaten her?«, fragte ich Jürgen, der immer noch bei mir war. »Ist ja wie bei Abercrombie. Heftige Mädels und alle so nett hier.«

Aber ich hatte im Vorfeld ja von meinen Freunden Arno, Andi und Jürgen gehört, was einen hier Schickes erwartete.

Ich sah mein Zimmer und war baff. Das war ja besser als jedes Hotel! *Mein Gott,* dachte *ich, das ist ja der Hammer. Hier kann man es aushalten.* Vom neunten Stock aus sah ich in weiter Ferne das blaue Meer und Laem Chabang, von wo ich schon so oft mit der AIDA die Südostasienreise gestartet hatte. Alte, schöne Erinnerungen überkamen mich.

Ich zog mich aus und krabbelte in mein Bett. Geistesgegenwärtig hatte ich für mein Handy vorsorglich meinen Ersatz-Akku und das passende Netzkabel eingesteckt. Hatte ich wieder so eine Vorahnung gehabt? Ich mag es nicht abgeklemmt oder abhängig zu sein.

Superpünktlich am Nachmittag um 16.00 Uhr befand ich mich vor dem MRI. Bei uns nennt man das MRT –

Magnetresonanztomogramm. Hightech vom Allerfeinsten. Ich wusste gar nicht, wie gut ich thailändisches Englisch verstehe, aber ich verstand, dass ich es jetzt 40 Minuten in einer ziemlich engen Röhre, mit festgeschraubtem Kopf aushalten müsse. Ob ich Phobien oder Platzangst hätte, wurde ich eindringlich befragt. Ich verneinte, und mein Betreuer deckte mich schön kuschelig mit einer warmen Decke zu.

»Dein Kopf wird auch fixiert, und, Frank, es wird sehr, sehr laut. Hier ist dein Knopf für den Notfall, und ich hole dich hier raus, falls es nötig sein sollte. Alles klar?«, fragte er, und ich hob ich meinen Daumen zum O. k. Konnte er ja nicht wissen, dass ich so was schon immer mal erleben wollte.

Und dann ging es auch schon los. Ein bisschen wie im Vergnügungspark wurden mir vorab ein paar akustische Signale, wohl als Schusstest, verabreicht. Ich öffnete kurz die Augen, sah die Enge um meinen Kopf und fuhr mich astrein selbst herunter in den Alphazustand. Genau wie ich es seit über 25 Jahren meinen Seminarteilnehmern beibringe, wandte ich es nun natürlich bei mir selbst an. Nur, dass ich noch eine kleine Extra-Übung hinzufügte, um wirklich völlig ruhig zu sein. Auf einmal hämmerte, knallte, pfiff und klingelte es von allen Seiten auf mich ein. Kurze Pausen läuteten unaufhörlich die nächste Runde ein. Ich dachte an meinen Freund, Mathematikgenie und Savant Rüdiger Gamm. Er hatte mir davon berichtet, wie er unter diesen Bedingungen die schwierigsten Rechenaufgaben im Gehirnscanner löste und dabei von der Hirnforschung beobachtet würde. Ausgerechnet er kam mir in den Sinn.

Nun habt ihr hier mal einen deutschen Mentaltrainer bei euch, Leute, und ich zeige euch, wie entspannt man diese Nummer durchziehen kann. Ich ließ alles geduldig über mich ergehen und spürte auf einmal Bewegung. Ich wurde aus der Röhre geholt, und die Prozedur war vorbei.

»*Finished*«, sagte der freundliche junge Mann.

»Ach? Schon? Das waren doch keine zehn Minuten.«

»40 Minuten«, betonte er. »Wir hatten lange keinen hier, der so relaxed war wie du«, bescheinigte er mir.

Ich musste ein bisschen grinsen. *Glaub ich,* dachte ich, *jetzt weißt du mal wie Profis arbeiten.*

Nun ging es zurück in mein schönes Zimmer. Am nächsten Tag – es war Mittwoch, der 20. Januar –, ich hatte ganz gut geschlafen, wurde beim nächsten Test eine Gehirnerschütterung diagnostiziert. Ich wusste, dass das immer erst ein bisschen später zu Unbehagen führte. Ah ja, jetzt erklärten sich der Schwindel und das Kopfweh. War ich wohl doch in meinem Bad etwas doller aufgetitscht.

»Du brauchst jetzt Ruhe, Frank«, sagte mir mein Neurologe, »und du bist übrigens auch nicht flugtauglich.«

Ach, du lieber Himmel, das auch noch! Mein Terminkalender war voll, ich musste doch nach Deutschland zurück. Aber meine Unpässlichkeit zwang mich schnell in mein Bett zurück.

»Wir machen morgen noch einen Stresstest mit dir, um ganz sicherzugehen, dass soweit alles in Ordnung ist.«

Die Rückmeldung vom MRI war für die Ärzte ziemlich zufriedenstellend. Hier war kopfmäßig alles top.

»Jetzt schauen wir noch dein Herz an, und bald bist du wieder fit, Frank.«

Das hörte sich gut an, wusste ich ja nicht, dass ein kleiner Trip erst noch anstand. Und was für einer.

Am 21. Januar ging's ab zum *Exercise Stress Test*. Ich legte mich auf ein Bett, wurde mit Gurten mehrfach fixiert, auf der Brust verkabelt und langsam aufrecht gestellt.

»Was macht ihr jetzt?«

»Wir schauen mal, was mit dem Herzen ist«, meinte eine gemütliche ältere Krankenschwester.

»O. k., wie lange dauert das?«

»Etwa 30 Minuten.«

»Was? So lange?«

»Ja, das dauert ein bisschen.«

Und so stand ich, an dieses Bett geschnallt, aufrecht in diesem halbdunklen Raum. Ich schaute um mich, gewöhnte mich an die Dämmrigkeit, bis es mir auf einmal leicht übel wurde. *Mann, Frank, was ist denn jetzt schon wieder?*, fühlte ich mich selbst genervt fragen. Ich drehte meinen Kopf nach rechts zu der Nurse, um ihr ein Zeichen für mein Unwohlsein zu signalisieren. Doch meine suchende, nach ihr greifende Hand griff irgendwie ins Leere. Halb im Türrahmen sah ich noch angelehnt einen in Weiß gekleideten Mann stehen, der alles beobachtete, dann wurde es dunkel um mich. Vielleicht war das mein Glück.

»*Heartstillstanding*«, rief mir der Arzt von weitem entgegen, als ich nach einiger Zeit wieder erwachte und meine Augen aufschlug. Was faselte er da in seinem »Thailisch«, einer Mischung aus Thai und Englisch?

»Das habe ich in 25 Jahren noch nie erlebt«, klärte er mich auf. »Herzstillstand«, wiederholte er.

Ich musste mich erst mal sammeln.

»Was erzählst du mir da?«

Ein freundlicher Engel lachte mich an.

»Alles wieder okay«, sage er und tätschelte mich fürsorglich.

Wie ich später von einem Hammerchefarzt in einer Klinik im bayerischen Nördlingen erfuhr, wendet man diesen Test bei uns in Deutschland schon lange nicht mehr an. Selbst, wenn das Herz mal für kurze Zeit aussetzt oder stehen bleibt, ist das noch lange kein Grund einem gleich den ganzen Brustkorb zu malträtieren, was hier wohl bei mir geschah. Diese Herzmassage würde ich die nächsten drei Monate jedenfalls nicht so schnell vergessen. Aber der *Exercise Stress Test*, in Verbindung mit meiner Gehirnerschütterung und dem enormen Wasserverlust im Hotelbadezimmer, war für meinen Kreislauf gar nicht so gut. So was kann durchaus auch schon mal danebengehen.

Was wollte ich am Ende dieses Buches damit noch sagen, liebe Leute?

Du gehst auf eine Reise und kehrst eventuell nicht zurück, so etwas ist alles möglich, da gewesen und passiert. Aber diese Grenzerfahrung, die zwar nicht ganz so heftig war wie das Nahtoderlebnis von meinem Bruder Mario, habe ich nun mit 54 auch noch kennengelernt. Sie lässt mich über vieles wieder neu nachdenken und vieles neu bewerten. Wer schon auf dem Meeresgrund war, fürchtet sich bekanntlich nicht vor Pfützen. Ganz gleich, was jetzt noch in meinem Leben auf mich zukommen wird – nach diesem Ereignis vom 21. Januar 2016 wird mich so schnell nichts mehr umhauen.

Ehe du dich versiehst, könnte dein eigenes Leben von jetzt auf gleich vorbei sein. Wie denkst du jetzt über eventuelle private oder finanzielle Probleme?

Meine Uhr war diesmal noch nicht abgelaufen, weil ein Engel in Weiß im Türrahmen gestanden und rechtzeitig Einhalt geboten hatte. Aber egal, wer mich jetzt noch mal kritisiert, zur Kasse bitten möchte, Ansprüche an mich stellt, mich verklagt, oder meint, mich privat, rechtlich oder sonst irgendwie angreifen zu müssen, soll gleich erkennen, dass er mir damit nie schaden kann. Ich habe Zeit, viel Zeit, ganz viel Zeit, um alles im Leben aussitzen zu können.

Gib der Zeit Zeit, denn wenn du keine Zeit mehr hast, brauchst du auch keine Zeit mehr.

Nichts – außer natürlich, wenn es um die eigene Gesundheit geht – ist so schlimm, dass man es nicht irgendwie immer wieder hinbekommen kann. Es kommt nur darauf an, wie du es zu diesem Zeitpunkt wieder neu bewertest. Was eben noch furchtbar war, ist im nächsten Moment lächerlich oder kaum der Rede wert.

In diesem Sinne, liebe Leute: Lebt, wie ihr noch nie gelebt habt, denn heute beginnt der Rest eures Lebens.

Herzlichst
Euer Frank

Zitierte Literatur – zum Weiterlesen

Berndt, Christina: Resilienz. Das Geheimnis der psychischen Widerstandskraft. dtv, München 2014.

Csikszentmihaly, Mihaly: Flow im Beruf. Das Geheimnis des Glücks am Arbeitsplatz. Klett-Cotta, Stuttgart 2014.

Csikszentmihaly, Mihaly: Flow. Das Geheimnis des Glücks. Klett-Cotta, Stuttgart 2014.

Enders, Giulia: Darm mit Charme. Alles über ein unterschätztes Organ. Ullstein, Berlin 2014.

Freudenberger, Herbert: *Staff Burn-Out*. In: Journal of Social Issues. Jg. 30, Nr. 1, 1974, S. 159–165.

Friedman, Howard und Leslie Martin: Die Long-Life-Formel. Die wahren Gründe für ein langes und glückliches Leben. Beltz, Weinheim 2012.

Hollstein, Walter: Was vom Manne übrig blieb. Das missachtete Geschlecht. Opus magnum, Berlin 2008.

Hüther, Gerald: Was wir sind und was wir sein könnten. Ein neurobiologischer Mutmacher. 6. Aufl., S. Fischer Verlag, Frankfurt am Main 2013.

Hüther, Gerald: Etwas mehr Hirn, bitte. Eine Einladung zur Wiederentdeckung der Freude am eigenen Denken und der Lust am gemeinsamen Gestalten. Vandenhoek & Ruprecht, Göttingen 2015.

Hurrelmann, Klaus und Gudrun Quenzel: »Lasst sie Männer sein«. Jungen stehen im Schatten leistungsfähiger Mädchen. Es wird Zeit, ihnen zu helfen. DIE ZEIT, 23.10.2008, Nr. 44.

Keyes, Ken: Der 100. Affe. Das Plädoyer gegen den Atomwahn. Felicitas Hübner, Waldeck-Dehringhausen 1983

Knoblauch, Jörg und Jürgen Kurz: Die besten Mitarbeiter
finden und halten. Die ABC-Strategie nutzen.
Campus, Frankfurt am Main 2013.

Knoblauch, Jörg: Die Personalfalle. Campus,
Frankfurt am Main 2010.

Lahm, Philipp: Der feine Unterschied. Wie man heute
Spitzenfußballer wird. Kunstmann, München 2011.

Limbeck, Martin: Nicht gekauft hat er schon. So denken
Top-Verkäufer. Redline, München 2013.

Lubbadeh, Jens: Geschlechter-Forschung. Frau muss man
sein! Spiegel online, 21.2.2010.

Lütz, Manfred: Bluff! Die Fälschung der Welt.
Droemer, München 2012.

Moody, Raymond A.: Leben nach dem Tod.
Die Erforschung einer unerklärlichen Erfahrung.
27. Aufl., Rowohlt, Berlin 1977.

Peter, Laurence und Raymond Hull: Das Peter-Prinzip
oder Die Hierarchie der Unfähigen.
Rororo, Reinbek 2001.

Schmidbauer, Wolfgang: Helfersyndrom und
Burnoutgefahr. Urban & Fischer, München 2002.

Schache, Ruediger: Das Geheimnis des Herzmagneten.
Goldmann, München 2010.

Venter, Craig: Entschlüsselt. Mein Genom, mein Leben.
S. Fischer, Frankfurt am Main 2009.

vom Lehn, Birgitta: Karriere für ein langes Leben.
FAZ, 08.02.2012.

Ware, Bronnie: 5 Dinge, die Sterbende am meisten
bereuen. Einsichten, die Ihr Leben verändern werden.
Goldmann, Göttingen 2013.

DURCHBESCHIMPFT

Audio-CD – **14,90** €

ISBN 978-3-9813627-4-9

Pass auf, was Du denkst!

Audio-CD – **15,00 €**

ISBN 978-3-9813627-9-4

Mentale Übungen

Audio-CD – **10,00** €

ISBN 978-3-944086-01-9

„Ich will doch nur
George Clooney"

Audio-CD – **14,80 €**

ISBN 978-3-944086-00-2

BEDINGUNGSLOSES JA

DVD – **19,80 €**

ISBN 978-3-9813627-7-0

BEWEG DEINEN ARSCH JETZT

4 Audio-CDs – **29,80 €**

ISBN 978-3-9813627-1-8

gehört gelesen aufgeschnappt

Taschenbuch – **6,95 €**

ISBN 978-3-9813627-3-2

Beweg deinen Arsch!

Taschenbuch – **9,95 €**

ISBN 978-3-9813627-2-5

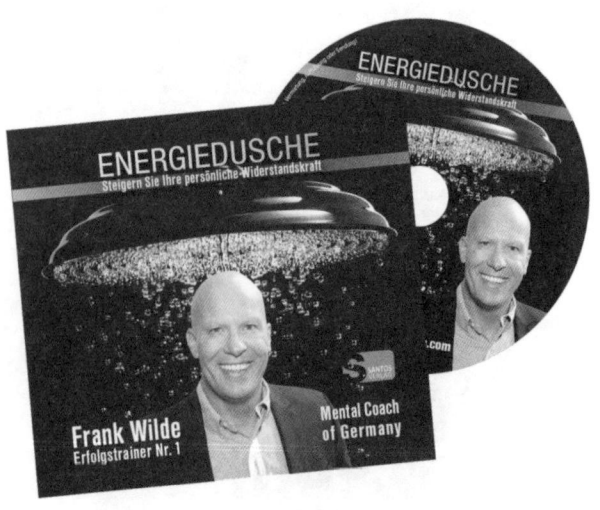

ENERGIEDUSCHE

Audio-CD – **14,80 €**

ISBN 978-3-944086-02-6